大数据时代营销工程与创新研究丛书

黄敏学 主编

基金客户的动态细分与关系稳定策略研究

刘建军 赵紫英 ◎ 著

北京大学出版社
PEKING UNIVERSITY PRESS

图书在版编目(CIP)数据

基金客户的动态细分与关系稳定策略研究/刘建军,赵紫英著.—北京：北京大学出版社,2017.9

(大数据时代营销工程与创新研究丛书)
ISBN 978-7-301-28783-5

Ⅰ.①基… Ⅱ.①刘… ②赵… Ⅲ.①基金市场—研究—中国 Ⅳ.①F832.5

中国版本图书馆 CIP 数据核字(2017)第 225877 号

书　　　名	基金客户的动态细分与关系稳定策略研究
	JIJIN KEHU DE DONGTAI XIFEN YU GUANXI WENDING CELÜE YANJIU
著作责任者	刘建军　赵紫英　著
策划编辑	刘　京
责任编辑	任京雪　叶　楠
标准书号	ISBN 978-7-301-28783-5
出版发行	北京大学出版社
地　　　址	北京市海淀区成府路 205 号　100871
网　　　址	http://www.pup.cn
电子信箱	em@pup.cn　QQ:552063295
新浪微博	@北京大学出版社　@北京大学出版社经管图书
电　　　话	邮购部 62752015　发行部 62750672　编辑部 62752926
印　刷　者	北京宏伟双华印刷有限公司
经　销　者	新华书店
	730 毫米×1020 毫米　16 开本　14.5 印张　273 千字
	2017 年 9 月第 1 版　2017 年 9 月第 1 次印刷
定　　　价	42.00 元

未经许可,不得以任何方式复制或抄袭本书之部分或全部内容。
版权所有,侵权必究
举报电话: 010-62752024　电子信箱: fd@pup.pku.edu.cn
图书如有印装质量问题,请与出版部联系,电话: 010-62756370

总　序

　　武汉大学中国营销工程与创新研究中心（Research Center for Marketing Engineering and Innovation of China at Wuhan University，简称"MEI"）致力于将工程管理的模型方法与营销管理有机结合起来，利用大数据带来的营销可计算性，通过模型分析和决策优化为企业构建出能够洞察市场、快速反应的市场营销系统，提升营销的精准性和时效性。

　　近年来，大数据从概念到应用日益普及，各行各业面临着很多机遇和挑战，也给我们提出了很多的问题和困惑，希望我们能够解决这些问题，最典型的问题是，企业拥有越来越多的数据，如何将数据转换成生产力？如何洞察数据背后的机制和智慧？如何利用数据来有效判断市场和服务市场？现有的营销策略和方法如何做升级和调整？本丛书力图通过与不同产业企业的结合，将基于数据的工程分析方法与现代的营销管理有机结合起来，试图构建出大数据时代新型的营销管理体系，实现大数据时代的"产（行业）、学（学术）、研（模型）"的有机结合。正是基于这一考虑，MEI组织了一个跨学科的团队，利用在中心攻读博士学位的有行业背景和跨学科背景的博士生，来进行交叉研究，既提炼出行业营销工程化管理中的关键问题，同时又发展出新的理论和模型来解决这些行业中的关键问题，做到理论与实践结合、模型与方法结合、数据与分析结合，力图通过更为系统的思路和方法，来解决企业经营管理中特别是营销活动中的问题。考虑到行业的代表性，我们在进行跨学科研究时，特意选择了与互联网结合紧密的不同行业，包括代表媒介的社会化媒介行业、代表工业品的钢铁行业、代表服务的基金行业、代表虚拟生活的游戏行业以及代表日常生活的快速消费品行业，试图从不同视角来探究大数据时代营销工程模型方法与企业营销管理的有机结合，为中国的营销工程与创新研究做出应有的贡献。

由于很多研究都是前瞻性的和综合性的问题,导致没有很多可以直接借鉴的成果,这在给我们课题组提供了理论研究创新空间的同时,也给我们的研究带来了巨大的挑战。因此,本成果只能对相关的研究进行初步的汇总,还有很多问题尚需要进一步探讨,构建和采用的模型还不够全面,分析的案例企业还可以更典型些。这些种种不足都将会在后续的研究中加以改进和完善,也恳请各位专家和同行不吝赐教,给予宝贵的批评和意见,为我们后续的研究提供建设性的帮助。本书是集体智慧的结晶,也特别感谢与我们合作多年的期货公司以及相关产业企业提供的资料和数据,这让我们得以充分地探究和分析,加快了我们研究的进程。

黄敏学　博士、教授/博士生导师

武汉大学中国营销工程与创新研究中心 主任

前　言

　　基金公司的一大挑战是客户价值的高波动性和忠诚客户的易流失性。为了持续稳定和扩大公司资产管理规模,很多基金公司期望与价值型的客户建立长期稳定的关系,从而提升价值型客户对公司的忠诚。而与价值型客户建立稳定关系的前提之一就是对价值型客户识别,即客户细分。已有文献主要是关于消费行为的客户细分,对于投资行为的基金客户的细分研究很少涉及。实际操作中,基金公司既有的客户细分更多的是基于客户行为和特征的相对静态的细分,对于客户价值波动背景下的投资者的合理动态细分和构建持续稳定关系的研究还没有发现。基于此,本书的研究问题主要包含三个:第一,如何构建客户价值波动背景下的基金投资客户的动态细分模型;第二,影响基金投资者—公司稳定关系的要素是什么;第三,基金公司应该采取什么样的营销策略才能够最有效地促进稳定的客户关系的形成。

　　本书的理论创新主要表现在以下三个方面:

　　第一,在理论层面上,本书提出了以稳定的视角看待客户价值动态变化的思想。以往文献中有关客户的细分方法多是基于对客户过往价值的判断,该方法呈现的是客户过去或当前的状态、特征和贡献。这种基于客户当前或过往价值的细分方法,存在这样一种局限,即很多时候,由于市场的波动性和客户交易行为等原因,客户的当前价值一直处于变化或不稳定的状态,并且一些金融机构常常仅根据当前的客户价值变化就对应地调整营销策略或服务手段。例如对价值提升的客户给予服务升级,而对于价值下降的客户则相应地调低服务级别。但很多时候,客户价值的波动仅仅是暂时性的行为,因暂时性的价值下降而降低服务级别可能会给顾客带来不好的体验,因暂时性的价值上升而提高服务级别也很可能会提高顾客的预期,这些都不利于顾客忠诚的长期性和可持续性。导致这种情况的根本原因在于，基于当前价值的静态细分模式忽视了顾客未来的潜在价值创造能力，并非是能够全面反映顾客综合价值的较优指标。此外，既有研究表明，基金本身属于信任型产品，基金公司与客户之间相互信任关系的建立需要较长的时间，一些客户暂时的价值波动和偏离，并不能代表客户价值的长期趋势。因此，那种即时地调整营销策略的做法是有待商榷的。为了与客户建立长期稳定的服务关系，基金公司应该以稳定的营销视角对待客户价值的变化。

第二，在方法层面上，本书构建了动态的基金客户价值预测模型和基金客户流失预警模型（CCP模型）。本书结合基金客户的特征，构建了动态的基金客户价值预测模型。通过对比常用的七种数据挖掘算法，研究发现，随机森林算法呈现的结果最优，能够较为准确地将客户按照价值进行分组。预测模型对于基金客户维护的实际意义在于：基金公司可以通过该预测模型，总结高价值基金客户的特征，根据这些属性特征对新顾客进行判别，以便有效地识别高价值客户。针对被识别的高价值客户，基金公司可以及时采取针对性的营销服务措施，培养、维护、回馈客户，以达到长期保留客户的目标。本书还从基金客户持有的角度，构建了基金客户流失预警模型。在模型构建过程中，使用了决策树工具，期望通过模型预测客户流失行为。基金客户流失预警模型的实际意义在于：通过该模型，基金公司可以尽早识别存在流失倾向的客户，以便开展相关的营销策略进行客户挽留。该模型较为全面和系统地探索了判别客户流失倾向的相关变量，运用模型分析了不同变量的重要性和相关关系，为以后的客户维护起到了预警和提示作用。

第三，在关系构建层面上，本书从服务营销的7P策略理论探讨了基金投资者关系稳定（包括关系态度和关系长度）的影响因素，即如何构建持续、稳定的基金投资者—公司关系。既有研究发现，业绩较好的基金能够受到投资者青睐，而业绩相对一般的基金也同样具有不俗的销量。这也就暗示了投资者的基金购买决策还会受到其他非产品因素的影响。作为一种典型的金融投资产品，基金的收益难免会出现波动或业绩下降的状况，面对这样一种状况，基金公司能否通过调整其他非产品因素的营销努力来维持和保留客户呢？这也是本书所要研究和探索的问题之一。本书将投资金融产品看作是一种信任型服务产品，并引入服务营销中的7P策略理论系统地探索了影响基金投资者关系态度与关系长度的影响因素。经过文献梳理发现：对投资者购买行为产生影响的因素包括产品因素和服务营销因素。具体而言，产品因素是指金融服务产品本身存在的收益和风险；服务营销因素是指金融服务产品价格因素、投资渠道因素、促销因素、服务人员因素、有形展示因素和服务过程因素。此外，研究还发现，投资者自身的个体差异，即人口统计特征要素也会对投资者的关系态度和关系长度产生显著影响。

第四,在管理建议层面上,本书提出了构建稳定的客户关系可以采取和实施的营销策略。尽管由于市场的波动和客户交易行为致使基金客户价值处于不断的变化之中,但基金公司不能机械地使用客户细分数据,不能因客户短期价值的变化就盲目地调整营销服务策略。基金公司应该以稳定的视角和稳定的营销策略应对市场和客户的动态变化。在实际工作中,基金公司应在价值型客户预测的基础上,与价值型客户发展长期稳定的关系。如以长期的服务代替短期的产品推介、挖掘客户需求中的长期因素并予以满足、实施忠诚度提升计划、避免营销降级和过度服务等。

本书是集体智慧的成果和努力。本课题是由丛书总主编黄敏学教授负责的课题支持完成的,并由黄敏学教授负责本书的总体研究思路和技术路线设计,相关具体研究写作工作由本书的两位合作者最终共同努力完成。其中,第一作者刘建军有着很好的金融行业背景,目前是武汉大学市场营销专业的在读博士生,利用在企业从事投资管理的经验和实践,结合行业背景来进行研究,主要负责本书中基金行业的发展情况与营销对策的总体研究与写作;第二作者赵紫英从武汉大学市场营销专业博士毕业,目前在基金行业从事营销管理工作,利用工作机会拿到了大量的一手行业内数据,主要负责本书中市场细分的数据与建模相关工作。另外,还要感谢已经毕业的市场营销专业博士生周学春、市场营销专业硕士生綦欣德和在读硕士生高蕾对相关资料的收集和整理。正是因为他们的大力支持和无私奉献,才有今天这本书的完稿和出版。

刘建军　赵紫英

2017 年 4 月

目 录

第一章 基金行业发展情况分析 / 1
    第一节 基金行业相关概述 / 1
    第二节 开放式基金相关概述 / 23
    第三节 基金行业的市场营销管理分析 / 31
    第四节 基金行业的客户关系管理分析 / 47
    第五节 影响基金行业发展的相关因素及未来发展趋势 / 61

第二章 研究思路和创新点 / 73
    第一节 研究思路 / 73
    第二节 创新点 / 77

第三章 理论基础 / 79
    第一节 相关理论 / 80
    第二节 客户细分相关理论 / 81
    第三节 基于市场细分的关系营销理论 / 86
    第四节 金融行业市场细分理论 / 96
    第五节 基于数据挖掘的客户细分和个性化营销的研究现状 / 103

第四章 基金客户的特征与市场细分 / 106
    第一节 基金客户的特征 / 106
    第二节 基金客户细分的目的和原则 / 110
    第三节 细分变量评价 / 115
    第四节 基金客户细分的方法 / 130
    第五节 静态基金客户分类模型 / 134
    第六节 静态模型评述 / 146

第五章　基于关系稳定的基金客户动态细分模型 / 148
　　第一节　基金公司的收入来源与关键变量选择 / 148
　　第二节　基于稳定视角的客户价值的动态变化分析 / 149
　　第三节　客户未来价值预测 / 152
　　第四节　流失预警模型 / 177

第六章　基于关系稳定的基金客户营销策略研究 / 189
　　第一节　基金产品的特性与关系稳定策略的研究 / 189
　　第二节　影响关系稳定的服务策略研究框架 / 190
　　第三节　研究方法与研究结论 / 196
　　第四节　结论 / 200

第七章　基于客户关系稳定的基金公司营销建议 / 202
　　第一节　现有营销服务策略 / 202
　　第二节　差异化营销策略 / 204
　　第三节　关系营销策略 / 208

第八章　结记 / 211
　　第一节　主要内容 / 211
　　第二节　主要结论 / 212
　　第三节　主要价值 / 213
　　第四节　未来展望 / 214

参考文献 / 215

第一章 基金行业发展情况分析

第一节 基金行业相关概述

一、基金简介

（一）基金的定义

证券投资基金是一种利益共享、风险共担的集合投资方式，它通过发行基金证券，集中不特定投资者的资金，委托专业的基金管理公司进行证券资产的投资管理，以股票、债券、外汇、货币等金融工具为投资标的，并以获得投资收益和资本增值为投资目标。证券投资基金是证券市场发展的必然产物，随着我国资本市场的迅速发展以及市场专业化分工的加剧，证券投资基金在我国资本市场中的重要性也随之增加。

基金的投资者即基金份额持有人，是基金的出资人、基金资产的所有者和基金投资收益的受益人。按照《中华人民共和国证券投资基金法》（以下简称《证券投资基金法》）的规定，我国基金投资者享有以下权利：分享基金财产收益，参与分配清算后的剩余基金财产，依法转让或者申请赎回其持有的基金份额，依据规定要求召开基金份额持有人大会，对基金份额持有人大会审议事项行使表决权，查阅或者复制概况披露的基金信息资料，对基金管理人、基金托管人、基金份额发售机构损害其合法权益的行为依法提出诉讼。

(二) 基金的分类

根据不同标准,可以将证券投资基金划分为不同的种类:

1. 按募集方式分类:公募基金和私募基金

私募基金(Privately Offered Fund)是相对于公募(Public Offering)而言的,二者在于证券发行方法上的差异,以是否向社会不特定公众发行或公开发行证券的区别,界定为公募和私募。

公募基金是受证监会监管的,向不特定投资者(广大社会公众)公开发行受益凭证的证券投资基金。例如目前国内证券市场上的封闭式基金。公募基金对信息披露有着非常严格的要求,其投资目标、投资组合等信息都要披露。同时,它在投资品种、投资比例、投资与基金的匹配上也有着严格的限制。这种基金不提取业务报酬,只收取固定管理费。投资门槛一般在1000元(含)以上,定投也有100元起的。

私募基金是指通过非公开方式发售,面向少数特定投资者(机构和个人)募集资金而设立的基金。私募基金对信息披露的要求较低,具有较强的保密性,其投资限制由协议约定,除收取固定管理费外,还会收取业绩报酬费。投资门槛一般至少为100万元,追加最低认购资金至少为10万元或10万元的整数倍,监管机构为银监会。由于私募基金的销售和赎回都是通过基金管理人与投资者私下协商来进行的,因此它又被称为向特定对象募集的基金。

2. 按运作方式分类:开放式基金和封闭式基金

根据基金单位是否可增加或赎回,可分为开放式基金和封闭式基金。

开放式基金是指基金规模不是固定不变的,而是可以随时根据市场供求情况发行新份额或被投资者赎回的投资基金。开放式基金不上市交易,一般通过银行申购和赎回。投资者在基金的存续期限内也可以随意申购和赎回基金单位,导致基金的资金总额每日均不断地发生变化。开放式基金的买卖价格是以基金单位的资产净值为基础计算的,可直接反映基金单位资产净值的高低。投资者需缴纳的相关费用(如首次认购费、赎回费)则包含于基金价格之中。

封闭式基金是指基金规模在发行前已确定,在发行完毕后和规定的期限内,基金规模固定不变的投资基金。封闭式基金均有明确的存续期限(我国为不得少于5年),在此期限内已发行的基金单位不能被赎回。虽然特殊情况下此类基金可进行扩募,但扩募应具备严格的法定条件。封闭式基金一般在证券交易场所上市交易(买卖价格受市场供求关系影响较大),投资者可通过二级市场买卖基金单位。封闭式基金发起设立时,投资者可以向基金管理公司或销售机构认购;当封闭式基金上市交易时,投资者又可委托券商在证券交易所按市价买卖。

投资者在买卖封闭式基金时与买卖上市股票一样,也要在价格之外付出一定比例的证券交易税和手续费。一般而言,买卖封闭式基金的费用要高于开放式基金。

3. 按组织形式分类:公司型基金和契约型基金

公司型投资基金是具有共同投资目标的投资者组成以盈利为目的的股份制投资公司,并将资产投资于特定对象的投资基金。公司型基金通常建立在公司形态的基础上,在《中华人民共和国公司法》下,通过发行股票的方式来进行资金募集。一般而言,只要投资者购买了该基金,就相当于购买了该基金公司的股份,就会自然成为公司的股东,能够享受该基金所拥有的投资收益。公司型基金的建立程序及组织结构与普通的股份公司相一致,公司依法成为法人,建立董事会和持有人大会。基金资产归属于公司,股东需要承担相应的基金运作风险,需要通过股东大会行使权力,但是它与一般公司最大的不同点就是通过委托专业的管理公司来经营和管理。

契约型基金也称信托型基金,是指基金发起人依据其与基金管理人、基金托管人订立的基金契约,发行基金单位而组建的投资基金。我国的证券投资基金均为契约型基金。这一基金建立的基础是契约理论,用来代理投资行为,在这一基金中没有固定的基金章程和董事会,一般都是以基金合同来管理三方主体的关系。基金管理人需要对基金投资进行运作与管理;托管人则需要负责对该基金资产的保管和处理,同时由于是基金资产名义上的持有人,也需要对基金资产运作进行监督。

4. 按投资对象分类:股票基金、债券基金、货币市场基金和混合型基金

股票基金是指以股票为投资对象的投资基金(60%以上的基金资产投资于股票)。通过专家管理和组合多样化投资,股票基金能够在一定程度上分散风险,但股票基金的风险在所有基金产品中仍是最高的,适合风险承受能力较高的投资者。

债券基金主要以各类债券为主要投资对象(80%以上的基金资产投资于债券),风险高于货币市场基金,低于股票基金。债券基金通过国债、企业债等债券的投资获得稳定的利息收入,具有低风险和稳定收益的特征,适合风险承受能力较低的稳健型投资者。

货币市场基金是指以国库券、大额可转让存单、商业票据、公司债券等货币市场短期有价证券为投资对象的投资基金。货币市场基金仅投资于货币市场工具,份额净值始终维持在1元,具有低风险、低收益、高流动性、低费用等特征。货币市场基金有准储蓄之称,可作为银行存款的良好替代品和现金管理的工具。

混合型基金是指投资于股票、债券以及货币市场工具的基金,且不符合股票

基金和债券基金的分类标准。根据股票、债券的投资比例以及投资策略的不同，混合型基金又可以分为偏股型基金、偏债型基金、配置型基金等多种类型。

相对而言，股票基金的风险最高，债券基金次之，货币市场基金风险最低，收益也最低。货币市场基金是不允许投资股票的，所以其风险小，收益也少。混合型基金比较灵活，投资股票的比例最多时可以达到45%，最少时可以是0%，这样可以根据对股市的判断，灵活配置资金，所以其风险适中，收益一般也比货币市场基金要高。股票基金投资股票的比例最多时可以达到95%，但也要配置一些国债、金融债、央票、存款，但比例一般很小。所以其风险高，预期的收益也高。

5. 按投资目标（风险收益程度）分类：成长型基金、收入型基金、平衡型基金

成长型基金是指以追求资产的长期增值和盈利为基本目标，投资于具有良好增长潜力的上市股票或其他证券的证券投资基金。成长型基金注重资本的长期增值，同时兼顾一定的经常性收益。基金的投资主要集中于市场表现良好的绩优股。基金经理人在进行投资操作时，把握有利的时机买入股票并长期持有，以便能够获得最大的资本利得。成长型基金的主要目标是公司股票，它不做信用交易或证券期货交易。被成长型基金挑选的公司，多是信誉较好且具有长期盈利能力的公司，其资本成长的速度要高于股票市场的平均水平。由于成长型基金的目标在于长期为投资人的资金提供不断增长的机会，追求高于市场平均收益率的回报，因此它必然承担了更大的投资风险，其价格波动也比较大。简言之，成长型基金追求资金的长期性。

收入型基金是以追求当期收入最大化为基本目标，以能够带来稳定收入的证券为主要投资对象的证券投资基金。其投资对象主要是绩优股、债券、票据等收入比较稳定的有价证券。在投资策略上，坚持投资多元化，利用资产组合分散投资风险。为满足投资组合的调整，持有的现金资产也较多。收入型基金一般把所得的利息、红利部分派发给投资者。简言之，收入型基金重视当期最高收入，其收益不是很高，但风险较低。

平衡型基金是指以保障资本安全、当期收益分配、资本和收益的长期成长为基本目标，在投资组合中比较注重短期收益—风险搭配的证券投资基金。平衡型基金则介于成长型和收益型基金中间，把资金分散投资于股票和债券。实践中，平衡型基金的资产分配大约是：25%—50%的资产投资于优先股和公司债券，其余则投资于普通股，这样可以更好地确保基金资产的安全性。因此它的最大优点就是具有双重投资目标，既注重资本增值又注重当期收入，投资风险较小。当股票市场出现空头行情时，平衡型基金的表现要好于全部投资于股票的基金；而在股票市场出现多头行情时，平衡型基金的增长潜力要弱于全部投资于股票的基金。

6. 按资金来源和用途分类:在岸基金、离岸基金

在岸基金是指在本国筹集资金并投资于本国证券市场的证券投资基金。在岸基金具有以下特征:法律适用的单一性,因为它是在一国之内募集资金并进行投资的,所以必须遵守该国的法律和法规,所受的限制也比较多;监管的便利性,有关当事人以及投资市场都在本国境内;运作的平稳性,在本国募集资金并进行投资,所以没有汇率风险,受国际金融市场动荡的影响也比较弱。退出渠道上,在岸基金会更多地考虑在境内上市退出这一渠道。

离岸基金又称海外基金,是指一国的证券基金组织在他国发行证券基金单位并将募集的资金投资于本国或第三国证券市场的证券投资基金,比如QFII(合格的境外机构投资者)。离岸基金一般设立在离岸中心,比如开曼群岛、维尔京群岛、百慕大,所在地法律环境相对宽松,可以享受免税待遇。离岸基金的主要作用是规避国内单一市场的风险,帮助客户进行全球化资产配置。离岸基金的投资对象和范围并无法律限制,所以存在更大的操作空间,可以在更广的范围内设计投资组合策略。退出渠道上,离岸基金主要通过红筹上市方式实现退出,即"两头在外"的经营模式。

7. 特殊类型基金:伞型基金、保本基金、可转换公司债基金、交易所交易基金(ETF)、上市开放式基金(LOF)、指数基金、对冲基金

伞型基金的组成,是基金下有一群投资于不同标的的子基金,且各子基金的管理工作均独立进行。只要投资在任何一个子基金,即可任意转换到另一个子基金,不需额外负担费用。在我国,购买一家基金公司的某只基金,可以通过基金转换业务,把该基金转换为该基金公司下的另一只基金,通常不收或者只收取很低的基金转换费用。

保本基金是指在基金产品的一个保本周期内(基金一般设定了一定期限的锁定期,在我国一般是3年,在国外甚至达到了7—12年),投资者可以拿回原始投入本金,但若提前赎回,将不享受优待。保本基金通过采用投资组合保险技术,保证投资者在投资到期时至少能够获得投资本金或一定回报。2017年证监会发布的《关于避险策略基金的指导意见》,明确了保本基金的投资策略、担保机构资质和担保方式等问题。为避免投资者形成对此类产品绝对保本的"刚性兑付"预期,此次修订中将"保本基金"名称调整为了"避险策略基金"。"保本基金"也可能不保本。

可转换公司债券(简称"可转换债券")是公司债的一种,有广义和狭义之分。狭义的可转换债券是指债券持有人有权依照约定条件将所持有的公司债券转换为发行公司股份的公司债。广义的可转换债券是指赋予了债券持有人转换为他种证券权利的公司债,转换对象不限于发行公司的股份。可转换债券在股市低

迷时可享有债券的固定利息收入;在股市前景较好时,则可依当初约定的转换条件,转换成股票,具备"进可攻、退可守"的特色。

交易所交易基金(Exchange-Traded Funds,ETF)是指可以在交易所上市交易的、基金份额可变的基金。交易所交易基金从法律结构上说仍然属于开放式基金,但它主要是在二级市场上以竞价方式交易;并且通常不准许现金申购及赎回,而是以一篮子股票来创设和赎回基金单位。对于一般的投资者而言,交易所交易基金主要还是在二级市场上进行买卖。目前我国证券市场的 ETF 共有五家,它们是华夏上证 50ETF(510050)、易方达深 100ETF(159901)、华安 180ETF(510180)、华夏中小板 ETF(159902)和上证红利 ETF(510880)。

上市开放式基金(Listed Open-ended Funds,LOF)是一种既可以在场外市场进行基金份额申购赎回,又可以在交易所(场内市场)进行基金份额交易、申购或赎回的开放式基金,它是我国对证券投资基金的一种本土化创新。LOF 的投资者既可以通过基金管理人或其委托的销售机构以基金净值进行基金的申购、赎回,也可以通过交易所市场以交易系统撮合成交价进行基金的买入、卖出。

指数基金(Index Fund)是指以特定指数(如沪深 300 指数、标准普尔 500 指数、纳斯达克 100 指数、日经 225 指数等)为标的指数,并以该指数的成分股为投资对象,通过购买该指数的全部或部分成分股构建投资组合,以追踪标的指数表现的基金产品。通常,指数基金以减小跟踪误差为目的,使投资组合的变动趋势与标的指数相一致,以取得与标的指数大致相同的收益率。

对冲基金(Hedge Fund)是指采用对冲交易手段的基金,也称避险基金或套期保值基金,是指金融期货和金融期权等金融衍生工具与金融工具结合后以盈利为目的的金融基金,是投资基金的一种形式,意为"风险对冲过的基金"。

(二)基金的特点

基金具有以下特点,也是基金的主要功能[①]。

1. 集合理财,专业管理

基金将投资者的零散资金集中起来,然后由专业的团队进行投资管理,表现出了集合理财的特点。一方面,基金可以通过社会大众购买基金份额的形式来募集资金;另一方面,基金管理公司通过其专业化的投资运作团队将募集的基金分散进入资本市场,投资于有价证券等金融工具,来确保资产的保值增值。随着汇集的资金数量的增大,有利于发挥资金规模优势,降低投资成本且起到分散风险的作用。基金管理公司一般拥有大量的专业投资以及研究人员,借助强大的

---

① 张鑫,"HX 基金公司开放式基金的营销组合策略",《兰州大学》,2012 年。

信息网络,能够更好地应对市场变换。

2. 组合投资,分散风险

以科学的投资组合降低风险、提高收益是基金的另一大特点。普通法人投资者由于资金量通常较小,投资过程中能够选择的品种和数量均相对有限,无法分散或规避风险。基金产品的形成则弥补了投资者单一操作的缺陷,基金可以凭借其雄厚的资金,在法律规定的投资范围内进行科学的组合,分散投资于多种证券,一方面借助于资金庞大和投资者众多的优势使每个投资者面临的投资风险变小,另一方面又利用不同投资对象之间的互补性,达到分散投资风险的目的。

3. 利益共享,风险共担

基金投资者是基金的所有人,基金投资收益除管理人运作成本费用、托管费用等以外,所有盈余部分均归属于投资者所有。基金管理公司每天会进行清算,投资所产生的收益扣除上述费用后,按照投资者的投资比例进行分配。同时需要注意,市场变幻莫测,收益有正有负,利益共享,风险也将共担。

4. 严格监督,信息透明

中国证监会、中国证券投资基金业协会等监管机构负责规范基金管理公司各项工作,对于损害投资者利益的行为将进行严厉打击,同时强制基金产品及时、充分、准确地信息披露。基金托管银行负责对基金管理公司的投资操作进行监管,以保证投资人资金运作安全。

5. 独立托管,保障安全

基金管理公司仅负责投资者资金的投资操作,投资者资金的保管则由基金托管人负责,形成第三方监管。托管人会对基金管理公司的每笔投资操作进行监督审核,与基金管理公司形成相互制约关系,这种制衡对投资人的利益形成了有效保障。

二、我国基金行业的发展状况

(一)基金的发展历程

我国证券基金行业的发展历程可以分为三个阶段:第一阶段是从20世纪80年代至1997年11月14日《证券投资基金管理暂行办法》颁布之前,该阶段是证券投资基金的早期探索阶段,也即"老基金阶段";第二阶段是从《证券投资基金管理暂行办法》颁布实施以后至2001年8月,该阶段是封闭式基金的发展阶段;第三阶段是从2001年9月以来至今,该阶段是开放式基金发展阶段。

1. 第一阶段:探索

我国基金机构涉足于基金业务是在1987年,当年中国新技术创业投资公司与汇丰集团、渣打集团在香港联合成立中国职业基金,投资于珠三角地区的乡镇企业,随后在香港联合交易所上市。其后,有中资机构和外资机构联合推出了一批中国概念基金。我国境内第一个比较规范的基金是1992年11月设立的淄博乡镇企业投资基金,其中,60%投资于乡镇企业,40%投资于上市公司,并于1993年8月在上海证券交易所挂牌上市。此后,1993年上半年在我国引发了短暂的基金热潮。1993年下半年经济过热引发通货膨胀,政府实施宏观调控,经济逐步降温,此后,基金发展中的不规范问题逐渐暴露出来,多数基金资产状况趋于恶化,我国基金业发展处于停滞状态。

相对于1998年《证券投资基金管理暂行办法》实施以后发展起来的新基金,人们习惯上将1997年以前设立的基金称为"老基金"。截至1997年年底,老基金数量为75只,筹资规模达58亿元。老基金的产生和发展具有自发性和超前性,设立及运作随意性强。老基金的发展存在三个方面的问题:第一,缺乏基本的法律规范,关系不清、无法可依、监督不力;第二,运作不规范,大量资金投向房地产和企业,变成了一种直接投资基金;第三,资产质量普遍不高,资产结构不合理。1997年后国务院明确对老基金进行了清理规范,1999年发布了《关于原有投资基金清理规范方案的通知》,确立了老基金清理规范工作的原则、内容、政策及组织程序。至此,老基金逐渐淡出历史舞台。

2. 第二阶段:封闭式基金阶段

1997年11月14日《证券投资基金管理暂行办法》的颁布,标志着我国基金发展进入了新的发展阶段。1998年3月27日,南方基金管理有限公司和国泰基金管理有限公司发行了20亿元的封闭式基金"基金开元"和"基金金泰"。此后,不同规模、不同类型的封闭式基金相继获批,与此同时,老基金清理也有序展开,并在2001年全部清理规范。1998年共设立了5家基金管理公司,管理封闭式基金5只,募集资金100亿元,年末基金资产净值为107.4亿元。1999年增加了5家基金管理公司,14只封闭式基金。截至2001年9月开放式基金推出之前,共有47只封闭式基金。到2006年年底封闭式基金共有53只。

封闭式基金是我国基金行业规范发展的起步阶段。有关基金资产的强制托管、充分的信息披露、基金管理公司的独立运作以及集中统一的监管体制与市场准入制度开始建立。基金行业完善的、领先于其他类型资产管理机构的制度体系建设由此开始。

3. 第三阶段:开放式基金阶段

2000年10月8日,中国证监会发布了《开放式证券投资基金试点办法》。

2001年9月,我国第一只开放式基金"华安创新"正式对外公开发售,标志着我国证券投资基金的发展进入了新的历史阶段。开放式基金的发展自2001年至今经历了两个阶段。2001—2005年间,由于开放式基金相对封闭式基金不存在折价等优势,受到了投资者的广泛欢迎,发展迅速,并逐步取代封闭式基金成为基金市场的主要品种。在此期间各类基金产品不断推出,2002年8月,南方基金管理有限公司推出了第一只以债权投资为主的南方宝元债券基金;2003年3月,招商基金管理有限公司推出了第一只系列基金;2003年5月,南方基金管理有限公司推出了第一只保本基金"南方避险保本型基金";2003年12月,华安基金管理有限公司推出了第一只准货币型基金"华安现金富利投资基金"。

2004年6月实施的《证券投资基金法》使得国内基金业进入了快速发展阶段。第一,从法律基础上看,基金业的法律体系逐渐完善,监管机构相继推出了《证券投资基金托管业务管理办法》《证券投资基金信息披露管理办法》《证券投资基金运作管理办法》《证券投资基金管理公司管理办法》《证券投资基金行业高级管理人员任职管理办法》等。第二,基金业的营销能力和服务创新能力与日俱增。比如在费用模式的选择上,客户可以自由选择前端收费或者后端付费。在购买模式的选择上,投资者既可以选择通过银行网点或证券公司网点办理,也可以直接通过基金公司购买,还可以通过电话委托或者网上委托购买。第三,投资者的数量和资金量日益壮大,标志着我国证券投资基金的投资者结构发生了实质变化。2006年之前,机构投资者持有开放式基金的比例在50%左右。2006年以来,开放式基金越来越受到个人投资者的青睐。2007年年底,国内开放式基金的账户数达到了9912户,个人投资者持有基金的比例达到了87%,个人投资者取代机构投资者成为基金的主要持有者。第四,基金品种日益丰富,开放式基金成为基金业的主要发展方向。国内基金品种基本涵盖了国际上主要的基金品种:2004年10月,南方基金管理有限公司推出了第一只上市开放式基金"南方积极配置基金";2004年年底,华夏基金管理公司推出了第一只交易型开放式指数基金"华夏上证50ETF";2007年9月,南方基金管理有限公司首次推出了QDII基金"南方全球精选基金"。2008年年底,我国基金数量达到了400多只,开放式基金占基金全部数量的比例达到了92.7%。

(二)基金行业发展面临的环境

1. 经济环境分析

整体来看,2016年我国宏观经济运行平稳,出现了"双重向好"的新格局:新结构、新经济、新动能在加速形成,传统产业调整在不断深化。但这并不意味着经济将会出现"V"形反转呈明显回升,当前我国经济成下行态势尚未见底,在较长时间内会呈现"L"形走势,以低于7%的增速持续一段时间。"L形经济"是2015年两会中"新常态"一词的经济学解释。宏观经济形势会对基金投资产生重要影响。

(1) 宏观经济运行呈现的特点

2017年在供给侧结构性改革的加速推进下,我国宏观经济平稳增长可期。在政策取向上,须坚持宏观政策要稳、产业政策要准、微观政策要活、改革政策要实、社会政策要托底的思路,在宏观调控政策和改革政策之间形成叠加效应,在供给侧结构性改革上取得重大突破,为长期发展注入新动力。2016年我国宏观经济运行呈现如下特点:

第一,工业与投资联动效应明显。2016年年初,我国宏观经济继续有所下行。一季度GDP增长6.7%,比上年四季度回落0.1个百分点。主要是工业增速继续放缓,一季度规模以上工业增加值同比增长5.8%,比上年同期回落0.4个百分点,为多年来的季度低点。而工业增速的持续放缓与传统产业调整加深,特别是市场和政府双重作用下的"去产能"加快有关。进入下半年,工业增长企稳、民间投资有所反弹,总投资也企稳回升。同时政府采取措施激发民间投资活力,使民间投资自9月份开始止跌回升,前11个月累计民间投资同比增长3.1%,比1—7月份的最低点回升1个百分点。民间投资的回升带动了整体投资增长的反弹。

第二,政府积极支撑避免了总投资的大幅下降。与民间投资明显下滑相对应的是,自2016年年初以来,政府投资和房地产投资在明显回升,这在较大程度上抵消了来自民间投资增长下滑的影响。首先,政府主导的投资有所加快。主要表现为:基础设施投资加快。1—11月累计,完成基础设施投资(不含电力、热力、燃气及水生产和供应业)同比增长18.9%,比同期全部投资增速快10.6个百分点。从资金来源上看,国家预算内资金增长较快,前10个月同比增长16.5%,上半年增长更快,高达21.8%。国有控股投资再现高增长,反映了政府主导的投资加快。1—11月累计,完成国有控股投资19.1万亿元,同比增长20.2%,比上年同期加快8.5个百分点。其次,房地产投资增长迅速反弹。在各种利好政策的刺激下,房地产销售明显回暖,导致房地产投资稳定回升。1—11月累计,房地产开发投资同比增长6.5%,比上年同期加快4.2个百分点。据测算,房地产投资回升对总投资的贡献超过了1个百分点,对GDP的贡献在0.4个百分点以上。

第三,消费增长与物价增长"双稳定"。我国经济正在由投资主导向消费主导转换,这是我国经济向中高端迈进的必然趋势。2016年以来,消费需求继续稳定增长。1—11月累计,社会消费品零售总额同比增长10.4%,扣除物价因素实际增长9.7%。1—10月累计,全国网上零售额同比增长26.2%。其中,实物商品网上零售额增长25.7%,占社会销售品零售总额的比重为12.7%。

与消费平稳增长相对应的是,我国物价总水平继续保持稳定,既没有出现明显通胀,也没有明显的通货紧缩压力。1—11月累计,全国居民消费价格总水平同比增长2.0%,比上半年微降0.1个百分点,比上年同期提高0.6个百分点,通缩的隐忧逐步消失。物价总水平稳定的基础是食品和粮食价格的稳定。1—11月累计,食品烟酒类价格同比增长3.9%,属于合理范围。其中粮食价格同比仅增长0.5%,这是连续多年粮食丰收,库存充足,国际粮食价格也相当稳定所致。食品烟酒类价格回升主要是由于蔬菜、猪肉价格上涨较快,而其他多数食品价格趋于稳定。

第四,就业在总体平稳中呈现分化走势。就业稳定向好是本轮经济调整的最大亮点。2016年年初,在经济增长继续有所放慢以及钢铁、煤炭等传统工业加快去产能的形势下,就业压力一度有所加大,特别是国有企业的隐性失业问题显现,但在二季度后明显趋稳。据中华人民共和国人力资源和社会保障部数据,前三季度,城镇新增就业1067万,提前一个季度超额完成了全年预期目标任务。而国家统计局31个大城市的城镇调查中,失业率也一直保持稳定,多数月份处于5%—5.1%的水平。在经济下行压力下,就业继续稳定向好,既有经济规模效应、产业升级效应的重要贡献,也体现了宏观政策的积极支持效应。但像产业分化一样,2016年以来就业结构分化特征也十分明显。一方面,随着传统制造业的持续调整和去产能力度的加大,投资和就业面临较大压力。民间投资的大幅回落及国有企业去产能中的职工分流对就业形成了较大压力。另一方面,产业升级和"双创发展"创造了更多的就业机会。除服务业和高技术产业快速增长对就业形成较强支撑外,网上购物这一新业态的快速发展也创造了许多新的就业机会。目前我国快递员数量超过了200万人,而两年前仅有90万人。1—9月累计,全国快递服务企业业务量和收入同比分别增长54.0%和43.9%,比去年同期分别加快8.0个和10.7个百分点。

第五,PPI(工业生产者出厂价格指数)由负转正是经济运行一大亮点。2016年在CPI(居民消费价格指数)增幅温和回升的同时,PPI增长则出现了反转性变化,PPI在三季度末终于结束了持续4年多的负增长,进入快速回升轨道。一季度PPI同比下降4.8%,比上年全年和上年四季度分别收窄0.4个和1.1个百分点,二季度PPI同比下降2.9%,比一季度大幅收窄1.9个百分点。其中钢铁、煤炭和有色金属的价格都出现了较大程度的环比上涨,这有效地改善了一些生产资料生产企业的效益。从一季度PPI降幅有所收窄,到二季度PPI降幅的大幅收窄,再到三季度末的转负为正,并持续回升,意味着传统产业调整已取得积极成效,特别是减产量、去产能的积极效果初现,这是经济出现内在性向好的重要表现。

从以上分析,我们可以对2016年我国经济运行作出以下判断:我国经济稳中向好的基础在不断巩固,出现了"双重向好"的新格局,即新结构、新经济、新动能在加速形成,传统产业调整基本到位。新结构、新经济、新动能既包括服务业占比不断上升以及对经济增长的贡献率不断提高,也包括新产业、新业态快速发展,还包括消费升级及消费对经济增长的作用不断增强。传统产业调整基本到位主要表现在两个方面:一是工业增长调整基本到位。既表现为工业生产的止跌回升,也表现为工业投资降至低点并有所回升。二是PPI增长由负转正。在市场和政府力量的同时推进下,我国去产能取得了积极成效,其重要标志就是PPI结束了持续4年多的负增长,开始出现全面回升。

(2)宏观经济运行面临的问题

要充分认识到我国宏观经济运行仍面临不少突出矛盾和问题,主要表现在以下方面:

第一,房地产调整明显延后,对未来经济增长形成压力。我国房地产发展一直存在一些不健康、不理性的因素,致使房地产泡沫不断增大。本来旨在消化三、四线过量库存的房地产政策,却造成一、二线房价的暴涨和抢购。数据显示,2016年1—11月累计,商品房销售面积和销售额分别增长24.3%和37.5%,其中住宅增长还要高一些,销售面积和销售额分别增长24.5%和39.3%。这一涨幅远超2013年的快速增长,仅低于2009年的暴涨。资金过度向房地产流动,必然导致实体经济资金不足,2016年1—11月累计,固定资产投资到位资金总额为548 462亿元,同比仅增长5.4%,净增资金28 317亿元,其中房地产开发投资到位资金为129 484亿元,增长15.0%,新增资金17 922亿元,占全部投资到位净增资金的63.3%,即投资到位新增资金中的一半多流向了房地产。资金流的严重偏移,对实体经济产生了巨大的"挤出效应"。房地产属于基金的重要投资领域之一,其不理性因素不仅提高了房地产泡沫化程度,还加剧了未来的金融风险,严重影响了实体经济发展,也会增加基金投资的不稳定性。

第二,工业经济调整由量向质转变,面临多重结构性难题。从2016年的工业发展来看,工业经济的速度调整基本到位,进一步下行空间有限,但提质增效空间才刚刚打开,工业调整升级仍需较长时间,面临不少结构升级难题。首先,产能过剩问题依然突出,就传统行业来讲,不是周期性相对过剩,而是绝对过剩,必须坚定地"去产能"。目前我国的钢铁产能过剩达30%以上。从市场行为来看,在去产能问题上"摇摆"是自然的,这源于市场的"短视行为"。煤炭、钢铁价格大幅上涨,在市场竞争充分的情况下,会诱发产量增长,甚至出现误判,认为钢铁、煤炭产能过剩不严重，仍有上升空间，或者仅把这次产能过剩当作周期性的相对过剩，这样会再次出现生产过剩，导致"去产能"过程延迟。关键是政府在"去产能"上要更具战略性、前瞻性，不能受"市场短期行为或结果"的干扰。其次，工业、农业去产能中仍有不少亟须解决的难题。如加快农业供给侧结构性改革，去玉米巨量库存，不仅要改革粮食储备制度，而且要避免农民的利益受损，必须改变补贴方式和调整相关的配套政策，这些都需要花成本和时间。工业领域面临的问题也会对基金投资造成影响。

第三，服务业发展和创新发展面临较大的体制机制障碍。服务业不仅是经济调整期就业的"蓄水池"，而且也是新常态下产业升级、提高制造业和整体经济竞争力的重要途径。2016 年上半年，服务业增加值同比增长 7.5%，尽管比 GDP 和工业的增速快，但相对前两年有所回落。主要原因是服务业发展还面临着较多的体制性或政策性障碍，潜力远没有发挥出来。首先，对服务业的重视程度一直不如工业。其次，一些体制性因素制约了服务业的发展。如营业税改征增值税（以下简称"营改增"）之前，普遍对服务业征收营业税，使得服务业税负较重。5 月份开始全面推开的营改增改革改变了这一局面。但全面推进营改增改革，仍面临着许多技术和机制问题，需要加快深化改革来解决。最后，服务业中一大块是公共服务业，对这些产业管制过多，对内对外开放均不够，影响了供给数量的增加和质量的提高。国家高度重视创新发展，极力鼓励"双创"和推进创新驱动战略，但相应的知识产权保护制度不完善、风险投资不规范、科技创新的激励机制落实不到位等，仍阻碍着创新发展"大气候"的形成，致使新动能发展仍显不足。

第四，世界经济复苏依然乏力，国际金融风险仍未有效释放。源于美国次贷危机的 2008 年全球金融危机带来的全球经济调整远没有结束。为了应对金融危机，以美国为首的西方国家普遍采取了两种应对措施：一是大幅放松货币政策，如零利率政策和量化宽松政策；二是政府强力干预，如美国对汽车、"两房"以及投行采取了少见的保护性政策，欧洲则提出了不让一家大银行破产。这样的政策可以避免过大的危机冲击，但却带来了一个明显的后遗症：危机的影响拉长，短痛转为长痛。其中最大的问题就是：零利率（欧洲甚至出现了名义负利率）意味着货币价格严重扭曲，使得经济结构调整缺乏有效的价格杠杆引导，全球资源重新配置陷入紊乱。全球结构失衡问题难以得到根本解决。当务之急就是让利率正常化，恢复货币政策的基本功能。全球经济增长乏力背后还有一个重要因素，就是贸易和投资的保护主义采取变相的方式大行其道。从政策上讲，再工业化是其典型代表；从后果来看，全球贸易增速持续多年低于全球经济增速，到 2016 年年底，全球已持续 5 年出现贸易增速明显低于经济增速的情况，这一现象不仅违背了全球化的大方向、大趋势,而且意味着各国都在向内而不是向外来拓展发展空间,这严重影响了全球资源的配置效率。成本上升、结构扭曲,世界市场变小,这样与开放发展相悖的现象,正是全球经济长期低迷不振的又一原因,全球经济低迷,且结构扭曲,必然会导致全球各种乱象(政治、经济、社会)层出不穷。

整体来看,在经济下行压力加大、CPI相对温和的背景下,货币宽松和财政政策发力均有望推出,对于基金投资来说,无风险收益率继续下行,且经历四季度市场修复后投资者风险偏好有望提升,"十三五"开局之年市场有望震荡上行,结构性机会突出。

2. 政策环境分析

监管政策的变化会对证券投资基金的发展造成重要影响。

(1) 新规定对基金行业全面松绑,改变资产管理行业格局

2012年11月1日起施行的修订后的基金行业有关规定有三个,分别是:《证券投资基金管理公司管理办法》(以下简称《管理办法》)《基金管理公司特定客户资产管理业务试点办法》(以下简称《试点办法》)及《证券投资基金管理公司子公司管理暂行规定》(以下简称《暂行规定》)。这三大法规均体现了给基金行业"松绑"的思路,在进一步推动基金行业市场化、增强基金行业活力的同时,加强了业务规范,强化了监管措施,防范了潜在风险,更好地保护了基金份额持有人的利益。《管理办法》适当降低了基金公司的准入门槛和业务管制,调动了公司股东、基金从业人员的积极性,着力优化股权政策、完善公司治理、增强激励约束机制,取消了主要股东持股比例和关联持股限制,鼓励主要股东为基金公司提供持续有力的支持。同时强化了监管措施,延长了主要股东持股锁定期,引导股东形成长期投资的理念。《试点办法》拓宽了专户的投资范围,对从事专项资产管理业务的基金管理公司,要求其设立子公司从事此项业务。而制定《暂行规定》的目的是规范基金公司子公司的行为,有效隔离业务风险,鼓励基金管理公司有序开展差异化、专业化的市场竞争,引导其向现代资产管理机构转型,为社会提供更好的财富管理服务。

在2012年行将结束的时候,中国证监会发布了《关于深化基金审核制度改革有关问题的通知》及其配套措施,将基金行业改革向前推进了一大步:取消基金产品通道制,并简化审核程序,缩短审核期限。在"通道制"环境下,基金公司无法集中力量申报某一类型产品,自身的投研优势也不能得到最大发挥,结果是各家基金公司都变成了"大而全""小而全"的模式。"通道制"取消后,对基金行业最大的意义在于,基金公司完全可以根据自己的战略规划,集中发展某一类型产品,并逐步形成自己在竞争中的比较优势。

2013年新修订的《证券投资基金法》(以下简称"新基金法")于6月1日起正式实施。一方面加强了内幕交易、利益输送方面的监管,另一方面放宽了基金在成立、投资运作上的管制。在加强监管方面,主要包括监管范围的扩大、各方职责权限的明确和禁止内幕交易的明确等。在放松行业管制方面,主要新规有放宽股东门槛限制、将基金募集申请由"核准制"改为"注册制"和修改基金投资范围等。从2013年开始基金发行由事前审批改为事后报备,且基金公司牌照放宽。新基金法的颁布实施,对此前管制较多的基金行业全面松绑,对传统公募业的新发展提供了制度保障。新基金法及其配套政策将改变现有资产管理行业格局,加剧公募基金市场的竞争。

与新基金法同时开始实施的还有《资产管理机构开展公募证券投资基金管理业务暂行规定》,该规定较2012年年底发布的征求意见稿进一步降低了准入门槛。对于基金公司而言,新的规定可能会使一批规模较小、竞争力不强的基金公司无法生存、淘汰出局。而其他机构的进入,会给基金行业未来的发展带来不可预知的可能。保险、券商、私募、股权投资和风险投资机构可以发行公募产品;公募基金的竞争主体将由目前的基金公司增加到六大机构,这将在很大程度上迅速提高公募基金的总体管理规模,公募基金行业将迎来新的发展契机。新基金法还规定,投资者超过200人的券商集合资产管理计划(业内称"大集合")被定性为公募产品,适用公募基金的管理规定。2013年6月1日之后,面向中小客户的大集合产品不再发行,新发行的券商集合理财产品均为小集合产品。在此之前成立的投资者超过200人的证券集合资产管理计划在存续期限内继续运作,而未来在证券公司取得公募基金管理业务资格之后,按照相关规定,在征得客户同意后,存续的证券集合资产管理计划将转为公募基金。伴随着券商资产管理业务的快速做大,一些新的问题也开始暴露出来。而新基金法的施行,也将对证券公司资产管理业务产生较大影响。

(2)新规定重新勾勒对基金子公司的监管生态,净资本约束时代到来

2016年12月2日,证监会正式下发的《基金管理公司子公司管理规定》及《基金管理公司特定客户资产管理子公司风险控制指标管理暂行规定》(以下简称"新规")对基金子公司的监管生态进行了重新勾勒,意味着基金子公司净资本约束时代开启。随着新规落地实施,基金子公司告别了野蛮生长的态势,纷纷开始转型调整。新规明确了基金子公司以净资本为核心的风控体系,对现有业务分类处理,过渡期由12个月最长延长至18个月。在两部新规中涉及基金子公司的主要内容包括:强化对子公司的管控;完善子公司内部控制;支持子公司规范发展。

在新规中明确了开展私募股权管理业务必须设立特殊目的机构,并且规定了相应的准入条件和程序,另外删除了对参股子公司股东的要求。一是净资本约束。根据风控规定的要求,基金子公司净资本不得低于1亿元、不得低于净资产的40%、不得低于负债的20%,调整后的净资本不得低于各项风险资本之和的100%。二是明确了基金子公司可以从事专户业务、基金销售业务、私募股权管理业务以及中国证监会许可或认可经营的其他业务,但是要求专业化经营,即只能选择其中一项业务经营。三是首次明确了基金母公司对子公司的持股比例不得低于51%。四是多项条款强调禁止基金母子公司之间、受同一基金母公司管理的不同子公司之间进行同业竞争。新规之下,基金子公司相较券商资产管理而言仅有的一点优势是:券商集合不能投非标;而相较信托而言,基金子公司企业资产证券化可在交易所转让,其他业务则差异不大。

随着新规的实施,2017年基金子公司走入了转折点。目前不少基金公司正在进行业务调整。据新规要求,应强化基金管理公司对子公司的控制,避免变相"出租"业务牌照。基金管理公司的控股要求为持有股权比例不低于51%。相关统计数据显示,目前至少有8家基金子公司的母公司持股比例达不到51%。业内人士表示,在净资本约束下,摆在2017年基金子公司面前的头等大事就是增资。目前来看,2016年已有多家基金子公司进行了增资,2017年或将迎来真正的子公司"增资潮"。进行增资需要两个条件,一是股东资金雄厚;二是股东对净资本收益率要求与实际匹配。目前来看,股东资格和净资本管制仍存在矛盾。一方面,基金子公司在引入投资者上有一定门槛;另一方面,要求母公司必须控股,不能只是参股,这便让投资者引入和外部增资的空间缩小。基金公司自身的增资扩股,可能将成为新监管口径下基金子公司扩张的唯一路径。其实在增资扩股环节,基金子公司本来可以通过引入战略投资者甚至挂牌、上市等方法寻找资本补充途径;但母公司必须达到51%的"绝对控股",参股方有门槛限制,同时有净资本限制,好几种条件加在一起,无疑让母公司将成为子公司增资的主要供给者。未来推动基金公司上市或挂牌新三板募资也将成为趋势。

与此同时,2016年申请股权变动的基金公司明显增多。根据证监会近期发布的《证券、基金经营机构行政许可申请受理及审核情况公示》显示,截至2016年12月23日,2016年公募基金公司申报变更5%以上股权和实际控制人的数量新增15家,目前共有18家基金公司排队等候监管审批。基金公司自身实力有限,为了不收缩子公司业务,就需要股东帮忙增资,这便意味着基金公司需增资扩股以满足以净资本为核心的多项指标要求。符合监管规范成为近期公募基金增资扩股的主要原因。相形之下,一批资本补充能力不足的基金子公司可能会被淘汰,过去许多机构积极布局基金子公司正是因为看中没有净资本约束,而新规之后可能会放弃基金子公司,从新产品备案情况来看,有些基金子公司业务近乎停摆,大多属于以上情况。

目前监管层正在修订基金公司的《管理办法》,该办法或将对公募专户业务提出风险准备制度等监管要求。《管理办法》修订中较为重要的环节之一是强调基金子公司的"一司一业"原则,即一类业务仅可在一家公司开展,一家公司仅可申请发展一类业务。但同时《管理办法》也将为专设子公司经营养老金管理、指数化投资等的细分领域预留发展空间。2016年12月份下发的新规规定,基金公司能够设立的子公司类型目前仅包含专户、PE(私募股权投资)和销售三类。未来基金公司的组织架构模式可以以母公司作为控股平台,并向下根据业务分类分别控股PE、养老金、指数、专户、销售等多个类型的基金子公司。

3. 市场环境分析

我国经济整体杠杆率仍然偏高,特别是企业部门的债务占GDP的比重偏高,这与我国资本市场发展相对比较缓慢有关。近几年,虽然资本市场发展较快,但与间接融资市场相比,它的增速还不够快。因此,大力发展资本市场,减少企业对借贷杠杆的依赖性,并且加强监管防范,是我国未来去杠杆的一个重要政策路径。资本市场的稳健发展将会为我国的基金行业提供巨大的发展空间。在新的经济发展阶段中,我国的基金行业迎来了前所未有的变局:一方面,资产管理行业蓬勃发展,机构投资者的主体越来越多元化,各个资产管理机构积极布局新业务、新领域,行业竞争更加激烈,公募基金面临越来越多的竞争对手;另一方面,公募基金也在积极谋求应变之策,各个基金公司在公司治理结构、业务创新、核心竞争力打造等多个方面不断创新,积极探索新的商业模式。

资本市场双向开放为公募基金带来了全球化业务机会:一方面,国内投资者境外配置资产的"走出去"需求已经启动,并将持续增长;另一方面,境外机构对我国境内证券投资需求的增长潜力巨大,公募基金既要立足当下,占据市场先机,也要着眼长远,建设全方位的跨境投资业务平台。在我国经济转型升级的大背景下,基金行业的发展必须紧扣国家经济社会发展和经济改革的总体方向,紧紧把握多层次资本市场建设的主线和投资者需求:一是认清投资主线,不断提高投资能力,提升风险调整后的投资回报,提高投资业绩;二是抓好基金产品创新,比如资产证券化、产业并购基金等方式,引导社会资源参加供给侧结构性改革,为实体经济提供综合解决方案,盘活社会存量资产,积极参与新经济、新产业发展;三是忠实履行受托责任,切实保护投资者的合法权益。

（三）基金行业的发展情况分析

1. 基金行业的总体发展情况

（1）基金数量和规模激增，基金市场规模扩大

目前，国内的基金市场正面临着规模的飞速增长。据 Wind 数据统计，2016 年我国共发行了 1 151 只新基金，较 2015 年大幅增长了 40.02%。据天相投顾数据，截至 2016 年 12 月 31 日，公募基金净资产已超过 9 万亿元。无论是公募基金还是私募基金，都得到了较快发展。

2016 年，公募基金行业整体规模得到了较大增长。据天相投顾数据统计显示，截至 2016 年年底，各类公募基金资产管理规模合计达到了 91 367.46 亿元，整体规模首次跨过 9 万亿元大关，创下历史新高。与 2015 年年底相比，过去一年公募基金规模全年增加 9 448.19 亿元，增幅高达 11.53%。在资产荒、整体业绩欠佳等背景下，公募基金资产规模却仍然创出新高，也主要归功于债基的功劳，更确切地说是委外资金。银行、保险等机构的大量委外资金开始转投债券基金，使得债券基金搭上了委外东风，因而该类产品无论是从数量还是资产净值规模上都增长迅猛。统计显示，截至 2016 年年底，债基规模为 19 140.58 亿元，增长了 11 361.52 亿元，增幅高达 146.05%。而保本基金、QDII 基金在过去一年规模也分别增加了 1 693.77 亿元、327.20 亿元。从业绩角度来看，全年 QDII 基金整体表现最抢眼。统计显示，截至 2016 年 12 月 31 日，全市场 132 只 QDII 基金年内算术平均净值增长率为 6.54%，更有 40 只 QDII 基金净值增长率超过了 10%，在近几年里表现较好。

而在基础市场持续震荡的背景下，股票基金和混合型基金虽然在数量上呈现稳步增长的态势，但受市场震荡影响，实际的资产净值规模不升反降。数据显示，截至 2016 年年末，混合型基金规模减少了 3 396.43 亿元，缩水最多；开放式股票基金和封闭式股票基金规模也分别减少了 527.30 亿元和 131.93 亿元。同样，已连续 5 年实现规模"大跃进"的货币基金，由于受到 2016 年年末流动性紧张因素的袭扰，年末规模反倒比 2015 年减少了 28.01 亿元。

2016 年，私募基金的行业规模持续扩大，并且反超公募基金，进入发展快车道。截至 2017 年 1 月底，已在中国证券业基金协会登记并开展业务的私募证券、私募股权、创投等私募基金管理人一共有 18 048 家（比 2016 年 4 月增长 104.3%），已备案正在运行的私募基金为 47 523 只（增幅 66.5%），认缴规模达 10.98 万亿元（增幅 80.9%），实缴资金 8.45 万亿元（增幅 68.3%），私募基金从业人员为 28.05 万人。特别是涌现出了一批具有较强管理实力、运作规范的私募基金管理机构，管理规模超百亿元的已有 147 家。与实体经济紧密相关的私

募股权投资基金和创业投资基金更是成为行业的两道靓丽风景。私募基金在支持实体经济和创新创业方面的成效已经显现。

(2) 基金整体业绩不佳,收益率有所下降

2016 年年初股票市场的动荡以及年尾债券的大跌均对基金行业发展造成了一定打击,2016 年 A 股市场在全球市场中垫底,公募基金整体收益水平无法和 2015 年相比。银河证券基金研究中心统计显示,受到股市和债市整体环境的影响,股票和混合型基金 2016 年平均亏损 11.87% 和 9.08%,债券基金平均小幅亏损 0.4%。全年商品基金平均涨幅最大,8 只黄金 ETF 及其联接基金平均年度净值增长率高达 18.40%,不过由于其产品数量和规模相对有限,因此对公募基金整体业绩影响较小。在遭遇了 2016 年年初股市熔断以及年尾债市大跌的行情后,债券基金平均收益率仅为 0.09%,收益缩水严重。数据显示,2016 年前三个季度,债券基金的平均收益率为 2.88%,而第四季度的平均收益率却是 −2.24%。受到第四季度行情的拖累,2016 年全年债券基金的亏损比例达到了 33%,而尽管还有六成多的产品实现了盈利,但幅度已经不可同日而语。

另外,还有部分基金规模缩水严重,如工银瑞信旗下工银瑞信创新动力全年亏损 36.94%,在同类股票基金中垫底。统计显示,2016 年共有 16 家公司旗下资产规模腰斩的基金数量超过 10 只,国投瑞银基金管理有限公司管理的基金共有 16 只腰斩,为行业内最多,其中,4 只基金规模缩水超过 80%,包括国投瑞银双债增利、国投瑞银优选收益混合、国投瑞银新价值混合、国投瑞银新收益混合。

值得一提的是,2016 年基金迷你化的趋势日益凸显。据天相投顾数据统计,截至 2016 年 12 月 31 日,有 900 只基金规模低于 2 亿元,有 270 只基金规模跌破通常所说的 5 000 万元"清盘线",创下历史新低。据统计,2016 年共有 18 只基金清盘,清盘基金总数已达到 55 只。从投资类型来看,已被清盘的基金中,货币市场基金数量最多,有 20 只;其次是被动指数股票基金,有 10 只;债券和偏债混合型基金共有 14 只,QDII 基金有 4 只。而除了两只增强指数型基金,还未出现过主动股票基金清盘的情况。2016 年 12 月 12 日,东方赢家保本偏债混合基金正式终止基金合同,成为 2016 年度最后一只清盘的基金。

相对而言,私募基金虽然整体上也没有赚太多钱,但业绩要好看很多。据格上理财研究中心统计,2016 年以来,私募基金受开年熔断影响,在 1 月损失最为严重,平均亏损 10.44%,仅 9% 的私募基金获得了正收益。但全年私募基金的平均收益率约为 −3.75%。其中,股票策略私募基金平均收益率为 −6.72%,在各策略中排名垫底。商品期货策略收益靠前,主要受益于 2015 年的商品牛市行情。供给侧结构性改革压缩供给,造成部分商品价格上涨,同时由于年中一些利空事件,在避险资金推动下黄金也有不小行情。

总体来看,2016年基金行业受到年初股市动荡、股市熔断以及年尾债券下跌带来的不利影响,无论是私募基金还是公募基金,在收益率上均没有太大提升。2017年基金行业仍面临着市场波动带来的冲击,基金管理公司还需调整发展策略来积极应对变化,增加投资者信心。

(3) 基金互认标志着基金行业对外开放迈出了重要步伐

2015年12月18日,备受期待的内地与香港互认基金正式启动。当天,中国证监会正式注册了首批3只香港互认基金,香港证监会也于同日正式注册了首批4只内地互认基金。而从2016年1月8日起,由深圳交易所、中国证券登记结算有限责任公司以及香港金融管理局、两地基金业界共同推出的内地与香港基金互认服务平台正式上线。

基金互认服务平台的上线,标志着内地与香港基金互认进入常规阶段,基金业对外开放迈出重要步伐。基金互认也意味着国内产品被境外成熟市场所认可,也能够向全世界投资者开放,具有巨大的发展潜力。互认基金的正式注册,一方面,有利于通过引入境外证券投资基金,为境内投资者提供更加丰富的投资产品和更加多样化的投资管理服务,同时也有利于境内基金管理机构学习国际先进投资管理经验,促进基金行业竞争。另一方面,有利于吸引境外资金投资境内资本市场,为各类境外投资者提供更加方便的投资渠道,同时也有助于推动境内基金管理机构的规范化与国际化,培育具有国际竞争能力的资产管理机构。

当然,对于互认基金也不能够盲目乐观,目前还只是阶段性的成果,未来还需要更多的时间去验证。基金互认的意义更多地体现在人民币国际化方面,目前对国内基金市场不会带来太大变动,因为境外资金投资我国资本市场还存在一定的限制。

(4) 养老金业务成为基金行业最大最持久的风口

伴随着养老金规模的持续增加,也给基金行业带来了新的发展前景。从规模上看,截至2015年年底,全国社保基金、企业年金委托专业机构管理的规模约为2万亿元,六成由公募基金管理,其中,全国社保基金约为7 900亿元,企业年金约为3 600亿元。从拿到资格的投管人的数量来看,社保的投管人,企业年金、职业年金的投管人以及基本养老金的投管人,获得养老金投资管理资格的机构,公募基金占91%。2016年,基本养老保险基金证券投资管理机构评审结果中有21家资管机构入选,其中就有14家为基金公司。这也证明了基金行业在资产管理市场上的专业性和投资能力,已经被社保这样的专业机构充分认可;也预示着养老金业务在基金行业未来的竞争版图中,将占据更为重要的地位。

养老金业务自身的特点决定了这是一项周期长、见效慢,但前景巨大的业务。早期的一些反面案例证明,在养老金业务上追求短期利益非但不能成功,反而会损害到基金公司的信誉。只有持续投入,精耕细作,才能逐渐在机构主导的养老金业务中获得认可,赢得管理规模的持续增长。从长期看,社保、年金乃至未来的个人养老金业务是一块巨大的蛋糕,将深刻地改变我国基金行业的格局。以美国的经验来看,截至 2015 年年底,个人养老金和 401k 等企业年金计划的合计规模已经达到 14 万亿美元,投向共同基金的占比达到了一半。数据显示,1980 年至 2013 年三季度末,美国个人退休金账户资金的资产配置比例发生了巨大变化,共同基金由 4% 上升为 45%,银行存款从 80% 降至 8%。可以说,美国的共同基金业的增长曲线就是靠养老金业务推起来的。

而我国的养老金制度改革正值窗口期,国家正在积极应对人口老龄化,陆续出台了一系列养老金制度安排,以加强养老金投资管理,构建多层次养老保障体系。在这一过程中,基金公司因其可以提供低成本、高效的专业化投资服务和及时、方便的资产估值服务,并且具有管理透明、方便转换等优势,将有希望分得最大的一块蛋糕。而且,养老金业务的资金来源稳定,长期属性明显,是基金公司"最喜欢"的资金来源。如果说,2016 年银行委外投资是基金行业的风口,那么未来十年乃至数十年,养老金业务才是基金行业最大也是最持久的风口。

2. 基金行业发展面临的挑战

2016 年以来我国证券投资行业发展迅速,无论是在基金市场规模上还是在基金产品数量上,均得到了显著增加,促进了金融产品的创新,推动了金融市场的发展,但是同样也面临着一些挑战[①]:

(1) 证券市场环境制约行业发展,市场规范化水平亟待提高

第一,上市公司的盈利水平有限,信息披露不明确,制约着基金的理性投资。我国股票市场是为了更好地解决国有企业经济筹集困难而发展起来的,我国上市公司往往存在经营能立不足,创造价值能力不够稳定,资产质量过低等问题。尤其是我国股票市场本身由于发展不够成熟,还存在着较多缺陷,进一步导致了股票市场的波动,尤其表现在投资行为的短视化方面,这些都会阻碍股票市场的发展。第二,市场缺乏做空机制,证券投资基金市场难以规避风险。证券市场做空机制既有利于投资者主动规避风险和增加市场流通性,也有利于证券市场的平稳发行,降低市场风险,有利于证券市场监管的间接化、弹性化及科学化。做空机制给市场提供了一种风险对冲工具,有助于投资者回避市场风险,所以一个健康的证券市场需要做空机制来实现稳定。第三,证券市场金融产品稀少,证券投资基金选择有限。证券投资基金是一种利益共享、风险共担的集合投资方式,

---

① 魏冬、田小辉,"我国证券投资基金发展现状与政策研究",《时代金融》,2016 年第 7 期,第 134—135 页。

所以逐步代替了个人投资。目前我国的证券市场发展还不够成熟,证券投资基金选择的金融产品有限,致使证券投资基金投资空间减少。基金管理人就难以对基金产品进行组合投资,很难达到风险对冲的目的,进而难以规避风险。

(2) 基金管理公司内部存在隐患

伴随着证券投资行业的不断发展,相关基金管理公司越来越多,但是基金公司内部的一些问题也逐渐地暴露了出来,在一定程度上也阻碍了我国证券投资基金行业的发展。

第一,证券投资基金持有人与基金管理人信息不对称导致的道德风险。证券投资基金持有人与基金管理人是委托代理关系,基金管理人应本着基金份额持有人利益优先原则为持有人服务,但由于持有人期望资产增值最大化,而管理人期望代理效用最大化,二者的目标函数不太一样,基金管理人可能会利用基金财产为自己谋利,或为公司谋利而损害基金份额持有人的利益等。第二,基金托管人的独立性受限。基金托管人由法定的商业银行或其他金融机构担任,由中国证监会和中国银监会核准。《证券投资基金法》规定,基金管理人和基金托管人不得为同一机构,且基金托管人发现基金管理人依据交易程序已经生效的投资指令违反法律、行政法规及基金合同约定等的,应马上通知基金管理人,并及时向国务院证券监督管理机构报告。但基金管理人对基金托管人的聘任有一定的决定权,致使基金托管人对管理人的监督有效性不强。第三,基金公司内部缺乏有效的激励制度。第四,基金持有人大会虚设。我国《证券投资基金法》规定,基金份额持有人大会由基金管理人召集。基金份额持有人对基金管理人的基金运作和管理无权干涉,只能通过基金份额持有人大会的召开才能行使职权。但基金份额持有人缺乏召开大会的实际操作能力,不能发挥大会实质性的作用,造成基金持有人大会虚设。第五,基金公司故意误导投资者,进行虚假宣传。

最后,证券投资基金行业高端人才匮乏,且流动频繁。基金管理公司人才流动较快是当前证券投资基金市场普遍存在的现象。我国的基金行业发展迅速,基金市场人才需求量大,致使基金管理人员频繁流动,不利于基金业绩发展,对基金行业的稳定发展造成了不利影响。对于目前国内盛行的私募基金,其也相继暴露出一些问题:一是私募基金变相公募,向不特定对象公开推介,变相降低投资者门槛等;二是管理示范违规运作,部分私募基金将自有财产与基金财产混同,部分私募基金管理人还存在操纵市场等问题;三是登记备案信息失真,部分私募机构长期失联,逃避监管;四是跑路事件时有发生,最突出的问题表现在非法集资的风险上。

(3) 证券投资基金法律法规与监管制度不够健全

我国基金行业发展不如国外基金行业发展成熟,相关法律法规也不够健全,并未形成一套完整的、规范的法规体系。基金监管内容应具有全面性、监管对象具有广泛性、监管时间具有持续性、监管主体及其权限具有法定性、监管活动具有强制性等特征,我国的基金监管需要一系列的法律法规做支撑。但是相关部门规定的规章制度非常繁多,但是繁多的法律与其他重要的法律法规体系联系又不够紧密,主要体现在理论上阐述得非常多,但是在实际操作过程中却发现没有可行性,现行制度无法真正保障证券投资基金产品投资与运作的公正性、独立性、安全性等。而且国家政策的出台势必会影响投资者的投资策略,造成大面积的资金波动。2016年年初推行的熔断机制,虽然只短暂地持续了6天,就导致股票市场蒸发了整整6.66万亿元,造成了股市动荡,对证券市场的发展也造成了极大的影响。

第二节 开放式基金相关概述

一、开放式基金简介

(一)开放式基金的含义及种类

开放式基金(Open-end Funds)是指基金发起人在设立基金时,基金单位或者股份总规模不固定,可视投资者的需求,随时向投资者出售基金单位或者股份,并可以应投资者的要求赎回发行在外的基金单位或者股份的一种基金运作方式。投资者既可以通过基金销售机构购买基金,使得基金资产和规模相应的增加,也可以将所持有的基金份额卖给基金并收回现金使得基金资产和规模相应的减少。开放式基金是世界各国基金运作的基本形式之一。目前,开放式基金已成为国际基金市场的主流品种,美国、英国、我国香港和台湾地区的基金市场90%以上的基金是开放式基金。

我国开放式基金主要包括股票基金、混合型基金、货币市场基金、债券基金和QDII基金(在第一部分"基金行业相关概述"里面已经对"股票基金、混合型基金、货币市场基金以及债券基金"进行了介绍,这里主要介绍QDII基金)。

QDII基金是一种以境外证券市场为主要投资区域的证券投资基金,投资者可以用人民币或外币进行认购和申购,在承担境外市场相应投资风险的同时可以获取相应的投资收益。与投资者已经熟悉的普通证券投资基金一样。QDII基金的运作模式和制度框架与普通证券投资基金基本一致,QDII基金也是在我国现行的法律法规框架下运作的,其运作模式和制度框架均符合我国《证券法》《证券投资基金法》《证券投资基金运作管理办法》《证券投资基金信息披露管理办法》等法律法规的要求。例如,QDII基金也是由基金管理公司(基金管理人)

负责投资管理,由商业银行(基金托管人)负责资产托管,在申购赎回、投资运作、信息披露、会计核算等各个方面均符合现行法规的规定,并通过基金合同、托管协议、招募说明书等法律文件来约定基金的投资运作,以明确基金管理人、托管人、基金份额持有人的权利和义务。QDII基金与普通证券投资基金的最大区别在于投资范围不同。普通证券投资基金主要投资于境内证券市场,QDII基金则以境外证券市场的股票或债券为主要投资对象,所投资市场既包括美国、欧洲、日本等成熟市场,也包括亚太、拉丁美洲等新兴市场。由于投资范围的不同,使得QDII基金可以分享境外证券市场的收益,但也需要承担一些特殊的风险,并且在一些具体运作环节上表现出了一定的差异。

(二)开放式基金与封闭式基金的比较

开放式基金是与封闭式基金相对的一种基金类型,开放式基金与封闭式基金在以下方面存在不同之处:

1. 基金规模的不固定性

封闭式基金有一个封闭期,封闭期内基金份额固定不变,即使运作成功也无法扩大基金份额。开放式基金的份额是变动的,一般在基金设立三个月或半年后,投资者即可以随时申购新的基金单位,也可以随时向基金管理公司赎回自己的投资。因而,管理较好的开放式基金,规模会越滚越大;而业绩较差的开放式基金,规模会逐渐萎缩,直到规模小于某一标准时被清盘。

2. 基金期限的不预定性

封闭式基金通常有固定的存续期,当期满时,经基金持有人大会通过并经监管机关同意可以延长存续期。而开放式基金没有固定的存续期,如果基金的运作能够得到基金持有人的认可,就可以一直运作下去。

3. 交易价格依基金单位资产净值而定

封闭式基金在证券二级市场上交易,其转让价格在交易市场随行就市,受股市行情、基金供求关系及其他基金价格拉动的共同影响。而开放式基金的交易价格由基金管理者依据基金单位资产净值确定,每个交易日公布一次。投资者不论申购还是赎回基金单位,都以当日公布的基金单位资产净值成交。这一价格不受证券市场波动及基金市场供求的影响。

4. 交易方式的特殊性

封闭式基金一般在证券交易所上市或以柜台方式转让,交易在基金投资者之间进行,只有在基金发起接受认购时和基金封闭期满清盘时交易才在基金投资者和基金经理人或其代理人之间进行。而开放式基金的交易则一直在基金投资者和基金经理人或其代理人(如商业银行、证券公司的营业网点)之间进行,基金投资者之间不发生交易行为。

5. 净资产的信息披露更公开化

封闭式基金不需要按日公布资产净值,一般隔一段时间(我国的证券投资基金是每一周)公布一次,基金管理公司不直接受理基金的申购与赎回。而开放式基金应由基金管理公司每日公布资产净值,并按以资产净值为基础确定的交易价格每日受理基金的申购与赎回业务。

(三)开放式基金的特点

1. 开放式基金的风险收益特征

基金产品按种类主要分为股票基金、债券基金、货币市场基金几个类别。从风险收益特征上看,股票基金具有较高的风险收益特征;债券基金的风险和收益都小于股票基金。货币市场基金的风险最低。随着行业的发展,基金产品种类呈现出井喷趋势。在上述三大类基金产品之间和之中又有了很多细致的划分。如介于股票基金和债券基金之间的混合型基金;股票基金又可分为被动型(指数基金)和主动型投资;债券基金又有一级和二级债之分等。加入这些细致的分类后,各类型基金按风险从低到高排列依次为:货币市场基金＞一级债基＞二级债基＞混合型基金＞指数基金＞主动型基金。

2. 开放式基金的流动性特征

开放式基金都具有很好的流动性,即在客户希望赎回的情况下,可以自由赎回(这里不考虑因"巨额赎回"可能导致的比例赎回以及因市场动荡可能导致的特殊情况)。综合考虑风险收益和流动性情况,在三类基金产品中,货币市场基金属于现金类产品,其风险最低,流动性最好。股票基金由于赎回时点因素,受限于净值,当净值低于申购价格时,基金客户可能不会考虑赎回,因此,其流动性在这三类基金产品中最差。债券基金的流动性介于股票基金和货币市场基金之间。

开放式基金交易操作的灵活性,为客户的认购(客户在基金成立之前购买基金)、申购和赎回行为提供了便利性。同时,我国客户对基金投资理解的偏差和投资风险偏好,进一步加剧了这种频繁操作的程度。在我国,基金常常被认为是与股票投资相同的投机产品。一些客户对基金的认识存在偏差,认为股票基金的净值跟随股票市场变化,因此往往会在基金净值的波动中,选择频繁操作。这样,基金客户对市场的认识、对资金的需求、对收益的感受等都会导致其客户资产和基金资产规模的大幅波动,从而也就导致客户的价值一直处于波动和变化当中。

(四)开放式基金的收益来源及分配

开放式基金在运作过程中收益来源有三:一是资本利得,指买卖股票或债券获得的价差收入;二是利息收入,指投资国债、金融债、企业债或银行存款产生的利息给付;三是其他收入,指运用基金资产带来的成本或费用节约计入的收入。

基金收益一般应作如下分配:

1. 确定收益分配的内容

基金分配的客体是净收益,即基金收益扣除按照有关规定应扣除的费用后的余额。这里所说的费用一般包括:支付给基金管理公司的管理费,支付给托管人的托管费,支付给注册会计师和律师的费用,基金设立时发生的开办费及其他费用等。一般而言,基金当年净收益应先弥补上一年亏损后,才可以进行当年收益分配;基金投资当年如发生净亏损,则不应进行收益分配。特别需要指出的是,上述收益和费用数据都须经过具备从事证券相关业务资格的会计师事务所和注册会计师审计确认后,才可实施分配。

2. 确定收益分配的比例和时间

一般而言,每个基金的分配比例和时间都各不相同,通常是在不违反国家有关法律、法规的前提下,在基金契约或基金公司章程中事先载明。在分配比例上,美国有关法律规定,基金必须将净收益的95％分配给投资者。而我国的《证券投资基金管理暂行办法》则规定,基金收益分配比例不得低于基金净收益的90％。在分配时间上,基金每年应至少分配收益一次。

3. 确定收益分配的对象

无论是封闭式基金还是开放式基金,其收益分配的对象均为在特定时日持有基金单位的投资者。基金管理公司通常需要规定获得收益分配权的最后权益登记日。凡在这一天交易结束时列于基金持有人名册上的投资者,方有权享受此次收益分配。

4. 确定收益分配的方式

收益分配一般有三种方式:第一种分配现金。这是基金收益分配的最普遍形式。第二种分配基金单位。即将应分配的净收益折为等额的新分配基金单位送给投资者。这种分配方式类似于通常所说的"送股",实际上是增加了基金的资本总额和规模。第三种不分配。既不分配基金单位,也不分配现金,而是将净收益列入本金进行再投资,体现为基金单位资产净值的增加,我国《证券投资基金管理暂行办法》仅允许采用第一种分配方式,我国台湾地区则采用第一种和第三种相结合的分配方式,而美国多采用第一种和第二种分配方式。

5. 确定收益分配的支付方式

收益分配的支付方式关系到投资者如何领取应归属于他们的那部分收益的问题。通常而言,在支付现金的情况下,由托管人通知基金持有人亲自来领取,或汇至持有人的银行账户;在分配基金单位的情况下,指定的证券公司将会把分配的基金单位份额打印在投资者的基金单位持有证明上。

需要补充说明的是,尽管基金通过组合投资分散风险,通常能够使投资者以较低的风险(比股票低)获得较高的收益(比债券高),但是,基金管理人对基金的未来收益是不作任何保证的。事实上,某些基金由于管理人运作不成功,也会发生收益极低甚至亏损的情况。

(五)开放式基金的风险种类

开放式基金虽然有专家理财、分散风险的优势,但这并不意味着开放式基金毫无风险。开放式基金主要面临以下风险:

1. 流动性风险

开放式基金流动性风险是指基金资产不能迅速转变成现金,因而不能应付可能出现的投资者赎回需求的风险,具体表现为三种形式:一是资产流动性不足,不能及时满足投资者的赎回要求而导致的支付风险;二是不能按正常价格吸纳资金而导致的经营风险;三是所持资产变现过程中由于价格的不确定性而可能遭受的损失。

2. 申购、赎回价格未知的风险

开放式基金的申购数量、赎回金额以基金交易日的单位资产净值加减有关费用计算。投资人在当日进行申购、赎回基金单位时,所参考的单位资产净值是上一个基金交易日的数据,而对于基金单位资产净值在自上一交易日至交易当日所发生的变化,投资人无法预知,因此投资人在申购、赎回时无法知道会以什么样的价格成交,这种风险就是开放式基金的申购、赎回价格未知的风险。

3. 系统性风险

系统性风险主要表现为市场风险、政策风险、购买力风险和利率风险等。基金投资具有分散风险的功能,但由于股票、债券市场等存在固有风险,开放式基金也难免出现亏损。如当开放式基金投资于股市时,上市公司的股价不但受其自身业绩、所属行业的影响,更会受到政府经济政策、经济周期、利率水平等宏观因素的影响,从而使股票的价格表现出一种不确定性。特别是当基金所投资的市场出现突发事件时,无论是一般投资者还是基金管理公司,都可能面临较大的风险。

4. 非系统性风险

开放式基金的非系统性风险是由于特定的经营环境或特定条件的变化引起的不确定性,这种不确定性来自基金公司的内部,是由于基金公司的一些可控因素失控而导致的基金运作中收益(或损失)的不确定。非系统风险主要包括金融风险、经营风险、流动性风险、操作风险等。

5. 不可抗力风险

即战争、自然灾害等不可抗力因素发生时给基金投资人带来的风险。

二、开放式基金投资者分析

(一)投资者的类型

基金公司的目标客户主要是机构投资者和个人投资者。他们不仅是资金的供应者,也是资金的需求者。机构投资者根据其资金来源、规模以及风险承受能力等标准划分成不同的层次;个人投资者则根据年龄、职业、收入状况和风险承受能力等指标进行细分[①]。

1. 机构投资者

机构投资者主要包括有理财需求的保险公司、投资公司以及拥有较多闲置资金的生产企业,目前还有资金规模庞大的社会养老保险基金、医疗保险基金等加入了投资者的行列。机构投资者的性质、资金来源以及用途的不一样,其承受风险的能力也不一样。金融性的投资公司、保险公司的风险承受能力比普通的生产企业要高;民营企业和非上市公司的风险承受能力比国有企业、上市公司要高;投资者的投资资金来源于自有资金、盈余资金的风险承受能力比来源于周转资金和借贷资金的要高;而社会养老保险基金、医疗保险基金等资金主要用于社会福利保障的机构投资者的风险承受能力较低。

一方面,由于机构投资者的投资资金规模较大,一次性购买基金的份额相对较多,这对基金公司的产品销售业绩有着重大影响,因此是基金公司客户开发的重点对象。基金公司在向机构投资者销售其基金产品时,因为机构投资者的资金规模较大,使其在交易活动中拥有了更多的谈判优势,利用这些优势,机构投资者可以向基金公司提出更多有利于自身的优惠条件,比如交易费的折扣等。另一方面,由于基金公司之间对机构投资者的抢夺,纷纷给出不同的优惠条件,尤其是基金公司为了保证新产品的首发规模,甚至给出零交易费用,即无认购费和赎回费来吸引机构投资者,这也造成了机构投资者的交易成本普遍较低。机构投资者也凭借较低的交易成本而频繁买卖基金,以实现其特殊的财务目的。巨额的申购赎回造成了基金规模的大幅波动,尤其是开放式基金,虽然其申购赎回不像封闭式基金买卖那样会直接影响基金单位价格,但是对基金管理人的仓位操作和基金业绩会有一定影响,从而关系到未来的投资收益。这种大规模的基金赎回,也会给基金公司带来一定的流动性风险。基金产品被要求巨额赎回时,该基金所保留的流动性资金如果无法满足投资者的赎回需求,基金公司就需要以较高的成本进行融资,或者将短期资产甚至长期资产进行变现,这种变现成

---

① 吴艳,"T基金管理有限公司市场营销策略研究",《西南交通大学》,2012年。

本有可能会低于市场公允价值,这会使得基金份额净值下降,而净值的下降又会引发其他投资者的赎回申请。

目前的基金市场中,各基金公司发售的产品差异化程度较低,同质化现象严重,加之监管部门对基金公司信息披露有着严格的要求和管理,投资者能更容易地获得相关投资信息,其转换成本较低,议价能力较强。而机构投资者的转换成本更低,因此具有更强的议价能力。

2. 个人投资者

个人投资者是基金认购的主力,个人投资者的基金份额占比远高于机构投资者,在80%以上,但近年来,机构投资者申购基金份额有增加趋势。在个人投资者中,中青年为最集中的投资人群,且多具备本科以上学历,工薪阶层为投资主体。我国大部分个人基金投资者已经具备一定投资经验且多数投资者愿意将基金作为长期投资工具。

个人投资者购买基金有以下几方面原因:第一,投资人进行任何投资都是以获取某个期望值的收益为目标,而基金的收益高于银行存款利息,且其风险低于股票投资风险。第二,基金是一种集合性投资,其交易费率低于个人投资者进行个股、个券的交易成本。第三,由于受到专业知识和理财能力的限制,个人投资者在进行个股交易时,有可能因为个股价格波动或对市场的错误判断造成操作失误,导致投资本金的较大损失。而基金是由更为专业、更有投资经验的投资理财人员进行管理,并且将汇集的资金进行组合投资,因此,个股的价格下跌对基金的业绩影响较小,这有效地分散了个人投资者的投资风险。

投资者在个人行为过程中,会把资产的不同来源、不同种类、不同用途分成不同的财产,不同的收益期望值、不同的风险偏好、对市场的悲观与乐观的态度,都会在他们心里形成不同的模块,在进行投资时,这些不同的账户模块都会影响到他们的投资行为。除自身因素外,基金个人投资者的行为还会受到外部其他因素的影响。在选择购买基金产品时,他们会考虑历史业绩、基金管理公司品牌和收益率的排名、基金的投资策略、分红记录、基金经理的知名度、刚成立的新基金或是旧基金等。影响他们选择基金赎回的因素包括对现金的需求、基金净值的上涨、股票市场的下跌、基金经理的变动、基金业绩比其他类似基金差、基金公司发生高管变动等重大事项等。

个人投资者会把这些外部因素和自己的心理因素进行分类、排序、组合,然后做出不同的投资行为决策。目前市场上的基金产品的差异化程度较低,同类产品的投资方向趋同,甚至连产品名称都类似,同质化现象严重。当各产品之间的业绩与收益有所差距时,投资者很容易对持有产品予以更换,转换成本很低。为了获取更多的投资收益,再加上较低的转换成本,他们频繁地进行交易操作,造成了投资者对某产品或基金品牌的忠诚度较低。

(二) 开放式基金投资者的申购赎回行为

在开放式基金市场上,投资者对基金管理人的奖惩是通过申购赎回方式(即"用脚投票")来表现的。我国基金行业经历了18年的发展,在此期间,多次牛市和熊市转换,基金投资者的投资理念和行为也表现出了投机、追涨杀跌的非理性行为,在很多方面对基金存在错误认识,专业知识储备水平较低,一味依赖基金经理代为理财。非理性行为主要有如下表现[①]:

1. 基金投资者偏爱新基金

一般情况下,开放式基金在发行时的认购费率会有优惠,比购买老基金的申购费率便宜,而且新基金的投资目标领域与当下热点、趋势有很大联系,容易吸引基金投资者的眼球,在市场火爆的情况下,甚至会像发新股配号摇号博中签一样,靠一点运气成分才能买到新基金。投资者偏爱新基金的主要原因在于将新基金发行和新股上市这两个不一样的概念混为一谈,认为基金净值越低就越具有投资价值,未来上涨的空间就越大。随着投资者专业度的提高,在这一点上的错误认识会慢慢地纠正过来。但还有一个致使新基金更受热爱的原因:即基金公司、银行、证券渠道销售人员的营销引导。基金公司在发行新基金时会对每个地区的销售完成度进行考核,也就是说基金公司渠道销售人员的工作任务就是尽可能地让银行、证券等渠道多卖这些新基金,而对于老基金的考评则没有像新基金那样严格。对于像银行这样能够大面积接触到基金投资者的机构也会卖力地替基金公司营销这些新基金产品,因为对于每一个银行网点来说,新基金的销售额是银行中间收入的重要组成部分,通过银行销售的新基金越多,银行拿取的分成也就越多,因此基金投资者经常会被银行的客户经理推荐所谓优良的新基金,基金投资者原本打算购买老基金的资金可能就会分流到新基金中。

2. 基金投资者持有基金期限短、投机味颇浓

基金投资者在选择投资基金时并不是抱着长期持有的投资策略,因为开放式基金的投资标的是A股市场,因此投资策略会同投资股票一样适当投机、设置止损点及获利点。投资者认为,股市起起落落,投资基金若未能在市场高点适时出场,长期持有获利未必比得上波段操作。即如果基金净值已经出现了可观的升幅,并且在对后市担忧的情况下,则鼓励投资者及时赎回,落袋为安,保住自己的胜利果实;而等到基金下跌到一定程度,投资价值显现的时候,可以再申购回来。个人基金投资者相对于机构基金投资者所占的比例从2004年开始逐年

---

① 江宇超,"开放式基金申赎行为对股市波动性的研究",《浙江财经大学》,2016年。

增加,最近几年趋于平稳。2004 年开放式基金中个人投资者占比为 35.85%,2008 年占比提高到了 90.26%,之后趋于平稳,2012 年为 82.14%,2014 年为 76.95%。

另外,基金公司为了鼓励投资者能够较长时间持有基金份额,会在基金费率上给予一定的灵活度,即存在前端收费和后端收费两种收费模式,前端收费是在购买时收取费用,后端收费是在赎回时收取费用。在后端收费模式下,持有基金的年限越长,收费率就越低,一般是按每年 20% 的速度递减,到 0 为止,所以后端收费有利于降低投资成本。但是市场中投资者更倾向于采取前端收费模式,这进一步说明了投资者并不想长期持有基金。

第三节　基金行业的市场营销管理分析

一、基金行业的竞争格局分析

（一）2016 年我国基金行业竞争格局

2010—2016 年,基金管理公司的数量呈现出快速增长的态势,到 2016 年 3 月,我国基金管理公司数量达到 101 家(如图 1.1 所示)。随着基金公司设立门槛放宽,越来越多的机构开始设立公募基金公司。新基金法的实施松绑了券商、保险、私募等机构对公募基金业务开展的限制,更多竞争者的进入将会进一步推升行业的竞争性。为缓解生存压力,基金公司除力推基金产品创新外,也纷纷借道专户、子公司等非公募业务壮大实力。设立专业子公司将部分业务进行服务外包有利于基金公司开展差异化、专业化的市场竞争,隔离业务风险,充分发挥

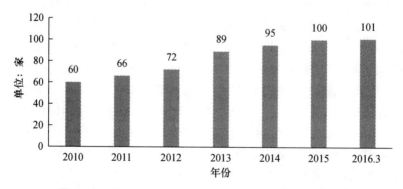

图 1.1　2010—2016 年 3 月基金管理公司数量增长情况[①]

---

① 来源:中国产业信息网,http://www.chyxx.com/research/201607/433088.html。

自身强项。开展子公司业务在拓宽母公司现有投资层面的同时,也多渠道地增加了其投资回报。2016年12月出台的基金子公司管理新规对基金子公司的监管生态进行了重新勾勒,意味着基金子公司净资本约束时代开启,基金子公司停止数量疯长的态势,基金行业竞争更加规范化。

我国2016年基金公司规模排行榜如表1.1所示:

表1.1 2016年基金公司规模排行榜[①]

序号	基金公司简称	2016年年末净值(亿元)	2016年年末基金数量(只)	2015年排名	2015年年末净值总额(亿元)	2015年年末基金数量(只)	规模同比变动(%)
1	天弘基金	8 449.67	52	1	6 739.30	47	25.38
2	工银瑞信基金	4 603.78	99	4	4 431.08	76	3.90
3	易方达基金	4 287.48	107	3	5 832.85	89	−26.49
4	华夏基金	4 145.44	92	2	5 969.14	59	−30.55
5	南方基金	3 890.64	116	6	3 340.20	85	16.48
6	建信基金	3 770.54	82	8	3 146.87	61	19.82
7	博时基金	3 766.26	164	12	2 070.82	85	81.87
8	招商基金	3 602.24	116	11	2 502.94	63	43.92
9	嘉实基金	3 542.66	113	5	3 624.62	81	−2.26
10	中银基金	3 421.38	76	9	2 780.23	56	23.06
11	广发基金	3 051.09	125	7	3 303.23	88	−7.63
12	汇添富基金	2 742.58	75	10	2 526.00	60	8.57
13	鹏华基金	2 479.88	129	15	1 747.99	92	41.87
14	富国基金	2 092.66	78	13	1 927.14	67	8.59

整体来看,2016年传统优势基金公司的规模整体下滑,而以银行系为代表的基金公司规模大幅提升,十大基金公司规模排名出现了较大规模的洗牌。从国内基金公司规模排名来看,截至2016年四季度末,天弘基金凭借余额宝基金8 449.67亿元的规模依旧占据行业榜首,工银瑞信基金以4 603.78亿元的规模排名第2,易方达基金则以4 287.48亿元的规模守住行业第3的位置,而华夏基金以4 145.44亿元的规模位列第4;南方基金、建信基金、博时基金、招商基金、嘉实基金、中银基金分列第5至第10。对照2015年年末规模榜,广发基金、汇添富基金则被挤出前十,而博时基金则重返前十,招商基金也进入前十榜单。从2016年的前十大公司来看,银行系基金占了4个,其中工银基金和建信基金的

---

① 来源:中国基金网,http://www.cnfund.cn/news/detail_73611.html。

排名获得了较大提升,招商基金则是首次上榜,前十大基金公司管理规模均在3 000亿元以上。在2016年规模增加排名前5的基金公司分别为天弘基金、博时基金、招商基金、鹏华基金以及中银基金,除了天弘基金受益于余额宝的规模扩张,其余4家均是由于成立新基金导致了公司公募资产管理规模的扩张。

2015年年末排行第7的广发基金,尽管2016年规模仅出现250亿元左右的缩水,但排名已后移4位排名第11位;宝盈基金一年间规模缩水45.50%,排名下降22位排名第50位。而前一年排名第33位的兴业基金则强势跃升15位,以1 320.82亿元的规模排名第18位;前海开源基金更是排名上升20位,以607.24亿元的规模排名第41位,一年里规模增幅达到了170.85%。从业绩产品排名来看,剔除成立不满一年的基金产品,排名前五的分别为圆信永丰优加生活基金、嘉实环保低碳基金、工银瑞信文体产业基金、中欧时代先锋基金和泓德战略转型基金。这5只基金都成立于2015年10月之后,在2016年年初股市熔断时仍处于建仓期,由于其低仓位逃过一劫,因此全年业绩亮眼。

(二)从市场集中度管窥基金行业竞争

1. 行业集中度

总体来看,公募基金的行业集中度并不算高,发展较为均衡。但是私募基金的行业集中度正在增加,呈现出两极分化的趋势。

(1)公募基金行业集中度

2016年,公募基金行业整体规模得到了较大发展。截至2016年年末,各类公募基金资产管理规模合计达到了91 367.46亿元,创下历史新高。从行业中领先企业的市场集中度来看,行业集中度并不算高,并没有出现真正意义上的龙头企业,未来行业内企业间的竞争仍将加剧(如图1.2所示)。在领先的基金公司中,天弘基金凭借余额宝基金8 449.67亿元的规模表现优异。

(2)私募基金行业集中度

私募基金行业集中度进一步加大,绩优大型私募占优,小型私募则入账稀薄渐入窘境。根据私募基金市场现状统计,管理规模越过20亿元大关的私募基金管理人数量一直呈上升趋势,尤其是管理规模在100亿元以上的私募基金管理人数量上升最快。基金行业协会数据显示,截至2016年10月底,按正在管理运行的基金总规模划分,管理规模在20亿—50亿元的私募基金管理人为453家,管理规模在50亿—100亿元的为185家,管理规模在100亿元以上的为158家。

有关私募基金市场现状的统计显示,20亿元以上的私募基金管理人从2015年1月底的271家增长到了2016年10月底的796家,呈现匀速增长态势。其中,管理规模在20亿—50亿元的私募基金管理人从168家增长到了453家,增

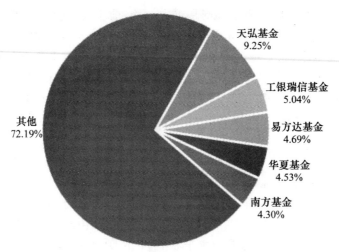

图 1.2　2016 年我国公募基金行业集中度①

长了 2.70 倍;管理规模在 50 亿—100 亿元的私募基金管理人从 60 家增长到了 185 家,增长了 3.08 倍;100 亿元以上的私募基金管理人从 43 家上升到了 158 家,增长了 3.67 倍。百亿元以上的私募增幅最为领先,在 20 亿以上私募中的占比由 2015 年 1 月底的 15.87% 上升到了 2016 年 10 月底的 19.85%。

实际上,在整个私募生态中,两极分化十分严重,很大一部分小型私募管理的产品数量和规模都少得可怜。据私募排排网数据中心的不完全统计,截至 2016 年 12 月底,拥有 20 只以上产品的私募仅占总数的 3.30%,而产品数量不超过 3 只的则占到了 79.74%。其中,淡水泉投资管理着 178 只产品高居第一,展博投资、和聚投资、重阳投资、朱雀投资、富善投资、理成资产、民森投资、博道投资、星石投资旗下产品数量均超过了 100 只。

2. 基金发行竞争激烈

2016 年,在委外资金大举涌入公募基金的情况下,新基金发行井喷(如图 1.3 所示),全年发行新基金 1 150 只,发行规模达 11 258 亿元,首次年度成立基金数破千只,创历史新高。混合型和债券型基金成为 2016 年首发规模最大的两类基金,首发规模均在 4 500 亿元左右,而这两类基金是委外资金的主要类别。2016 年混合型基金发行数量最多,全年共发行 568 只产品,债券型基金发行规模最大,总募集规模高达 4 491.93 亿元。

---

① 来源:中国产业信息网,http://www.chyxx.com/industry/201610/461822.html。

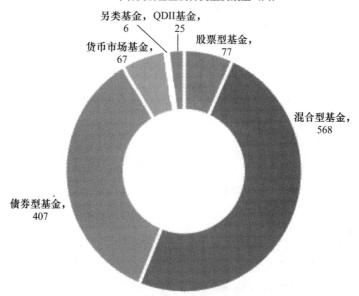

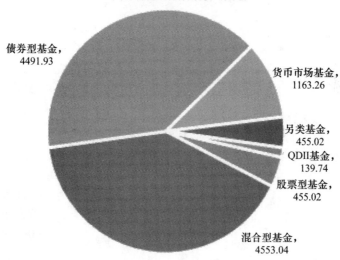

图 1.3 2016 我国新基金发行情况[①]

---

① 来源：中国基金报，http://www.cs.com.cn/tzjj/jjdt/201701/t20170103_5142374.html。

2016年,博时基金发行新基金79只,招商基金发行新基金54只,鹏华基金发行新基金41只。广发基金、华夏基金、嘉实基金、南方基金发行新基金的数量均在30只以上。此外,还有101家基金公司发行了新基金。

2016年共有33家托管人参与了新基金托管,其中有4家银行托管数超过百只,工商银行托管164只高居第一,建设银行以托管131只排名第2,中国银行以托管113只排名第3,增长势头最猛的当属招商银行,2016年托管新基金达105只,排名第4。交通银行、民生银行和兴业银行等三家银行也表现强劲。值得注意的是,多家城商行大举涌入托管市场也是2016年的一大特点,这主要是委外资金带来的。总之,2016年基金发行竞争激烈,有越来越多的新基金诞生。

二、基金行业的营销组合策略

基金属于金融服务业,其市场营销不同于有形产品营销,存在其特殊性。对于基金的市场营销可定义为:基金销售机构从市场和客户需求出发,进行基金产品设计、销售、售后服务等一系列活动的总称。基金营销也涉及产品、价格、销售、促销等传统的营销组合策略,接下来对我国目前基金行业的营销组合策略及存在的问题展开分析。

(一)基金的产品管理

基金产品具有一般金融产品所共有的特性,即具有"产品"和"服务"的双重特征。作为"产品",基金产品营销应遵循一般产品营销所需要的过程,同时作为"服务",又具有"价值产生于售后"的特性。基金产品的无形性和不确定性是基金产品不同于其他产品的两个最主要的特点,消费者在购买之前无法体会或看到产品,更无法去体验产品,而且基金产品随着时间的推移会不断地发生变化。

经过十多年的发展,我国基金产品种类日益完善,形成了从低风险到高风险一系列的基金品种,包括股票型、混合型、债券型、ETF、LOF、QDII以及指数分级投资基金等。近年来,各基金管理公司不断丰富基金产品种类,深化基金产品设计创新。受益于政策的放开,2013年以来新基金发行持续火热,其中,低风险的债券型基金在大盘震荡的市场环境中稳健优势凸显,颇受投资者偏好并成为发行主力军。除了在产品数量上的快速发展,基金产品创新也层出不穷。2016年表现良好的新基金种类包括:分级基金、保本基金(风险偏好下降助推扎堆发行)、港股基金(估值具备可比优势)、量化基金(业绩出彩,各家公司加紧布局)、定增基金(迅速扩容)、"固收+定增/打新"策略基金(复合策略满足市场需求)、机构定制产品(资产荒促使规模扩张)。从投资类型来看,我国的基金产品种类齐全,并且数量较多,但同样也存在一些问题:

1. 基金产品同质化现象严重,基金公司投资策略相似

总体来看,我国的基金产品存在严重的同质化现象。同一时期,不同基金公司会发行相同产品的现象屡见不鲜。这种现象可以归结为基金行业创新动力不足。与差异化发展相比较而言,基金公司股东和管理者更加在意基金公司的管理规模排名,从而将基金的资产规模视为衡量基金公司的重要标准。这就导致基金公司管理层追求扩大基金资产的管理规模,而忽视了关于基金投资市场和客户细分的研究工作,很多基金公司担心过于细化的市场,容易造成首发规模的不足。因此,特色的小型基金产品在市场上并不多见。基金产品同质化的根源也在于基金投资策略的相似性,如果一个产品在市场上募集到了较大的规模,就容易引起其他基金公司的跟风发行。

2. 基金产品的投资范围、投资品种局限性大

基金产品的投资范围主要集中在 A 股市场和债券市场,对于权证、可转债、商品期货、外汇、利率互换等金融工具和衍生品投资甚少。随着市场规模、基金实力、专业队伍的不断扩大和完善,有必要逐步扩宽基金的投资范围和投资品种。不过随着我国基金行业发展不断深化,也将涌现出越来越多的新基金产品。

3. 缺乏针对投资者需求偏好的基金产品设计

最为明显的例子就是,投资者除了基金历史业绩,对不同的基金没有明显的投资偏好,存在盲目选择、收益近似的问题。2010 年 3 月 15 日,《开放式证券投资基金销售费用管理规定》正式实施,销售渠道加大了对基金管理费尾随佣金的分成比例,基金发行审批制度的改革使得基金发行节奏加快,市场普遍有基金数目扩容的预期。基金产品如何创新,留住客户并让销售部门能"持续营销"成为基金公司面临的重要问题。随着国家监管层面出台系列政策鼓励基金产品创新,越来越多的创新型基金产品将会涌现,以满足投资者偏好。

基金公司要在顾客需求的基础上,设计出符合投资者需求偏好的产品,这也将成为未来基金公司的竞争优势所在。

(二)基金的价格策略

1. 基金费率结构

价格策略具体到基金产品是指基金产品的费率结构。费率结构的设计会影响到投资者的收益,同样也会影响到基金公司的收益水平,因此合理的价格策略或费率机构,对于促进基金销售,维持投资者的稳定投资都至关重要。由于封闭式基金受到自身特点影响,费率结构没有太大变化,所以在此主要针对开放式基金展开。在开放式基金销售和运作的过程中会发生一些费用,这些费用最终由投资人承担,用来支付基金管理人、基金托管人、销售机构和注册登记机构等提

供的服务。我们可以把开放式基金的费用分成两部分,一部分由基金投资者直接支付给基金或基金公司;另外一部分由基金管理公司和其他有关机构按比例从基金资产中计提。不同的基金类型其费用收取也存在差异。

(1) 基金投资者直接支付给基金管理公司的费用

A. 申购费:投资者因申购开放式基金需交纳的一次性费用。目前我国申购费用的上限是5%,申购费率一般在0.3%—2%之间。申购费有两种收取方式:前端收费和后端收费。前端收费是在购买基金时就需要支付费用;后端收费则是在卖出基金时才需要支付费用。后端收费设计的目的主要是为了鼓励投资者长期持有基金产品,所以一般持有期限越长,费用越低,甚至持有期限超过一定天数,后端申购费全部免除。申购费是投资者支付给基金公司的一种费用。《开放式证券投资基金试点办法》中规定,申购费率不得超过申购金额的5%,申购费用可以在基金申购时收取,也可以在赎回时从赎回金额中予以扣除。

B. 赎回费:投资者因赎回开放式基金而需交纳的带有"惩罚"性质的一次性费用。目前我国赎回费用的上限是3%,赎回费率一般在0%—1%之间。基金持有人赎回基金时,开放式基金有时需要变现手中的股票,当市场低迷时,这会对基金资产造成损失,也会增加交易手续费。这些损失和费用由继续持有基金的投资者分担会有失公平,所以应向卖出基金的持有人征收赎回费作为补偿。因此,赎回费是支付给基金的一种一次性费用。《开放式证券投资基金试点办法》中规定:赎回费率不得超过赎回金额的3%。

C. 红利再投资费:国外有的开放式基金会对投资者选择红利再投资收取一定的费用。目前我国开放式基金不收红利再投资费。

D. 基金转换费:对同一家基金管理公司管理的不同基金,投资者可以从投资一只基金转换成投资另一只基金,投资者进行这种转换时要收取一定的费用。进行基金转换的总费用包括转换手续费、转出基金的赎回费和转入基金与转出基金的申购补差费三部分。

(2) 基金运作费用

基金运作费用是指基金在运作过程中发生的费用,主要包括管理费、托管费、其他费用等。这些费用直接从基金资产中扣除。

A. 基金管理费:基金管理人管理基金资产所收取的费用。

B. 基金托管费:基金托管人为保管和处置基金资产而向基金收取的费用。比如银行为保管、处置基金信托财产而提取的费用。托管费通常按照基金资产净值的一定比例提取,目前通常为0.25%,逐日累计计提,按月支付给托管人。此费用也是从基金资产中支付,无须另向投资者收取。计算方法如下:每日应付的基金托管费=前一日的基金资产净值×年托管费率÷当年天数。

基金托管费的收取与基金规模和所在地区有一定关系。通常基金规模越大,基金托管费用越低。基金行业越发达的地区,基金托管费率也越低,新兴市场国家和地区的基金托管费率相对较高。国际上托管费率通常为 0.2% 左右。我国目前的基金年托管费率为 0.25%。

C. 其他费用:例如,过户代理费、销售服务费、律师费、审计费、股东大会费等。

不同类别的基金,其费率存在一定差别。一般而言,货币市场基金的各种费率会低于债券基金的费率,债券基金的费率会低于股票基金的费率;相同类别的基金之间费率比较接近,各个基金管理公司在费率方面没有特别的优劣势(如表1.2 所示)。不过同一基金在不同销售渠道的申购费率会由于优惠不同而有所差别,一般而言,直销渠道的申购费率比代销渠道的申购费率低,券商渠道的申购费率比银行渠道的申购费率低,在银行渠道中,网上银行申购费率比柜台申购费率低。

表 1.2　几种类型基金的费用率

基金类别	管理费率	托管费率	最大认购费率	最大申购费率	最大赎回费率
股票基金	1%—1.5%,一般为 1.5%	0.2%—0.25%	0%—2%,一般为 1.2%	1%—2.5%,一般为 1.5%	0.2%—1.8%;一般为 0.5%
债券基金	一般在 0.6%—0.8% 之间	0.15%—0.2%	0%—1%,一般 B 类债券免认购费,A 类债券在 0.6%—1% 之间	0%—1.5%,一般 B 类债券免申购费,A 类债券在 0.8%—1.5% 之间	一般在 0.1%—0.3% 之间
货币市场基金	0.33%	0.1%	0%	0%	0%
QDII 基金	1.8%—1.85%	0.3%—0.35%	1.2%—1.5%	1.5%—1.8%	0.5%

目前,相对于封闭式基金和证券市场上其他的投资品种来说,开放式基金的交易成本还比较高。开放式基金(不包括货币市场基金和债券基金)的首次认购费用大约为 1%—2% 不等,二次申购费用为 1%—2.5% 不等,这远高于封闭式基金 0.3% 的交易成本。在开放式基金中,占大多数的股票基金的总体费率大约是在 1.5% 的年管理费率与 0.25% 的托管费率的基础上,再加上约 2% 的一次申购赎回费用,累计达到了 3.75%。如果算上 1 年期银行定期储蓄的利率,投资者的机会成本要上升到 6% 左右。开放式基金与封闭式基金都是风险资产,虽然这个风险溢价成本很难确定,但大致在 3% 左右。照这么计算,只有当

股票基金年收益率达到9％时,投资者承担的风险收益对称率才与1年期存款是一样的。较高的投资成本影响了投资者购买开放式基金的积极性,这种影响在证券市场低迷的情况下尤为明显。

为了保证新产品的首发规模,抢占客户资源,大部分基金公司将认购费率按照不同的认购金额等级,进行分级收费。不同的基金公司其金额的划分标准也各不相同,有100万元以下、100万—300万元、300万—500万元、500万元以上等;也有100万元以上、100万—500万元、500万—1 000万元、1 000万元以上等。不同类型的基金,其认购费率也在不同金额等级间存在一定的差距。基金费率的总水平受到行业竞争的影响,各基金间相差不会很大,但费率的结构因受到投资者偏好的影响而有所不同。

2. 影响基金价格制定的因素

(1) 基金的类型

不同类型的基金其管理费用的收取不同。股票基金是风险最高的基金类型,其相应的基金运营成本也就较高。目前股票基金的管理费用一般在1％—1.5％。债券基金由于其风险较低,波动较为平稳,相应的运营成本也就较低,所以债券基金的管理费用要低于股票基金,一般情况下低于1％,债券基金和指数基金的费用结构差不多。所以,基金价格的制定在很大程度上取决于基金的运营成本。

(2) 行业竞争因素

基金公司越来越多,新发基金越来越多,且同种类型的基金数量也越来越多,基金产品雷同化现象严重,导致很多基金公司通过降低基金产品的申购和赎回费用来进行价格战。所以基金产品的价格有下降趋势,这种低水平价格战的模式,非常不利于基金公司的发展。

(3) 基金的渠道费用

在美国,基金运作80％的费用是渠道费用,目前我国基金的渠道费用还没有达到80％的水平,但是这足以说明渠道费用在基金成本中所占的比例,所以控制渠道费用水平直接关系到基金产品的定价。在越来越激烈的竞争环境中,单一的定价策略已经不再适合基金产品的销售,多种定价策略并存成为基金产品比较偏好的模式。价格歧视策略越来越被广大投资者和基金公司采用。最典型的价格歧视策略,比如前端收费模式下,基金申购金额越大,申购费越低;后端收费模式下,基金持有期越长,申购费越低。

基金产品定价应该结合不同类型的产品以及投资者的持有结构,制定立体化、多种费率措施并存的价格策略,这样才能更好地满足不同投资者的需求。

(三) 基金的渠道策略

目前,基金公司销售渠道主要包括:基金公司的直销、银行及证券公司的代销和第三方理财平台。其中,银行代销渠道最为强势,暂时是不可替代的销售方式。我国基金销售存在渠道单一和过度依赖银行代销的问题。随着互联网的发展,基金行业也在不断地扩展其线上渠道(网络直销和第三方代销),但目前仍以银行渠道为主。

1. 基金直销

基金直销是指通过基金公司或基金公司网站进行基金销售的方式。投资者申购和赎回基金可以直接在基金公司或基金公司网站进行,不通过银行或证券公司的网点,没有代理费,所以费率优惠。基金直销分为柜台交易和网上交易两种方式,通常有两种途径:一是直接到基金公司办理,但要求购买金额一般在50万元以上;二是开通基金公司的网上直销,一般购买1 000元以上即可。柜台交易是比较传统的方式,随着互联网金融的推进,很多基金公司也开始重视网上交易系统的升级和改造,目前网上交易也非常便捷。

直销渠道在基金销售中一般只起到辅助作用。基金公司直属营销网点有限,不像商业银行和全国性证券公司的营业网点那样遍布城市的不同区位,基金公司很难通过自己的网点布局来找到潜在的客户群体。但是随着电子商务的兴起,基金公司可以通过网络进行基金产品的直销,然后能够更为有效地让客户直观地了解到更多的产品信息,有些基金公司为吸引网络在线客户,也实行了网络交易优惠政策,例如只有网上交易才会有基金申购的折扣,柜台交易一般是没有折扣的。基金公司的网络直销还处于开发阶段,但是作为一种新兴的销售模式,网络直销必然有着很大的潜力和市场。

2. 基金代销:银行渠道为王,券商渠道弱势

基金公司的代销渠道主要包括银行代销和券商代销两种。银行网点代销基金是当前基金销售的主要渠道,占大概三分之二的市场规模,虽然基金直销、专业销售公司看似对银行有很大的威胁,但是在可预见的未来,我国基金销售渠道以银行为主的局面很难被打破。

银行作为基金销售渠道最大的优势是广泛的网点建设、丰富的客户资源,代销基金品种多。而且银行拥有较高的信誉,对投资者来说可依赖性更强。银行开发出了自身的网上交易系统,客户购买基金可通过柜台、网上交易的方式进行,银行渠道是目前比较主流的基金申购方式。另外还有投资者选择基金定投,定期定额申购基金,这是银行的特色服务,基金定投仅能通过银行办理。而银行作为代销点的劣势主要是对产品的理解不够,对基金销售普遍重视度不够,基民

查净值、持基明细则需要到二级、三级菜单才能获得,操作不够便捷。而且银行代销容易形成代理危机,如优先推荐银行入股的基金公司产品等。另外,银行迫于销售任务,理财经理对投资者的服务倾向于"多促成交易",因此推荐给投资者的基金未必适合他们的需求。

相对于银行的劣势,券商拥有自己的网上交易系统,大券商上线的基金产品线也比较全面,而且与银行的渠道形成了互补,以权益类基金为主。但小型券商签约的基金公司数量会少很多,投资者的选择就比较有限。在理财的便捷度方面,银行渠道的柜台交易只能在银行上班时间进行,券商渠道也受制于交易所的收盘时间,在非交易时间无法申赎基金,这两个渠道的便捷性都相对差些。证券公司代销基金也存在一定劣势,一方面会减少客户交易结算资金,从而降低转存利差收入;另一方面会使原来买卖股票的客户变成买卖基金的客户,从而减少券商股票买卖佣金收入。这种业务冲突,使得证券公司尤其是分支营业部,从根本上对代销基金缺乏积极性。

3. 第三方网络销售:新型销售渠道发展

随着网络时代的兴起,第三方网络销售成为新兴的销售渠道,且市场份额不断在扩充,基金的分销渠道逐渐向便利化转变。第三方网络销售的优势在于投资的便利性、可选基金的范围更广、优惠的交易费用三个方面。目前基金销售市场占有率较高的有:天天基金网、基金之家、好买基金网等大型基金第三方平台。在互联网金融大潮的席卷之下,各家公司无论是在产品创新、产品包装还是在销售上都有独到之处。各大网络门户商也纷纷涌入基金销售平台,例如淘宝网和天弘基金公司推出的余额宝产品等,腾讯微博、苏宁云商、巨人集团网游也对基金代销跃跃欲试。由于积累了较多年轻客户,第三方平台也被基金公司视为渐渐崛起的销售渠道。目前,第三方平台上线的基金产品种类全面,数量众多,产品线也比较齐全。由于基金公司支持第三方平台的销售,在折扣优惠上也会给予配合,第三方平台给予的折扣度一般为四折。

投资人购买基金可以对比直销平台和第三方平台的优惠方案,降低购买成本,但相比较而言,由于大多数基金公司直销力度与第三方平台持平,而在产品丰富度上却相差甚远,第三方平台在整体体验上还是更胜一筹。第三方平台大部分的基金交易都是在网上完成操作,且第三方平台注重创新,比较适合喜欢新兴事物的年轻人。第三方基金独立销售平台的推出将打破银行在基金销售方面的垄断地位,拓宽基金销售的渠道,从而解决基金行业的瓶颈问题。

根据目前基金行业的发展态势预测,未来基金销售渠道将会产生三个分支:一是以便利化、低成本为主流的在线销售模式;二是以个性化、定制化为特征的顾问式销售;三是以佣金为主流的传统销售模式。互联网的发展为在线销售提供了便捷的渠道,同时第三方网络销售渠道的发展也有助于基金产品的个性化定制,第三方基金销售机构也可以根据投资者的需求向基金公司特别订制产品。这同样意味着,未来基金销售要侧重于对客户群体进行细分,以便更精准地识别客户需求,为客户提供个性化的定制产品。

(四)基金的促销策略

随着基金行业的不断发展,基金公司之间的竞争也日趋激烈,除了品牌因素,促销手段成为各基金公司规模增长的关键因素之一。基金促销是指基金营销人员用人员或非人员方式传递信息,引发和刺激投资者的购买欲望和兴趣,使其产生购买行为或使投资者对基金形象产生好感的活动。促销的过程是指在基金管理公司和目标消费者之间进行沟通,了解投资者的需求,满足投资者需求的过程。促销的过程是信息沟通的过程,可以向投资者传递产品信息、服务能力以及公司品牌。

1. 人员促销

人员促销是一种互动沟通方式,具有针对性强、成功率高、信息反馈快等优点,有利于促成购买者的偏好、信任和行动。但是人员促销费用较高,受人为因素影响较大,从而使其适用性受到了一定限制。基金产品的人员促销对于销售人员的专业技术水准提出了很高的要求,销售人员既要有比较高的证券投资知识水平,可以清楚地向客户介绍基金产品的投资理念和运作方式,又要有比较高明的营销技巧,能够说服客户认同公司品牌,选择合理的基金产品作为投资理财工具。由于基金公司销售队伍有限,因此专业销售人员的工作侧重于机构客户直销、银行和券商渠道人员销售培训、广告媒体宣传等。通过理财讲座、新品推介会等方式,还可以组织基金经理、研究员与投资者进行全方位、广泛、持续的交流沟通,通过他们与投资者的直接交流,可以帮助投资者增进对公司投资理念和经营思路的理解,判断基金产品未来的成长潜力。实际上,在国外,基金经理的职责之一就是与投资者面对面的沟通。目前国内的基金经理则主要专注于投资管理,在投资者教育方面的工作做得还不够,需要更进一步的改进。

针对不同的投资者类型,人员促销的方式也有所不同[①]。基金投资者主要可以分为两大类:第一类是广大的个人投资者,由于这部分投资者地域分散,情况各异,且数量众多,基金公司进行人员促销的成本较高。大部分基金公司选择通过公司渠道人员与代销机构合作,通过代销机构的营业网点,将信息传递给广大投资者。基金营销公司的一线人员是银行的理财经理,由于传统银行的体制

---

① 申向阳,"我国中小型基金公司营销策略研究",《华中科技大学》,2012年。

问题,激励费用很难激励理财经理,这导致他们在基金营销过程中动力不足。可以通过人员促销,给予理财经理足够的信息支持,以帮助他们顺利开展工作。第二类是机构投资者和高收入阶层大客户,这部分投资者可以通过一对一的专业人员进行产品信息的传递和促销,以满足个性化需求。

2. 广告促销

广告促销是基金公司最为常用的方式之一,通过电视、广播、网络、户外媒体、直邮、报纸、派发各种宣传资料以及基金产品推介会等方式来将基金产品信息普及到投资者。媒体推广的优势非常明显,可以在短时间内接触最大数量的潜在投资者,但是对目标客户的针对性不强。不同的促销方式,效果不同,基金公司应结合自己公司的目标、资源和能力选择最为恰当的基金促销方式。

3. 营业推广

营业推广多属于阶段性或短期性的刺激工具,用以鼓励投资者在短期内较迅速和较大量地购买某一基金产品。基金销售中常用的营业推广手段主要有:销售网点宣传、激励手段、基金公司路演、举办投资者交流活动以及投资者理财技能和理财意识培训等。费率优惠也是常见的基金促销手段,费率优惠虽然可以吸引投资者的注意,但是在大部分基金都采用这种促销手法时,其吸引力自然也就下降了。

4. 公关关系

公共关系指基金公司要善于开展广泛的公共关系活动,协调与公司股东、内部员工、同业机构、社会团体、新闻传播媒体、政府机构及消费者的关系,为公司品牌树立良好的形象,最终达到扩大销售的目的。与媒体保持良好的关系对处理危急情况十分重要,因为处理这种情况的方式会影响公司的声誉和业务能力。加强与投资者的关系包括编制和发布年度、季度等报告,进行客户交流等。基金公司还会通过参与公益活动来扩大公司的社会知名度。

5. 持续营销

持续营销对基金管理公司的意义更重于首发销售。首发销售更像是"短期投资",而持续营销则更像是"长期投资"。持续营销能够提高基金的规模,增加基金销售机构的收入,促进与投资者的沟通和互动,提高投资者的忠诚度。

但是基金营销存在过分重视首发而忽略持续营销的现象。有很多基金管理公司十分重视首发销售工作,以上百亿元的巨大投入,集中在一两个月里完成;但对持续销售工作往往放任自流,仅停留在维护层面。其实,在首发销售阶段,发行时机的选择、发行档期的排队、发行时市场条件的好坏,都是基金管理公司难以控制的因素。首发规模的高低,并不能够说明基金公司的营销能力。相反,持续营销工作则体现了基金管理公司销售团队的功底,它贯穿全年,所有的市场机会对于各基金公司来说都是一样的。它是一项长期不断、细水长流的工作,依靠基金管理公司的综合实力做后盾。基金管理公司也试图通过代销机构开展老基金的持续营销,但高成本和低效率导致了基金管理公司往往放弃这种努力。与新发基金相比,代销机构则更倾向于后者,这与基金管理公司在新发基金和老基金持续营销阶段在代销渠道所采取的促销力度有直接关系。从基金管理公司方面来看,销售渠道只有促销激励这一单调的营销手法,其不仅成本高昂,营销效果也不显著。

基金营销目前基本上采取的都是大众化营销,即尽量拉动一切客户资源,能卖多少是多少,很少把客户群进行细分来为其提供不同的基金产品。虽然有一部分开放式基金在产品设计上力求差异化,但在基金的营销过程中却对投资者的需求不加了解,没有根据产品特点对客户群进行细分。盲目销售虽然能够取得一时的销售量增加,但不合适的客户却无形中加大了基金运作过程中潜在的风险,这部分客户由于自身风险承受能力等原因,很难成为基金的坚定持有者。基金管理公司应该注重对客户群的细分,注重与客户的沟通,通过个性化的产品来吸引客户;要注重对基金产品的持续营销,加强对客户资源的深度开发,培养客户忠诚度,注重对后续优质服务的跟进,总之,高质量的基金持续营销服务是重要保证。

三、基金行业市场营销管理面临的问题

总体看来,我国基金行业市场营销管理还存在以下问题:

1. 规模波动

近年来,基金行业的整体规模在不断增加,针对具体的基金产品,规模的变化更是令人惊讶。以嘉实基金管理有限公司策略增长混合基金为例,2006年该基金成立时,规模达到了419.17亿元,创下了当时基金首发规模的最高纪录,而且,还是全球基金史上单日最高募集规模的基金。但该基金到2012年年末,资产总值仅为73.31亿元,缩水达80%以上。

一般情况下,一只股票基金从成立到存续期的第一年内,是持有人流失的高发阶段。对此,基金管理者也非常无奈。这主要表现为:基金业绩较好时,投资人因已获得收益,往往考虑"落袋为安",选择赎回基金份额离场;而基金发生亏损时,客户担心进一步损失,往往会采取"割肉策略"纷纷逃离。针对这种情况,基金公司并没有找到有效的服务手段来挽留客户。可以看出,目前基金公司还没有建立有效的客户服务机制和客户维护体系。

2. 渠道依赖

在我国,构成基金销售的主要渠道是银行、证券公司和基金公司。第三方基

金销售公司、保险公司、投资顾问等机构虽然已经获得基金销售资格,但业务发展尚需时日。现阶段,基金销售仍主要依靠银行渠道。这种单一的销售模式,对基金的发展起着一定的制约作用。一方面,由于过分依赖银行渠道,基金公司远离客户,不能很好地了解客户需求,往往不能根据市场需要设计产品。同时,大银行形成了对基金客户的资源垄断,使基金公司无法获得有效的客户数据,无法为客户提供直接有针对性的服务。另一方面,由于银行本身是资金的需求者,在一些特定的市场时期,如季末、年末等时点,银行出于自身存款的考虑,会引导客户大量赎回基金产品。此外,一些银行的从业人员,从代销利益出发,存在不能客观地向客户提供投资建议的现象;还可能会出于主观上对代销手续费、尾随佣金等的考虑,影响客户的购买和赎回基金行为。客户对基金的频繁操作,会造成手续费多缴,从而增加交易成本。非客观的产品评价也不利于客户全面掌握产品信息。

基金公司对销售渠道的依赖,导致其缺乏与客户的直接交流与互动,不仅无法直接了解市场需求,而且也无法对投资人提供直接服务。这是基金公司的服务短板,必须予以纠正。

3. 产品同质化

我国的基金产品存在严重的同质化现象。同一时期,不同基金公司会发行相同产品的现象屡见不鲜。这种现象可以归结为基金行业创新动力不足。与走特色化经营之路相比较而言,基金公司股东和管理者更加在意基金公司管理规模的排名,从而将基金的资产规模视为衡量基金公司的重要标准。这就导致基金公司管理层追求扩大基金资产的管理规模,而忽视了关于基金投资市场和客户细分的研究工作,很多基金公司担心过于细化的市场,容易造成首发规模的不足。因此,特色的小型基金产品在市场上并不多见。同时,如果一个产品在市场上募集到了较大的规模,就容易引起其他基金公司的跟风发行。

4. 投资者有限理性

基金规模的大幅波动与我国投资者不成熟有很大关系。基金公司"扎堆"发行的现象反映出以新发基金带动基金产品规模增长是基金公司扩大资产管理规模的主要方法之一。由于我国的投资者多存在"短期暴富"的思想,投资理念不成熟,跟风式投资现象屡见不鲜。在市场非理性下跌时,无论基金公司怎样宣传入市时机,投资者都不肯进行投资;而在市场上涨时,可能无须宣传,投资者就会购买股票基金。在市场高点进入的资金需要很快投资到股市,无形中推高了市场价格;而在市场下跌时,基金投资人纷纷卖掉基金,迫使基金管理人卖出股票以应对赎回,这就更加剧了市场下跌的趋势。这种悖论要想真正解决,需要期待整个社会对投资者的教育,使投资者尽快成熟。也就是说,只有将基金视为长期的投资管理工具,才能真正地解决基金客户"追涨杀跌"的行为。

总之,基金公司目前的营销管理水平,无法为基金公司的长期发展提供充足的动力。为了获得持续发展,基金公司必须改善现有的被动服务意识,改变对银行渠道过分依赖的销售模式;必须开展市场营销管理方面的深入研究和分析,根据基金产品波动性特征,用发展、动态的视角分析客户,了解客户;必须进行基金客户市场细分研究,通过制定有针对性的差异化服务策略,实施长期稳定的关系管理策略,只有这样,才能从根本上提高基金行业的营销服务管理水平,促进基金行业的繁荣。

第四节 基金行业的客户关系管理分析

基金产品具有一般金融产品所共有的特性,即具备"产品"和"服务"的双重特征。作为"产品",基金产品营销应遵循一般产品营销所需要的过程,同时作为"服务",又具有"价值产生于售后"的特性。在基金公司的经营过程当中可以发现,客户的管理费贡献是基金公司的利润来源。而管理费贡献主要来源于客户对基金产品的持有,即客户持有基金产品的时间越长,资金量越大,其管理费贡献越大。所以,基金公司必定要在基金产品销售之后开展全面、深入的客户关系管理和服务管理,以促进客户对基金产品的长期持有,这是公司利润的来源,也是基金公司生存和发展的基础。

为了促进客户对基金产品的长期持有,最大限度地挖掘客户价值,基金公司应对基金客户价值展开全面的研究。只有通过对基金投资客户群体的细分研究,才能够确定不同群体的客户需求,并予以满足。由于基金公司与客户的关系在不断发生变化,基金公司需要将关注重点由业务交易转移到客户关系长久维持上来,建立"以客户为中心"的经营思想,把握与客户建立长期关系的主动权。接下来,我们将针对基金行业的客户关系管理展开分析。

一、客户识别与细分

(一)基金客户细分的重要性

基金公司的资源是有限的,而客户需求是无限的。怎样将有限的资源发挥最大的效用,是开展客户细分的基础。同时,由于客户自身特征的差异性,导致基金投资客户对投资基金产品具有不同的要求,识别基金客户千差万别的投资需求,也必须通过客户细分才能够实现。此外,由于基金产品所具有的独特性,决定了基金客户的价值产生于客户对基金产品的持有期,开展客户细分,满足不同群组基金客户的需求，以此延长基金客户在基金公司的持有时间，就能够使基金公司获得最大价值。在基金行业，基金公司开展对基金客户细分的重要性表现在如下方面：

1. 了解客户需求

基金客户投资基金的根本目标都是获得投资回报。但由于基金客户个体的差异性，导致其在投资回报之外，对基金投资还具有千差万别的需求。开展对现有客户的细分工作，能够将客户按照风险承受能力、资金规模、持有状态、收益能力、管理费贡献度、客户价值等进行分类，分离出高价值客户，从而能够将有限的资源向高端客户倾斜。针对不同群体的客户设计不同的服务策略和产品策略，将有利于激励基金客户回报更多的贡献。

基金公司掌握了大量的客户交易数据。对这些数据进行分析，可以清晰地描述客户的交易行为，了解客户的交易趋向、风险偏好、流动性要求等。基金公司可以根据这些需求，设计相应的产品，提供有针对性的服务。例如，不同客户有着不同的风险承受能力。基金公司通过开展风险承受能力调查，获得客户风险承受能力等级后，可以向客户推荐与自身风险承受能力相匹配的基金投资产品。又如，对于那些对流动性需求较高的客户，推荐货币市场基金，将能够获得较高的购买成功率。

因此，基金公司开展客户细分工作，找出同类客户所具有的共同特征，开展有针对性的维护工作，是维护现有客户，提升公司管理能力的重要举措。

2. 降低营销成本

维护一个老客户的成本要远远低于发展一个新客户的成本，做好对现有客户的维护，培养忠诚的客户，能够大量节省基金公司的营销资源。随着电子信息技术的发展，搭建公司电子化营销平台，利用社会化媒体开展客户营销和维护客户，已成为企业营销的趋势。基金公司可以通过数据挖掘技术，进行客户分类，识别客户需求；利用微博、微信、电子邮件、短消息等新型手段，开展批量服务营销，这将有助于大幅降低运营成本。

3. 保护小额投资者

小额投资者在以价值为唯一衡量标准的体系中往往被忽视。小额投资者由于风险承受能力较低，常常表现出不成熟的投资行为。基金公司有必要针对这类投资者设计专门的产品，以满足他们的流动性需求。另外，在现有基金产品运营阶段，经常会出现大资金套利的现象。这种套利一旦形成，往往会导致较好的投资收益被大资金摊平，使小额投资者利益受损。因此，基金公司应该针对小额投资者建立特殊的保护政策，对大额套利资金予以阻止。客户细分有利于基金公司为保护小额投资者制订和开展专门的保护计划。

4. 发展直销业务

除有70%左右的代销渠道外,大型基金公司一般还保有30%的直销客户。直销客户为基金公司带来的贡献远大于代销客户。目前,构成基金公司直销客户的主要包括:保险公司、财务公司、私人业主以及基金公司网上交易客户。基金公司相当重视对大型机构客户的维护工作,一直以来都配备了素质较高的客户经理着力维护。但是对于小型机构客户、网上交易客户,由于其带来的基金申购量较低,往往不能够得到充分的重视。随着保险公司销售基金的牌照的放开,今后保险机构通过基金公司直销购买基金的状况将会改变。客户细分工作能够将客户按性质、金额、销售渠道进行细分,有利于公司加大对重点客户直接的维护力度。

未来,电子化交易将成为基金销售的重要通道,各大电子商务平台将成为基金公司直营店的通道。直营店模式是"便利"服务概念的延伸,是依靠客户"粘性"发展起来的营销模式。基金公司可以根据网络直销客户的特点,为直销客户专门设计产品,提供特殊的优惠服务。这种模式本身就是市场细分的结果。从另一方面来看,如果能够持续开展对持有客户的研究,促进原有代销客户向直销客户的转化,才能使直营店模式发挥更大的效用。

5. 迎接市场机会

据资料显示,我国已进入老龄化社会。由国家统筹养老的局面面临着严峻的考验。如何安享晚年是很多客户现实的理财需求。让基金投资成为个人养老金的来源应该成为基金公司发展的新推动力。做好客户需求的分析,开发与养老理财相关的产品和服务,应该成为基金公司努力的方向。

此外,我国应借鉴国外养老金管理制度,发展中国特色的养老金投资计划。例如,在美国60%的家庭拥有401k[①]计划,该计划为美国的共同基金迎来了长达38年的繁荣。我国政府目前正在开展有关个人养老金的制度设计,不排除类似401k的计划出台。这将为基金公司的发展注入新的活力。尽早开展这方面的客户需求研究,有助于公司迎接新的市场机会。

(二)基金客户细分的挑战性

如前所述,为提升基金公司的盈利能力和管理水平,开展基金客户的细分工

---

① 美国401k计划的名字取自美国国内税收局的法令中解释退休金计划的那一部分,政府称其为现金或延迟安排(CODA)退休计划,人们通常只使用其俗名401k计划。它是国家、企业、个人三方为员工退休养老分担责任的典型制度设计。401k计划产生于1978年,实施于1980年,起步虽然晚,但它与美国政府试图建立一个可持续、有效的养老保险体系的思想是一脉相承的。401k计划得以发展壮大得益于天时、地利、人和三个因素,前20年的发展基本上顺风顺水,但最近5年遭遇到了资本市场的寒流。(选自《401k计划》刘云龙 中国社会科学院金融研究所博士后流动站)

作非常必要,但同时基金公司也应该清醒地认识到,要想全面开展基金客户细分工作,发挥基金客户细分的作用,还面临着众多挑战:

1. 细分变量难以确定

基金投资的本质是人们对金钱的态度。基金客户的投资决策不仅与产品本身的风险和收益有关,还往往与投资者的个人属性和特征有较大的相关性。个人心理因素是最难以衡量的变量。基金客户对投资基金产品的态度、对持有产品所产生的投资体验等都是难以量化的因素。这些导致在基金客户细分过程中,很多数据难以收集,很多变量无法量化,给细分研究造成了困难。

2. 频繁操作

与国外发达的资本市场相比,我国的基金投资市场存在起步较晚、监管机制不健全、资产规模波动性大、客户成熟度不够等现象。其中,客户成熟度不够的一个主要标志是基金客户对开放式基金进行频繁操作。从开放式基金的本质来看,股票基金在构建基金组合时,投资管理人已充分调研上市公司基本面,并通过分散化投资降低风险,所以投资人无须时刻根据股票市场的涨跌而频繁买卖基金。如果基金投资人像操作股票一样频繁买卖基金,一方面,手续费成本会很高,另一方面,开放式基金的净值波动远低于单个股票的波动,所以几乎不存在炒作的空间。这种频繁操作增加了基金的持有成本,造成了投资损失,影响到投资收益,降低了投资体验。同时,频繁操作混淆了客户真实的委托投资意愿,在分析细分变量时,造成了变量失真,导致分类错误,影响了客户细分工作的识别和判断。

3. 波动性

由于客户细分的一个重要方面就是对客户价值的判断。基金公司的价值主要来源于管理费收入,而管理费收入又与基金资产规模密切相关。如果基金资产的波动性较大,基金公司所获得的管理费的不确定性也就随之增大。基金资产规模的不确定性,一方面来源于基金运作管理所产生的净值变化;另一方面来源于客户的主动性申购和赎回的操作行为。如果一个基金资产的规模变动主要来源于投资收益的高低,即主要来源于市场变化,那么衡量资产净值就变得相对容易。现实的基金业务中,基金规模的大幅度变化,容易造成对基金产品价值或客户价值的误判。比如说,一个基金投资产生了较大收益,净值增加,从而带动了资产净值增加,客户享受到了增值的益处。但客户出于落袋为安的考虑,纷纷选择赎回该基金,则会造成基金资产的缩水。

基金管理者为了应对相对集中的大规模赎回,往往需要抛出较多股票,聚集起来就可能导致基金执行层面的"巨额赎回"现象,一旦这种现象形成,不仅会对基金运作造成冲击,也会对基金公司的品牌和声誉造成重创。所以,在以基金资产规模作为变量计算客户价值时,往往会遇到资产净值与客户价值不相匹配的情况。也就是说,当以基金管理费作为价值考察要素时,很难分清哪些价值来自客户,哪些价值来自基金经理的投资运作,从而影响到了客户价值的准确计算。此外,资产净值经常变化,波动性较大也为预测客户未来价值带来了难度。一个客户资产净值的变化,往往会影响到其贡献度,进而会影响到其价值,较大的资产规模波动加剧了预测的难度。

(三) 基金客户细分的方法

伴随着基金行业的深入发展,基金管理公司也开发了一系列方法来对基金客户进行细分,依据投资者不同的特征及细分因素对客户加以归类,从而确定基金销售的细分目标市场,以采取不同的营销和服务策略。我们总结了目前基金行业几种典型的客户细分方法[1]:

1. 基于客户消费带来的净收益细分

基金公司依据客户消费带来的净收益的不同将客户划分为高、中、低端三种类型,这种细分方法是使用比较普遍的客户细分方法(如图 1.4 所示)。银行、证券等系统中,常常依据客户消费额度或者资产总额将客户分为几类,进而对其进行有针对性的营销。梁敏君[2]在"分形聚类分析在证券客户细分中的应用研究"中将给券商创造利润的客户定义为价值客户。

① 价值客户:又可以分为 VIP 客户、重要客户、一般客户。每个券商或经纪人小组根据不同情况有不同定义。VIP 客户是指把某一客户群,按照客户净收益(客户佣金收入-成本)排名取出前 20%,根据券商提供服务人员的情况,再从中划分出少量的优质客户为 VIP 客户,比如,再取 $x\%$。重要客户是指按照客户净收益排名前 20% 分出 VIP 客户之后,剩余的为重要客户。一般客户是指客户净收益(客户佣金收入-成本)为正值的所有客户,减去 VIP 客户和重要客户之后,剩余的为一般客户。

② 无价值客户:客户净收益(客户佣金收入-成本)为负值的所有客户,但这其中会包含一些资产较大,由于套牢或对行情不看好造成长期不交易的客户,这些客户可根据具体情况分到一般客户或潜力客户中。

③ 潜在客户:潜在客户既可以来自券商内部,也可以来自券商外部,内部是那些有交易能力但长期不交易的休眠户,外部是从不同途径获得信息有可能通过服务加盟的投资者。

---

[1] 王勇,"开放式基金个人客户细分研究",《东北大学》,2012 年。
[2] 梁敏君,"分形聚类分析在证券客户细分中的应用研究",《合肥工业大学》,2009 年。

券商客户基于客户消费带来的净收益细分如图 1.4 所示。

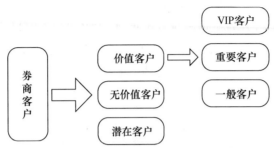

图 1.4　券商客户基于客户消费带来的净收益细分

该细分方法最大的优点就是简单,可以方便地根据营销资源预算,取舍营销活动中的目标群体,在实践中简便易行。然而随着技术的进步与客户需求日趋多样化,即使是能够带来相同净收益的客户,他们对不同的产品和服务也呈现出了完全不同的需求特点,也就是说仅仅依据客户的消费额度值,我们已经难以了解其真正的需求特点,因而在营销实践中,就表现为屡屡实施看似差异化实则一刀切的营销策略。

2. 基于客户持有基金的资金量细分

目前,公募基金公司一般按照客户持有基金的资金量来将客户进行细分。通过客户对基金产品的持有时间和资金量,可以将客户细分为不同等级的群体,进而针对不同客户等级,提供针对性的服务和营销措施。表 1.3 列举了目前在基金行业名列前茅的某基金管理公司的客户细分情况。

表 1.3　某基金管理公司客户细分情况

资金量(元) 持有时间	10 万以下	10 万—50 万	50 万—100 万	100 万—500 万	500 万以上
1 年以下	普通客户	中级客户	中产客户	大客户	超级大客户
1—5 年	中长期 普通客户	中长期 中级客户	中长期 中产客户	中长期 大客户	中长期 超级大客户
5—10 年	长期 普通客户	长期 中级客户	长期 中产客户	长期 大客户	长期 超级大客户
10 年以上	忠诚 普通客户	忠诚 中级客户	忠诚 中产客户	忠诚 大客户	忠诚 超级大客户

这样的细分方法对于基金公司来说比较简单直接,但是却不能够真正意义上地识别客户的具体属性,不能够在客户需求的基础上对客户进行更为细致的

区分。钟燕(2009)[①]指出,基金公司应该在深度挖掘消费者需求的基础上对消费者市场进行细分,根据投资者的投资目的、投资期限、投资经验、财务状况、长期与短期风险承受水平及投资者对特定行业和地域的偏好等因素将客户对应相应的风险等级,针对不同的细分市场设计和构建出更多代表不同风险和收益的基金产品和基金组合来迎合不同投资者的理财目标。这也意味着基金公司需要开发更为全面的方法来识别客户需求,对客户进行细分,有针对性地满足客户需求。

3. 基于人口统计细分

这是一种最常用的客户细分方法,它是以人口统计变量(诸如性别、年龄、家庭成员、收入、职业、教育、地域等)为细分变量将客户划分为不同特征的客户群体。一般常用以下几类细分变量:

(1) 基于地理的细分

基于地理的细分是把客户所在地理位置细分成不同的地理单位,例如城市、郊区、农村和地段等。地理细分虽然简单落后,但是目前很多银行尤其是国有商业银行在针对个人业务开发这一块,还是经常使用这一方法。

(2) 基于人口的细分

基于人口的细分是根据各种变量,例如年龄、性别、家庭人口收入、职业、教育、家庭生命周期等,把客户细分成不同的群体。不同的年龄段在投资者中所占的比例不同,投资者的受教育程度、职业背景以及收入情况也不相同。人口因素是细分客户群体最流行的依据。一个原因是消费者的需要、欲望和使用率经常紧随人口变量的变化而变化。还有一个原因是人口变量比绝大多数其他变量更容易衡量,即使先用其他依据,如个性和行为等来细分客户,也必须同时知道其人口特征,以便能够估计目标市场的规模和有效地进入目标市场。

(3) 基于客户行为的细分

基于客户行为的细分是指按照客户对产品或服务的了解程度、态度、使用以及反应,把客户分成不同的群体。它基于预测理论使人们将注意力放在依据客户以前和现在的行为来预测客户将来的行为,即依据客户历史的消费行为来预测客户将来的消费模式。基于行为的客户细分方法具体包括 RFM 分析和客户价值矩阵两种方式。RFM 分析是指根据客户从上次购买到现在的时间间隔(Recency)、某一期间内购买的次数(Frequency)、某一期间内购买的金额(Monetary)来预测客户的购买行为。

客户价值矩阵则是用平均购买货币支出代替总购买货币支出,用购买次数

---

① 钟燕,"基于生命周期理论的开放式基金营销策略分析",《金融市场》,2009 年第 8 期。

和平均购买货币支出建立一个二维的客户价值矩阵,避免了 RFM 细分法细分后的客户群过多(125 种)的缺陷。使用该矩阵需要的信息为:购买日期、客户代码、日购买额。二维矩阵的两个维度分别为:购买次数和平均购买货币支出,购买次数是指在指定的时间内购买日期的数目,平均购买货币支出等于在指定时期内总购买货币支出与购买次数的比值。经过上述方法处理后,公司所有客户都被划定在上述二维矩阵的四个象限中,即将所有客户分为四类:高价值客户、乐于消费型客户、经常性客户和不确定型客户四种类型。对于高价值客户,他们是企业利润的基础,企业应当努力保持他们。对于乐于消费型客户、经常性客户,他们是都企业发展壮大的保证,企业应设法提高乐于消费型客户的购买频率,通过对经常性客户实施交叉销售、向上营销增加其平均购买额。对于不确定型客户,企业需要慎重识别客户的差别,找出不确定型的新客户和那些对某些具体的产品感兴趣的有价值客户,有针对地实施相应的营销策略,使其向另外三类客户转化,而对于无价值客户不必投入资源进行维护。[①] 总的来说,依据行为来预测行为不失为一种便捷的方法,然而预测的时效性限制了适用效果。它以历史数据为基础,只针对已经拥有的客户,因而无法对潜在客户进行定义和评价,这一不足成为细分过程中最大的缺陷。

(4)基于客户价值的细分

它是以价值为基础对客户进行细分,以客户的盈利能力即利润的大小为标准对客户进行评价。针对不同评价的客户群体,企业采用了不同的资源配置和营销计划。这一方法强调企业需要识别高价值客户,将努力集中在能够连续向企业传递高价值的客户子集上,企业应当通过考察下列问题来分离出其关键客户:哪一类客户最有利可图和忠诚、需要银行更少服务、倾向于维持稳定和长期关系;哪一类客户在企业所提供的产品和服务上贡献了最大价值;和企业的竞争对手相比,哪一类客户对企业更有价值。基于客户价值的细分方法最终将客户分为了核心价值客户、主要客户、普通客户和小客户,并依据此类划分方法得出了相应的营销建议。

各种客户细分方法都有其适用性,但也都存在一定的局限。人口统计细分根据客户的属性特征对客户进行细分,这种方法简单常用,但往往反映不出真正的客户质量。基于客户价值的细分理论,能够很好地评估客户的价值,但在实施过程中反映不出客户的具体行为特征。基于客户行为的客户细分能够识别出客户的具体行为特征,但却忽略了对客户价值的判定。总之,基金公司应该根据客户细分的结果推出多样化的服务产品,通过提供一系列有层次的服务产品,真正

---

① 江强梅,"客户关系管理中的客户分类方法研究",《企业技术开发》,2009 年第 12 期。

做到定制营销,进而获得相应的竞争优势。

二、客户关系和服务管理

基金产品作为一种理财产品,具有产品和服务一体化的双重属性,基金产品是无形的,投资者不能看到它的实体形式,只能通过基金公司的服务来感受其存在,所以良好的客户关系对于基金营销来说非常重要。目前,基金管理公司主要通过以下几种模式来实现客户服务和维护客户关系:

1. 电话服务中心

电话服务中心通常以电脑软硬件设备为后援,同时开辟人工服务和自动语音。一些标准化的答案如投资操作步骤、基金管理公司相关介绍、基金普及知识等均可通过自动语音系统来提供。当然,客户也可以选择人工服务,客户服务人员将根据不同的客户类别进入相应的客户管理系统,并以最短的时间提供客户所需的查询、咨询、投诉、建议和其他个性化服务。与此同时,在不影响服务质量的基础上,客户服务人员会同时适当记录谈话资料,建立相应的客户档案,作为以后服务该客户时的参考以及基金管理公司对客户群体统计分析和管理的依据之一。

2. 邮寄、自动传真、电子信箱与手机短信服务

基金管理人通过向基金持有人邮寄基金账户卡、交易对账单、季度对账单、投资策略报告、基金通信、理财月刊等定期和不定期材料,可以使客户尽快了解其投资变动情况,理性对待市场行情的波动。

自动传真、电子信箱与手机短信这三种方式的服务具有一定的市场需求,尤其是在契约、招募说明书、定期公告与临时公告的传递等方面。前两种方式特别适用于传递行文较长的信息资料,而手机短信最重要的功能则在于发送字节较短的信息,包括基金行情和其他动态新闻。当然,这些功能的实现在很大程度上依赖于强有力的系统支持。

3. "一对一"专人服务

专人服务是为投资额较大的个人投资者和机构投资者提供的,最具个性化服务的特征。这类大额投资者中大部分有相当的专业知识和丰富的投资理财经验,尤其是机构投资者,多数设有专门的投资部门或聘用专人跟踪自己所做的投资,他们需要与基金管理公司有充分的沟通,并保持密切的联系,因而需要连续的、专业化的服务。基金管理公司一般会为其安排较固定的投资顾问,从开放式基金销售前就开始"一对一"的服务,并贯穿售前、售中和售后全过程。由于配有专人,这部分客户通常能够省去很多不必要的环节,得到更充分和更及时有效的信息,享受到更便捷、更完善的服务,而这类服务颇具量体裁衣的意味。

4. 媒介和宣传手册的应用

基金管理公司会通过电视、电台、报刊杂志等媒体定期或不定期地向客户传递专业的信息和传输正确的投资理念。当市场出现较大波幅时，可及时利用媒体的影响力来消除客户的紧张感，让大众多了解一点市场，减缓非理性行为的发生。宣传手册则可作为一种广告资料运用于销售过程。在新的基金上市前，对公司形象的宣传和对新产品的介绍是客户服务中不可缺少的部分。

5. 讲座、交流会和座谈会等交互服务

这几种形式都能为客户提供一个面对面交流的机会，由于参与者为数不多，通常客户比较珍惜。基金管理公司从这些活动中可以获取有价值的资料，有效地推荐和介绍基金产品，并据此进一步改善基金管理公司的客户服务。

6. 互联网的应用

通过互联网，基金销售机构可以向客户提供容量更大、范围更广的信息查询（包括投资常识、股市行情、开放式基金的净值表现、客户账户信息等）、基金交易、即时或非即时咨询、自动回邮或下载服务，并接受投诉和建议。另外，通过互联网的友情网站链接，客户可以方便地检索和查阅更多信息。

三、基金行业客户关系管理存在的问题

目前我国基金公司的客户细分和客户关系管理尚存在一些问题：

1. 缺乏识别和维护高价值客户的有效机制，造成客户流失

众所周知，高价值客户是企业利益的源泉。对高价值客户的识别和维护，是企业长期发展的保证。近年来，基金公司开始重视高价值客户的维护工作。但对高价值客户的识别还没有形成有效的机制。基金行业普遍认为，客户拥有较高的资产就是高价值客户。但实际情况表明，高价值客户如果不能长期持有基金产品，以其手中拥有的大量资金，套取短期收益，反而会增加基金产品的投资管理难度，对基金资产价值形成冲击，给基金资产造成损失。真正的高价值客户是那些持有时间长，资产净值高，为基金公司贡献管理费用多，并且是与基金公司保持长期稳定关系的客户。还有一些客户，短期内可能并没有拥有高额的资产，但长期下来，对公司的贡献度较高，而且还是公司稳定规模的必要保障。

因此，正确区别高价值客户，为高价值客户提供持续稳定的高品质服务是基金公司客户服务和管理的主要内容之一，也是目前基金公司开展服务管理的当务之急。基金管理公司可以为高价值客户建立特殊的优先服务通道，在基金产品、费率、沟通渠道和其他增值服务上提供差异化的服务，以避免高价值客户的流失。

2. 客户服务水平有待提升

随着基金行业的快速发展,基金个人投资者的数量在大幅增加。面对基民队伍的迅速膨胀,不少基金公司客户服务人员储备和客服配套措施明显不适应基金公司规模扩张的需要,难以形成有效、快速的反应机制。很多基金公司的客户关系管理只是在管理客户档案和工作进程,根据一小部分客户数据进行简单分析,客户关系管理只是内部导向、基于工作任务、记录事件型的。客户关系管理系统基本上只限于呼叫中心,缺乏深入的客户信息分析以及与后台系统相结合的销售业务操作功能,不能及时听取客户意见,对客户意见的反馈也严重滞后。客服与客户之间的沟通非常有限,有些甚至只是实现了过去手工操作的自动化,没有做到真正意义上的"以客户为中心",也无助于公司与客户形成个性化、全方位的关系。

在老客户维护方面,由于目标定位不明确以及老客户维护意识相对薄弱,基金公司缺乏实时性的客户服务与监控系统,无法对不满客户进行有针对性的挽留,与客户缺乏互动的、长期的、有效的交流与沟通,难以了解不同客户群体的投资偏好和风险偏好,缺乏对已有客户群体的分析和定位,还没有真正走进客户心里去了解他们的需要,并根据需要有针对性地提供相关服务。

3. 基金公司客户关系管理面临一定阻力

基金公司客户关系管理方面的压力主要来自两方面:一是来自经营方面的压力。对于基金公司来说,推行客户关系管理缺乏足够的动力,由于精细化营销和科学服务在短期内带给管理者的直接利益要少于粗放经营,所以在快速发展的基金行业,基金公司的排名和经营业绩的压力使得很多基金公司花费大部分精力用来维护渠道和能够带来短期利益或业绩的营销活动。对于基金公司来说,投资研究是主业,客户关系管理和营销的开展只被视为副业,客户关系管理未能得到足够的重视和关注。二是来自客户信息技术平台建设方面的阻力。目前基金管理公司在获取客户信息时,随意性、分散性较强,还没有有效地运用客户信息,没有认识到客户信息积累和使用的重要性。各个部门之间信息不统一且各成体系,不能为基金公司的决策分析提供有效完整的客户信息基础。准确地把握客户需求还比较困难。在信息技术运用方面,基金公司比较注重业务运作和内部管理的需要,对客户信息的搜索、分析还显得不够。

4. 缺乏以客户为中心的关系型营销理念

目前基金营销仍然以传统的交易型营销理念为主导,主要表现在:营销过程中缺乏与客户的双向沟通交流,所有的业务营销手段均以完成交易为目的,缺少对投资者的关怀。但是随着互联网和基金行业的发展,这种交易型营销理念已经跟不上行业更新换代的要求。目前很多基金公司过分关注通过促销手段来吸引客户,却忽略了关系型营销的重要性,缺少与客户主动沟通交流的方式和机会,沟通形式也仅停留在具有功利性的产品宣讲会上,并没有真正为听取投资者建议和需求而创造出更好的机会和平台。但是,在互联网消费经济中,企业营销已经超越了传统经济仅对于客户资源的争夺,转向了客户关系的竞争。对于基金公司来说,拥有一群忠诚度高的优质客户是未来发展的主要竞争优势。从营销成本上来看,维护和开发老客户所花费的成本也要远低于吸引新客户的成本。一家发展成熟的基金公司的主要收入和利润应该大部分来源于对现有客户的挖掘。

关系型营销才是进一步提高企业业绩和品牌影响力的关键因素,基金公司应该从关系型营销的观念和原则出发,将营销看作是一种与客户建立起合作共赢关系的渠道,从中捕捉客户个性化的需求,增进与顾客之间的交互,为客户提供具有高附加价值的产品和服务组合,以培养客户的忠诚度和品牌粘度。

总之,目前基金管理公司面临的主要问题是不能针对不同的细分顾客,制定差异化的服务策略及长期稳定的客户关系的管理策略。基金行业的利润主要来自基金客户对于基金的长期持有,因此基金行业如何保有价值客户就变得至关重要,这也要求基金公司对客户进行动态市场细分,针对客户的个性化需求提供差异化的营销策略。

四、以动态视角看待基金投资客户

基金客户群体是一个蕴含着重大变化性的群体。无论是基金产品本身的波动性,还是客户操作的频繁性,甚至是基金客户自身心理因素和行为的不确定性都表明这个群体处于持续的变化过程当中。在这种背景下,要全面描述基金客户群体特征,确定基金客户细分标准,开展客户分类,针对不同分类的基金客户提供营销和服务建议,需要把握的一项重要原则就是基金客户的动态性以及与此相匹配的动态营销策略。同时,在把握动态性原则的前提下,我们还应该认识到,客户关系营销的实质是建立和保持长期稳定的客户关系,正确处理动态性和长期性两者的关系,这对于开展基金客户分类研究和提供相关营销策略是非常关键的。

(一)认识客户的变化性

现阶段,客户对基金投资的认识还处于启蒙阶段。一方面,由于银行存款、银行理财产品、证券集合理财计划等替代产品的存在,客户接受基金投资产品还需要一个较长的过程,一个理智的基金投资市场还在形成过程当中。另一方面,我国缺乏以基金投资为主要投资工具的社会环境。美国共同基金的发展得益于美国政府推行延迟纳税的401k计划,由于政府财政等的大力倡导,该计划几乎涉及每个私人企业的员工,基金产品在美国普遍得到了市场和客户的认同。在我国,类似的机制还没有建立,形成一个稳定的基金投资人群尚需时日。在这一时期,人们的理财观念会受到很多不成熟的投资思想的影响,一夜暴富、追逐短期利益等思维还停留在很多人的头脑中。这导致了基金规模除因为市场波动外还存在人为波动。基金公司只有充分认识到这种波动性,并且不将这种波动性看成是单纯市场变动的影响,才能够全面、理智、客观地理解这种波动性。如果基金公司能够充分分析每个基金产品波动性产生的根源,通过实施必要的措施,开展有针对性的服务和营销,则可以避免市场因素以外的基金波动,进行稳定基金的规模。基金公司可以通过开展忠诚度提升计划,对长期投资者开展奖励、回馈活动;或者开展赎回预警的研究工作,尽早识别将要离开的高端客户,以便开展有针对性的营销和挽留计划。

(二)辩证看待动态变化性

虽然变化性是基金客户的本质特征,它要求基金公司以动态的观点来开展基金客户的细分研究工作。但在观察和分析基金客户群体的特征时,也应该同时注意到,基金客户行为的波动性是外界一系列因素作用于个体的不同反应,这既包含周围环境作用于投资人行为的因素,又包含个体主观对环境的影响的因素。而且人们在过往历史阶段所有的观点和行为都只能反映那个特定时期的情况。单纯的、绝对的重复行为是不可能发生的。因此,虽然动态观点可以贯穿于客户研究和策略制定的每个环节,但这种动态观点并非机械的,而应该是辩证的。将辩证的动态观点应用于基金客户的研究工作当中,就是一种实事求是的态度。具体表现在:

1. 避免机械制定和执行客户营销策略,避免营销近视和过度细分

由于基金规模的波动性较大,基金客户交易行为频繁以及基金客户普遍存在不成熟的投资理念等,造成了基金客户的行为差异性较大。这种行为差异化,给基金公司开展基金客户细分工作以及确定营销定位策略,带来了一定难度。这里应注意两点,即营销近视和服务过度的问题。

所谓"营销近视"最早是由著名的市场营销专家,美国哈佛大学管理学院教授西奥多·莱维特(Theodore Levitt)在1960年提出的。原义是指企业将主要精力放在了产品上,而非放在客户需求上,从而导致企业失去了市场竞争能力。营销近视后指经营者目光短浅,不能根据消费者的需求变化而改变营销策略。对于客户的营销服务策略来说,营销近视行为是指企业没有观察到客户的成长性,只是根据客户的现有价值确定服务策略。下面是一个典型的例子:

某企业高管,一直在一家银行账户保留30万元的存款,享受着六星级的服务(主要优惠策略包括异地汇款免收汇款手续费)。一段时间,该客户由于家中盖房,用去了部分存款,存款余额低于30万元的标准。在不到3个月的时间内,银行马上调整了该客户的星级服务标准,使该客户失去了异地汇款优惠,而异地汇款优惠服务是该客户经常使用的服务,造成了客户的不便,引起了该客户将基本账户转移至其他银行的举动。

从本案例中可以看出,银行的营销策略忽略了客户价值的动态变化。上述客户的职位是企业高管,若短时间内不能满足存款余额达到六星级客户的标准,则可以通过延长观察期或提供弥补服务的措施来提醒客户及时补足存款。生硬地将客户的星级标准下调,容易引起客户的反感,降低客户体验,给今后的营销工作造成困难。类似的营销近视事件在客户服务策略中经常存在。这就要求营销服务策略的制定者用动态、发展的眼光判断客户的长期价值,而非只根据现在的、过往的数据制定营销服务策略。

在服务营销过程当中,经常可见过度服务的现象,可解读为企业由于开展了过度的客户细分,将客户的动态变化错误地理解为服务需求,进而超过客户的需要提供服务的现象。过度细分是由营销近视引起的,它是指营销管理中因过于机械地理解客户的动态变化,而根据客户的短期变化进行客户和市场细分的方法。这种方法不仅会造成营销资源的浪费,而且会偏离客户细分的正确方向。在基金客户细分中,为高价值客户提供高品质服务是一项重要的内容。但在服务策略制定过程中,应该充分考虑到客户的需求和资源的匹配。由于基金客户的波动性,客户细分工作应该考虑到全面性、完整性、动态性、预测性和稳定性。对高端客户的服务策略应首先以正确的价值判断为前提。对高端客户的定义、高端服务的内容、高端服务的效果要开展全面的、科学的测算。同时,应将建立长期稳定的客户关系作为营销服务策略的基本观点应用于实际的营销策略当中。

2. 数据挖掘技术只能解决部分营销问题,不能解决全部问题

由于科学技术的进步,在研究客户行为和进行客户分析时,人们会大量地使用现代数据挖掘技术。本书中,也会使用多种数据挖掘工具和算法来预测客户行为和客户价值。但我们必须认识到,由于客观环境处于不断的变化之中,客户行为会呈现出复杂性,因此并非一切与数据相关的变量因素都能够得到充分的反映。数学模型只能对部分或大部分情况预测成功。人们在构建模型或使用模型时,更重要的是要理智分析模型判断的结果。因此,我们不能将动态性变化僵化地解释为没有重复性,也不能把动态性变化理解为没有任何规律可循。只有这样才能使研究更贴近实际情况,使我们更理性地对待科学研究。

3. 以持续稳定的营销策略对待客户的价值波动

随着 CRM(客户关系管理)系统的引入,动态客户价值判断是近年来客户关系管理研究的热点。很多企业热衷于建立基于客户动态价值的营销和服务策略。一些开发 CRM 系统的企业将迅速计算出客户价值,及时采取应对策略作为 CRM 系统建立的优越性来进行宣传,这在一定程度上误导了动态营销的理念。在现实工作中,制定服务营销策略时应坚持以建立长期稳定的客户关系为出发点。虽然基金客户价值一直处于波动之中,但一个客户是否具有价值并非凭一两个时点的数据就可以做出判断。动态的客户价值理念本质上是发现客户的潜力价值,而非根据客户价值实时做出营销策略的调整。使用动态数据对客户价值做出全面判断,挖掘客户的潜在价值,正确地分析客户价值的波动,发展稳定性的客户关系才是服务营销策略的关键,才是开展客户细分的立足点。在基金客户细分过程中,营销近视应该得到重点关注。根据客户细分标准制定的服务营销策略应具有长期性、动态性和稳定性。客户关系管理应强调建立稳定的关系,而不能因为一时短暂的客户价值判断影响长期的关系。因此,在基金客户细分过程中,关注客户的长期价值,制定长期稳定的服务策略应该被提到重要的地位加以考虑。

第五节　影响基金行业发展的相关因素及未来发展趋势

一、互联网金融对基金行业的影响

自 2013 年以来,伴随着第三方支付的出现,互联网金融迎来了爆发式的发展。近年来,互联网与基金行业的结合也愈加紧密,互联网金融的爆发极大地影响了基金原有的产业链格局和商业模式,互联网技术的应用以及金融管制放松改变了金融业态和市场竞争环境,深刻地影响了基金行业的发展趋势。

(一)我国互联网基金行业发展环境

1. 政策环境:政策培养新生市场,鼓励互联网金融创新

互联网金融与基金行业的融合在政策上得到了大力支持。2014 年,互联网金融首次被写入政府工作报告,提及"促进互联网金融健康发展,完善金融监管协调机制"。2015 年政府工作报告中两次提到互联网金融,提及"促进互联网金融健康发展"。2016 年《政府工作报告》中连续第三年谈及互联网金融,其中"2016 年重点工作部分"称:加快改革完善现代金融监管体制,提高金融服务实

体经济效率,实现金融风险监管全覆盖。规范发展互联网金融。大力发展普惠金融和绿色金融。加强全口径外债宏观审慎管理。扎紧制度笼子,整顿规范金融秩序,严厉打击金融诈骗、非法集资和证券期货领域的违法犯罪活动,坚决守住不发生系统性区域性风险的底线。央行、工信部、公安部、财政部等十部委2015年联合印发了《关于促进互联网金融健康发展的指导意见》,鼓励银行、证券、保险、基金、信托和消费金融等金融机构依托互联网技术,实现传统金融业务与服务转型升级,积极开发基于互联网技术的新产品和新服务;支持证券、基金、信托、消费金融、期货机构与互联网企业开展合作,拓宽金融产品销售渠道,创新财富管理模式。

2. 经济环境:网民消费习惯正在改变

艾瑞咨询数据显示,2015年我国网络购物的市场交易规模为3.8万亿元,同比增长36.2%,预计之后几年将会保持20%左右的速度增长,到2018年,我国网络购物的规模可以达到7.78亿元。网络经济的发展,改变和培养了网民的消费行为,尤其是网购的发展,为基金互联网化的发展提供了优质的渠道和用户基础。

3. 社会环境:优质投资者规模逐步扩大

随着居民收入水平的提高,我国优质投资者的数量正在逐步增加。2014年,我国优质投资者的数量为1390万人,同比增长15.6%,预计到2018年我国优质投资者的数量将达到2564万人。我国私人财富中存款现金仍占有较大份额,其他金融资产在稳步小幅提升。投资者富裕程度提升,能够有更多的富余资金进行投资,虽然目前存款仍是主要的资金流向,但人们的投资意识也在不断提升,这些条件都为基金行业的蓬勃发展提供了良好的资金基础。

4. 技术环境:金融业IT投入小幅增加

艾瑞咨询数据显示,2014年我国金融业IT投入规模达516.9亿元,比2013年增长2.2%,预计之后几年将会保持4%左右的增长,到2018年可以达到612.2亿元。目前,传统金融企业和互联网金融企业对技术越来越关注,不论是技术外包,还是自建技术团队,对技术的投入都在进一步加大。在互联网金融时代,IT投入最主要的方向,一是用户数据挖掘。通过数据的挖掘和处理,可以为广告精准投放和产品推荐提供数据基础;为用户征信体系建设提供支撑;同时可以根据用户需求,为用户提供定制化的产品。二是移动互联网的布局。大力发展移动互联网金融,可以满足用户的使用习惯。

(二)我国互联网基金行业发展现状

互联网基金销售规模的增长主要来自以下几方面的力量:第一,以余额宝为代表的宝宝类货币基金,近年来持续保持较快增长。第二,代销机构的互联网化水平逐步提升,电子银行、独立代销机构网站都是重要的交易额来源。第三,传统基金公司为了谋求利润,开始自建平台,布局互联网,这也是另外一个重要的互联网化渠道。但是,目前基金互联网化尚处于起步阶段,互联网技术的运用,最多是将互联网作为一个销售的渠道,技术投入和用户数据的挖掘并没有得到充分的发展。互联网金融为基金行业带来的影响主要体现在以下几个方面:

1. 互联网金融对公募基金公司的影响

在新的竞争环境下,传统公募基金公司向互联网金融业务转型势在必行。

(1) 公募基金公司的互联网金融业务模式

从实践来看,目前公募基金公司的互联网金融业务主要有以下两种模式:

第一种是以产品为核心的"互联网+基金"业务。其实质是研发以互联网为基础的新型基金产品,最常见的有三类:第一类是以"互联网+"概念股为主要投资方向的偏股型基金;第二类是与"互联网+"相关的被动指数基金;第三类是以大数据为基础的基金产品。在搜索引擎网站、知名门户站、电商平台等互联网企业的大数据的基础上构建量化分析模型,可以作为基金投资决策的依据(比如广发中证百度百发策略100指数基金)。

第二种是以平台为核心的"互联网+基金"业务。目前,基金公司通常采取成立互联网金融部或是另行设立基金销售子公司的方式,建设互联网销售网络平台,所售金融产品除母公司产品外,还包括其他公司的理财产品。产品包括债券、信托、公募基金、私募基金、基金子公司资管计划等多个品种。销售渠道主要是官方网站、手机APP、微信平台、线下柜台、自助设备等。从目前已成立的基金销售子公司的运营情况来看,公募基金仅是子公司销售的部分产品,信托计划、基金子公司资管计划、私募股权等私募产品才是销售重点,而对应的高价值个人客户以及机构客户是其重点服务对象,这种自建平台的好处是可以获得直接用户,用户认知度和粘性较高,可以实现更多的创新。

(2) 存在的问题及解决方案

上述两种业务分别位于价值链的前端和后端,也是附加值最高的环节,是公募基金的核心竞争力所在。但从当前的实践来看,这两类互联网金融业务还面临着一些瓶颈,突出表现在以下几点:

一是大数据利用率不高。当前互联网基金业务对大数据的深度挖掘和应用还不够充分,服务平台技术含量低,数据的精准性和实效性较差,整体利用率不高,对互联网金融核心大数据的应用更多地停留在概念层面。

二是产品和服务同质化现象严重。现有的互联网基金的产品模式只是初步实现了以互联网为概念的投资组合配置,尚未利用互联网技术对市场需求进行深度挖掘。自建平台提供的服务还是以提供金融产品的交易平台为主,而这种交易平台无论是在客户端设计还是在用户体验上同质化现象较为严重,难以突出平台的核心竞争优势。

三是产品与渠道困境。虽然从一方面来看,基金销售服务平台在产品供应、投资顾问模式以及信用评级功能上类似于金融超市的导购模式,但是从另一方面来看,对于渠道商而言,好的基金产品议价能力较强,销售服务平台在产品定价上不存在优势,而劣等的基金产品虽然议价能力较弱,但是又会影响平台的声誉。因此,仅把服务平台作为渠道,基金公司的优势则难以得到发挥,未来随着金融产品差异化程度的加深,这一悖论会更加凸显。

要解决上述这些问题,基金公司必须深度挖掘互联网大数据,坚持以产品为核心,以服务为抓手,提高产品研发、销售以及售后服务这几个环节的经济附加值。

一是细分市场。在市场对产品和服务的需求日趋个性化和多样化的情况下,要突破同质化的困境,必须深度细分市场。比如针对个人投资者,可以按人口统计变量(诸如年龄、性别、消费习惯、生命周期、健康状况、教育和职业规划、性格偏好、可支配收入等)细分市场;对于机构投资者,则可以按机构性质、投资目标、发展周期、投融资需求等细分市场。此外,通过与电商或是其他具有客户规模优势的互联网企业合作,以大数据为基础来识别用户的特征,可有效地推送产品和服务。

二是创新产品。基金的产品创新可以从以下几处入手:第一,资产配置策略。资产配置策略要更多地结合大数据精准地预判国内外经济趋势,并提前做出反应,比如反熊市的资产配置策略。第二,产品功能。在投资保值功能基础上补充其他功能,比如消费、支付、信贷等功能,同时还可以通过给理财产品设置更多的应用场景,增加产品的故事性和趣味性,来提升用户的活跃度和体验值。第三,交易制度。缩短交易和变现的周期,打通产品快速转化通道,实现交易制度的创新,比如考虑采用 $T+0$、$D+0$ 等交易方式。在交易费率方面也可以考虑分层模式,比如广发基金的"C 计划",一经推出便在市场上获得了较好的反响。

三是扩大服务边界。公募基金管理公司自有平台的建设不应该只是一个金融超市平台,还应该让金融服务贯穿价值链的始终,比如深化投研顾问服务。目前基金管理公司对直销平台供应的研究和投入还不足,投研与直销平台之间的关联还不够紧密,直销平台在很大程度上还处于被动接受产品的阶段。当前移动互联网时代是一个以用户为主的时代,唯有高频、海量、零距离地接触用户,才能够形成用户粘性,这就要求基金投资理财必须从被动型向主动型转变,提升从售前到售后的用户体验,这实际上是一个收集投资者数据的过程。

当然,仅通过上述措施并不足以解决公募基金管理公司所面临的所有问题,比如金融互联网人才短缺、跨部门协作效率不高、对外业务和自有平台资源开发存在冲突等,但是有一点需要确认的是,在互联网技术引领的经济时代,随着产品和平台相互依存度的提高,任何转型战略都必须以"产品+平台"为核心,脱离彼此的发展注定只能是"长短腿"的跛足前行。

2. 互联网金融对第三方支付平台的影响

近年来,随着基金业务模式发展方向的多元化,基金销售也出现了多元化发展格局。以余额宝为代表的互联网平台的兴起,为货币市场基金带来了爆发式的增长。从需求层面来看,基于互联网大数据开发的大众理财产品一直供不应求,以余额宝为例,截至 2016 年 9 月,余额宝客户已突破 3 亿户,资金规模达到了 5 789.36 亿元,目前仍然保持着增长的态势。得益于宝宝类货币市场基金的发展,同时由于拥有广阔的用户基础,第三方支付平台成为最主要的投资渠道;基金公司为了摆脱银行高比例的尾随佣金,降低了从银行销售基金的比例,越来越多的基金公司选择与第三方平台合作,来进行基金产品的推广,吸引新客户以及进行客户关系的维护。艾瑞咨询数据显示,基金用户通过网上认证申购基金时,使用最多的三个渠道分别是第三方支付平台、网上银行、基金官网,占比分别是 46%、45.6%、28.7%。其次是手机银行和电子商务平台。可见,互联网的发展也改变了投资者的基金购买方式。

从供给层面来看,越来越多的非传统金融机构开始进入金融市场,尤其是互联网、云计算、大数据、物联网等行业的企业在互联网金融领域的"野蛮生长",直接推动了我国金融创新从"自上而下"向"自下而上"的转变。比如 P2P、众筹、金融网销、第三方支付、供应链金融等,尤其是基于互联网技术的第三方理财平台的快速兴起,通过现金换流量的方式占据了较大的市场份额。与公募基金相比,此类第三方平台在体系灵活度、IT/运营能力上存在比较优势,已经成为传统公募基金管理公司直销渠道强有力的竞争对手。

(三)互联网金融为基金行业带来的机遇和挑战

1. 互联网金融为基金行业带来的机遇[①]

整体看来,互联网金融为基金行业带来的机遇要大于挑战,表现为多方面的积极作用:

(1)互联网金融有助于多元化渠道结构、大幅拓展客户群体、提升客户体验

余额宝已经充分体现这方面的优势,其以增值服务的模式将货币市场基金

---

① 高翔,"互联网金融发展对证券投资基金业的影响",《对外经济与贸易大学》,2014 年。

提供给支付宝客户,通过良好的收益体验挖掘了大量原本不熟悉或不愿意购买货币市场基金的客户。特别是,互联网行业激烈的竞争使得胜出的电商在客户体验方面有着很强的优势,这些经验也被充分运用在互联网基金销售上,基金公司因此而受益。

(2) 升级基金公司投资管理、产品开发、销售服务、后台运营等业务模式

基金公司为了适应互联网销售的特点,需要升级系统、整合数据,改造后台运营环境。同时,电商的大数据资源和分析能力,将能够提升基金公司的营销效率,未来还将持续推动服务的创新。此外,电商的大数据技术还能够助力基金公司的投资管理。比如支付宝以大数据支持天弘基金预测余额宝的资金流情况,从而可以使其提前做好投资安排。支付宝每1小时将客户对余额宝的赎回、提现、消费、转账等数据传递给天弘基金,天弘基金通过数据分析和模型预估资金流,据此做出第二天的投资安排,预测误差小于5%。

(3) 推动产品创新

由于原有的货币市场基金已经不能很好地满足网络销售的要求,一些基金公司为了迎合互联网渠道纷纷推出了创新型货币市场基金。这些新基金往往具有如下特点:一是投资收益改传统的按月结转方式为按日结转,同时每天都可以查询获得的收益。这一变化最早由余额宝推出,目前已经成为网络货币市场基金的标准配置。二是资金的流动性提升,实现了快速变现,目前市场上的网络货币市场基金基本上都可以实现 $T+0$ 快速赎回。三是申赎的门槛降低,由之前的100元起申购降到了1元甚至是1分,几乎不再限制起始金额,此举更能吸引普通的个人投资者。四是 TA 系统升级换代,随着货币市场基金规模的不断扩大,必须要更新现有系统来满足大量网络申赎的需求。可以预见,未来基于互联网的基金产品创新还将持续深入下去。

(4) 推动标准化、固定收益类的产品加快发展

互联网消费的特点是快捷、简洁明了,因此标准化、固定收益类的基金产品更符合其消费特点,而且这类产品更契合电商平台沉淀资金低风险收益的投资需求,因此会获得大力推广。而偏股型、QDII、结构化基金等较复杂、风险较高的基金产品的选择,需建立在详细讲解及充分信任的基础上,所以更多的还是通过人员来营销,难以在互联网上大范围推广。

2. 互联网金融为基金行业带来的挑战

当然,互联网金融的发展也为基金行业带来了一定的挑战[①]:

[①] 陈汉昌、沈明辉、吴磊,"互联网金融时代基金行业的机遇与挑战",《价值工程》,2014年第11期,第150—151页。

(1) 传统的基金销售渠道优势受到威胁

传统渠道时代,借鉴欧美等发达经济体的基金销售历史,基金销售渠道的多元化是必然趋势,而银行渠道在相当长的一段时间内占据着主导地位,其他渠道很难撼动其优势。但随着余额宝的出现,打破了这种传统渠道的发展格局,将大批的非银行客户直接转化为了基金客户。互联网金融时代意味着千千万万的线上潜在客户价值会被挖掘出来,打破了传统的基金通过银行、券商销售的价值洼地。天弘基金能够在短短的7个月的时间内打破华夏基金维持7年的行业规模第一的地位,也意味着传统渠道的优势正在受到挑战,线上对线下的分流作用越来越明显。

互联网金融时代,传统的基金销售行业正在面临前所未有的机遇和挑战,对于习惯了在银行、券商等传统渠道进行营销宣传、吸引客户的基金公司来说,进入电商时代之后,必须考虑结合互联网金融的特点进行差异化的营销宣传。对于首秀的基金公司而言,除了自身的品牌影响力,营销宣传是否符合互联网金融的特点、差异化营销特色是否凸显、是否具有创意,这些因素也直接影响着其在淘宝店的流量和销量。

(2) 收益率等信息越来越公开透明

互联网金融时代的另一大特征就是信息的空前开放和透明,能够直接以点对点的方式将最新的资讯传递给客户。互联网充分的开放和互通效应也使得各类信息的流通速度空前加快,基金持有人之前因为信息不对称而造成的选择限制将大大降低,尤其是各大基金公司纷纷以多种形式宣传自己产品收益率的时候,基金持有人的转换成本将更低。

(3) 基金行业系统性风险升高

互联网金融时代,监管法规始终都在,但现在明确提出互联网基金销售业务也应遵守相关规定,表明基金在互联网金融大发展的浪潮中虽然要敢于创新,但也需要规范自身业务。另外,基金公司应当树立风险意识,诸如第三方支付基金(保险)销售支付结算业务等互联网金融创新,不仅其事实风险存在,而且因其资金流量巨大,一旦风险暴露,就极有可能导致系统性风险。具体而言,当下第三方支付基金(保险)销售支付结算业务等互联网金融创新,风险主要存在于以下几个环节:第一,第三方支付机构本身的信用风险和网络安全风险;第二,与基金公司(或保险公司)合作推出理财产品的关联风险;第三,针对部分第三方支付机构并购基金公司的行为,会造成互联网企业与金融企业之间风险隔离的相对缺失,更容易形成潜在系统性风险的堆砌。

(四) 基金行业互联网化发展趋势

互联网无疑提供了更为便利的基金购买渠道,而且随着技术的发展,安全性也能够得到保证。费率在放开后竞争会很残酷,而且不会成为销售渠道的核心竞争力,关键还是要看谁能够提供更优质的服务。目前,也有很多基金销售渠道认识到要提高专业服务的价值,无论是传统销售渠道,还是互联网销售渠道,基金销售机构的多元化和相互竞争,将会促进他们为基金投资者提供更加质优价廉的服务。基金行业互联网化发展趋势主要表现在以下两个方面:

1. "产品+平台"是发展的核心,积极拓展应用场景

"互联网+基金"模式的发展,主要是从基金公司和互联网公司双向展开的。基金公司主要通过基金官网、手机 APP 等自建平台,或者和第三方互联网平台合作,来实现基金的互联网化。而互联网平台销售的产品主要来源于金融公司。但双方在发展过程中,受限于流量、产品、销售费用等多方面因素,都无法进行充分的发展。余额宝的成功案例为所有基金公司展示了平台的重要性。互联网基金要发展,"产品+平台"是发展的核心。一方面,金融企业要充分发挥金融产品和服务的优势,加大 IT 投入;另一方面,互联网平台要发挥流量和用户体验优势,加大金融产品开发投入。但目前来说,发展得更多的是金融企业和第三方企业的联合。在互联网金融成为未来大趋势的背景下,基金公司应发挥自身在资管方面的优势,转变思维模式,建立一个综合型资管互联网平台。同时,基金公司必须对客户进行更加细致的分析和甄别,给出不同的解决方案,营销策略也应由大众化向个性化转变。应通过提升客户体验,增强客户黏性,打造大资管的平台,发挥平台优势,将客户保有在现有的系统中。

2. 深挖用户数据,个性化定制产品加速发展

互联网金融发展的重点是,将原来高高在上的金融产品以最直接的方式展现给用户,方便用户的投资,形成"自下而上"的创新改革。互联网基金的发展也需要符合互联网用户的投资习惯。随着互联网金融的发展,用户市场上出现了一个明显的趋势:无论是高价值客户、还是大众客户,对产品和服务的需求越来越趋向个性化和多样化。

对于互联网基金销售公司来说,要掌握的是在投资最前沿所积累的用户数据,应该加大金融 IT 技术的投入,深挖用户价值,建立自己的用户数据体系,为后期互联网金融环境的构建提供数据支撑。掌握金融用户数据具有以下几点好处:第一,能够方便金融产品的推荐和广告投放;第二,可以为建立金融征信体系提供数据支撑,为做网络信贷做好准备;第三,可以发展第三方支付,打通资金流通渠道;第四,能够帮助基金公司掌握客户的投资偏好,进行基金产品的创新,加速一个账户搞定所有金融投资的大资管时代的到来。

此外,互联网投资用户数据的挖掘和分析,能够方便企业掌握投资者和潜在投资者的家庭收入、可支配收入、投资需求、风险偏好等有用数据。这一方面,能

够帮助企业识别用户特征,推送相关金融产品和服务;另一方面,用户的特殊需求也能够很好地帮助企业进行金融产品的设计和研发。基金产品要突破同质化的瓶颈,就必须深度挖掘和分析用户数据,根据用户的需求设计和推送产品。未来互联网金融平台可以集合互联网、移动互联网,乃至物联网的大数据,利用数据挖掘、机器学习等技术,优化金融产品、提供定制化理财服务、进行融资信用评估等,高效对接资金需求和供给,想象空间巨大。

二、基金行业未来发展趋势分析

在全球化和大资管背景下,伴随着行业创新步伐的加快,基金行业发展呈现出了新的趋势:

1. 监管将进一步趋严

2016年,基金行业经历了市场流动性过剩的影响和发展道路的再调整,国内外市场形势错综复杂,金融风险加大,行业保持稳健经营的难度增加。监管机构曾多次公开表示,要坚持依法、从严、全面监管的重要理念,坚持守住不发生系统性风险的基本底线。由2016年12月12日证监会发布的《基金管理公司子公司管理规定》及《基金管理公司特定客户资产管理子公司风险控制指标管理暂行规定》可以看出,监管机构加强了对基金子公司的净资本约束,以有效进行风险控制。由于近年来金融机构的跨界经营使得整个金融市场的联系度大幅提高,监管机构势必要探索统一协调的监管政策。

对于基金公司来说,应继续严格把控组合投资风险,及时跟进组合业绩变化,保护持有人利益;强化风险管理和监控,防范投资风险事件;完善风控绩效平台,辅助投资决策流程;通过主动的合规控制和监控措施,降低经营管理和基金运作中的合规风险;深度开展内部稽核工作,不断跟进内部控制环节的建立和健全。

2. 国际化进程逐步加快

目前,人民币国际化和我国资本市场对外开放在加速推进。随着资本市场对外开放的加速推进,基金行业也面临着两方面的全球化。一方面,境内投资者境外配置资产的"走出去"需求已经启动,并将持续增长;另一方面,境外机构资本对境内证券投资需求的增长潜力巨大。基金行业正在步入全球化时代,国际化是公募基金不可回避的战略选择。

具体来看,一方面,在美元处于加息周期、境内外市场利差逐步缩小和境内金融资产风险上升的背景下,境内投资者境外配置资产的需求上升,基金公司将进一步完善跨境产品线,以满足境内投资者的多元化配置需求。另一方面,境外机构投资者对境内证券投资需求的增长潜力巨大。随着基金互认、深港通、境外金融机构参与银行间市场、QFII 和 RQFII 等政策的陆续实施,促使基金公司开始开发低费率、流动性高的工具类产品,以满足境外客户的境内配置需求。

3. 委外资金继续增加,FOF 产品迎来大发展

2016 年以来,基金机构业务风起,定制基金登上舞台。在基金发行陷入冰点之时,基金机构热衷于承揽银行、保险等委外资金,而主营持续下滑的商业银行则依仗基金等平台定制产品,开辟新财路,业内称之为定制基金。定制基金的产生,也在一定程度上影响着市场普遍关注的基金排名战。公开数据显示,截至 2016 年 12 月 19 日,所有基金中,收益靠前的基本都是一些定制基金,如永赢双利债券 A、国泰浓益灵活配置混合 C、国泰安康养老定期支付混合 C 和中加丰润纯债债券 A,其收益率分别高达 182.02%、91.86%、87.15% 和 74.65%。

前海开源基金管理有限公司执行总经理杨德龙分析,2017 年还会是"资产配置荒",很多资金都在找投资出路,而公募基金作为专业的理财机构将吸引各路资金的关注,所以像银行委外、保险委外等各种机构定制型基金产品的规模会较大,有可能成为公募基金规模增长的一个重要方面。不过,值得注意的是,对于委外的乱象,已经引起了市场的高度关注,2017 年委外的形式或将有较大改变。

FOF(Fund of Funds,一种专门投资于其他证券投资基金的基金)产品是 2016 年尤其是下半年的热门话题,各大基金公司对 FOF 产品都跃跃欲试。据监管机构 2016 年 12 月中旬披露的《基金募集申请核准进度公示表》,首批共有 19 家公司的 28 只 FOF 产品获得受理。其中,广发基金有 3 只 FOF 产品获得受理;中融、泰达宏利、长信、华安、天弘、长盛、嘉实和上投摩根等多家基金公司各有 1 只 FOF 产品获得受理。

从宏观层面来看,我国公募 FOF 产品的发展空间非常大,从美国公募 FOF 产品占共同基金市场规模的 10% 推测可知,我国公募 FOF 产品具有至少 7 000 亿元并以年化 30% 的增速扩展的待开发市场。从微观层面来看,FOF 产品的收益主要来源于资产配置,这就需要基金公司建立和提升大类资产配置能力、多资产及多策略投资能力,进而提升整个行业的投资管理能力。杨德龙指出,FOF 产品在国外属于成熟品种,但刚刚引入我国。目前,国内公募基金数量已超过 3 000 只,如何选择基金、何时申购或赎回是基金投资者最大的难题,而通过买入 FOF 产品则可以从根本上解决这个难题。现在公募 FOF 产品已经在紧锣密鼓的准备中,2017 年会大量发行。所以,2017 年应该是 FOF 产品元年,也是 FOF 产品大发展的一年。

4. 低风险理财需求加速释放

2016 年,红遍基金行业的莫过于低风险基金和委外定制基金,前者反映了

市场震荡下投资者对财富稳健增值的强烈需求,后者则打破了过去的传统产品思路,使得基金行业的个性化定制服务应运而生。从年底资本市场的波动来看,未来一年,投资者的风险偏好或依然难以提升,无论是个人投资者还是机构投资者,对风险较低、个性化理财服务的需求或将加速释放。在这种情况下,基金公司有可能着手于建立具有差异化竞争力的投研品牌,力争为投资者提供更多绝对收益类型的产品,以实现资产的稳健增值。

"我们并不鼓励基金经理追逐年度前三名,因为那只是投资结果,而不是我们应该追求的目标。"招商基金副总经理沙骎表示,2016年,他们主动拉长了业绩考核周期:对基金经理的考核要求是第一年累计收益进入前50%,第二年累计收益进入前45%,第三年累计收益进入前40%。数据统计显示,三年期业绩排名高低与为投资者创造正回报的概率高度正相关,这才能回归公募基金为投资者创造回报的价值本源。

5. 权益类基金管理规模增加,债券指数型基金成重要布局

2016年,股票市场走势相对低迷,权益类基金规模增长较慢。随着部分经济数据的好转,预计到2017年,股票市场会出现恢复性上涨,投资者的信心也会逐渐恢复,风险偏好会逐渐提升。因此2017年,权益类基金的规模将会出现较大幅度的增长。基金公司在权益类产品的布局上将有两个趋势。一是布局细分行业主题指数型基金。预计2017年FOF产品将纷纷落地,对于费率低廉、运作透明的细分行业主题指数型基金的配置需求将进一步提升。二是布局量化主题基金产品。在2016年震荡的行情下,多只量化主题基金产品业绩优异,投资者对其接受程度逐步提升。2017年预计仍以结构性行情为主,量化基金通过多因子等模型,在分散投资风险的同时,也能够多方位挖掘市场机会;且出于对基金公司完善产品线的考虑,2017年量化基金产品将有长足发展。

2016年,公募行业机遇与挑战并存。一方面,在震荡的行情下,行业整体管理规模仍保持增长态势,但另一方面,新发基金产品同质化问题加剧。在固定收益产品上,目前我国的债券指数型基金仍有较大的发展空间。截至2016年11月,目前市场共有19只债券指数型基金,规模达200亿元,占基金总规模的0.22%。相对于发达国家市场(美国债券指数型基金约占基金总规模的20%),我国的债券指数型基金仍有较大的发展空间。自2016年下半年以来,基金公司共上报了20只债券指数型基金,且申报产品呈系列化。从目前产品的申报情况来看,各家基金公司都在完善债券指数型基金的布局,为FOF产品做准备。债券指数型基金有着费用低廉、运作透明和收益特征可预期的优点,伴随FOF产品、人民币国际化对资产配置的需求提升以及债市回暖,债券指数型基金有望成为基金公司布局的重要方向。

综上所述,通过对基金行业的整体分析,我们了解了基金行业的概况,包括目前的发展现状以及未来的发展趋势。无论是从目前基金行业的市场营销管理、客户关系管理现状还是互联网金融对基金行业的影响来看,未来基金行业的营销管理都需要重视客户的价值,建立以客户为中心的营销理念,围绕建立长期、稳定的客户关系提出系列的差异化营销策略。在基金客户细分过程当中,基金公司会发现,基金产品的波动性来源于基金客户的频繁操作。因此,如何开展基金客户的细分?如何了解客户这种"波动"行为的规律,提早预测客户的价值?如何预测客户的流失,及早开展客户挽留?如何对客户开展关系营销,促进其长期持有?以及如何全面了解基金客户差异化需求,从而制定有效的营销服务策略?这对本书的研究方向具有较高的参考价值。

第二章 研究思路和创新点

第一节 研究思路

一、研究目标

基金行业在我国起步较晚,理论方面关于基金客户的维护和营销研究还相对初步。客户理论在基金行业的研究和实践并不多见。本书在充分学习和借鉴客户关系管理、客户细分、数据挖掘等理论的基础上,希望通过研究和分析,对基金客户关系营销管理的理论和实践进行一次较为深入的探索。

本书的研究目标是基于长期稳定关系的基金客户市场细分策略。这项研究对于目前基金行业向资产管理行业方向的转型具有一定的现实意义。通过本书的研究和分析,可以清晰地了解基金客户群体的特征,了解基金客户投资的需求。基金公司可以根据本书提出的客户细分方法将现有客户群体进行分类,在充分了解各类客户特征和需求的基础上,针对每类客户开展差异化的营销服务策略。同时,本书针对基金公司非常重视的客户保有问题进行了深入的分析,对基金客户的流失和价值预测进行了深入的研究,针对基金公司保有客户、与客户建立和发展稳定的关系提出了相应具体的营销和服务策略。

二、研究方法与思路

（一）研究方法

本书的主要研究方法包括：从基金公司和基金客户两个视角出发，由静态向动态推演，使用曲线拟合模型，验证动态价值思想，同时，将定性研究与定量研究相结合开展多方面分析研究。在构建客户价值预测模型时，使用了多种数据挖掘工具进行比较的方法，选取了最优模型，并通过假设、推演等方法论证了产品因素以外的其他因素对基金客户购买的影响。

第一，本书从客户研究的视角出发，基于传统的分类方法，构建了一个关于基金客户整体性特征的分类框架，采用筛选法对与基金客户相关的多个变量进行了筛选和划分。进而，以基金公司视角观察，得到了基金公司最为关注的两个指标：高价值客户和高价值客户的长期持有。本书关于基金客户动态细分研究的工作主要从这两个角度开展。

第二，本书的研究从静态逐渐推向动态。在研究中发现，基于基金客户需求的传统细分都属于对静态数据的研究，是基于客户的历史数据进行的，无法解决客户未来价值的问题。由于基金投资市场和客户行为的波动性特征，关于基金投资客户的细分研究必须是动态的，并应以客户价值的长期性作为方向。为此，本书使用曲线拟合模型对客户价值的动态性思想进行了验证，提出了基于稳定关系的基金客户动态市场细分思想，为预测客户价值提供了理论基础。

第三，本书使用多种数据挖掘工具进行验证和比较，构建了高价值基金客户的动态预测模型；同时，本书关注了基金客户的流失问题，为建立与价值客户的长期关系，构建了基金客户流失预警模型。

第四，本书将定性与定量研究相结合开展了多方面的研究。本书中，关于基金客户分类的定性研究是根据实际工作经验的总结，通过访谈、问卷等形式，收集了大量的数据，从感性的、推演的角度对基金客户进行了分类；而定量研究是从理性的角度出发，遵循于各类标准的数据定量研究方式，采用数据挖掘工具进行了相关研究。在基金客户价值预测模型构建过程中，本书使用了七种具有不同特点的数据挖掘工具，对基金客户数据进行了清洗、分析、训练、验证，通过对各类工具得到的分类结果进行比较，取得了最贴近实际的结果。

第五，基于上述关于基金客户的动态细分研究，本书针对长期稳定的基金客户关系营销策略进行了进一步论证。对基金客户的购买影响因素进行了深入的分析，使用回归方法和方差计算推导出了除产品风险收益之外的其他五项重要影响因素。

(二) 研究思路

本书具体的研究思路如图 2.1 所示:

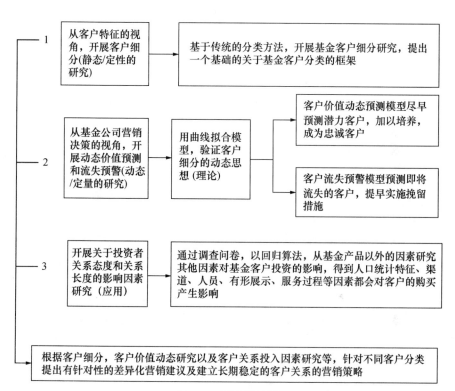

图 2.1　研究思路图

第一步:剖析和筛选基金客户的细分变量,构建关于基金客户基础细分框架。

传统的客户细分方法对基金客户的细分仍然具有指导意义。本书首先借鉴市场细分和客户细分理论的经典客户细分方法,确定了基金客户细分变量的筛选标准。遵循可获取性、业务相关性、有效性、可操作性、可识别、可衡量等多个标准对基金客户变量(客户社会属性、生命周期、持有状态、盈利情况、贡献度等)进行了分析和筛选,得到了 13 个可用变量。根据这 13 个变量的特征,将基金客户进行了 40 类的细分。这个关于基金客户的基础细分体系对于划分基金客户结构,了解客户状态,测量客户价值和投资体验都具有一定的现实意义。

第二步：基于长期稳定关系的基金客户动态营销思想。

由于传统的客户细分方法是基于静态的数据得到的，客户的价值却是始终处于动态的变化过程之中。因此，在开展基金客户细分研究的过程中，应遵循动态的思想。于是，本书使用曲线拟和模型，验证了基金客户价值的动态性变化。同时，这一验证还证明，即使是短期内出现了客户价值减少的情况，但从长期来看，客户价值不会发生较大的偏离。这表明基金公司应以稳定的态度面对客户价值的变化，坚持发展与高价值客户长期稳定的关系。

第三步：开展价值客户的预测研究。

本书使用数据挖掘工具对客户进行了动态细分研究。本书运用数据挖掘技术，通过对决策树、Adaboost、Bagging、随机森林、最邻近方法、神经网络、支持向量机等七种数据挖掘工具对客户价值细分的结果进行比较，得出随机森林算法在对客户价值细分方面的有效性最高。对基金客户价值的动态细分，有利于提升客户价值细分的有效性，使基金公司掌握判别基金客户价值的主动性，提出和制定培养客户忠诚度的服务和营销策略。

第四步：对基金客户流失进行预警，有针对性地开展挽留工作。

在对基金价值客户进行预测的同时，价值客户的保留也是一个重要方面。价值客户持有公司基金产品的时间越长，带给公司的收入也就越大。但面对价值客户的流失基金公司往往非常被动。如果对客户流失做到提前预警，进而开展有效的客户挽留工作，将对提升客户价值起到重要的作用。为此，本书使用决策树模型，构建了关于客户流失的预警模型，希望能对客户流失和赎回做到事先预知，以便采取有效的行动。流失预警模型将即将离开的客户分离出来，可以使基金公司提早准备解决方案，实施客户挽留计划。

第五步：分析影响基金客户关系稳定（包括关系态度和关系长度两方面）的主要因素，开展营销策略研究。

上述客户细分方法为基金公司开展客户细分工作提供了工具和方法，从基金公司营销决策方面考察，除产品的业绩表现外，投资者购买和持有基金时还会考虑其他非产品因素。本书将投资产品看作是一种信任型服务产品，并引入服务营销中的7P策略理论系统地探索了影响基金投资者关系态度与关系长度的其他因素。经过文献梳理发现：对投资者购买行为产生影响的因素包括金融服务产品本身存在的收益和风险，即产品因素；以及服务营销因素，即金融服务产品价格因素、投资渠道因素、促销因素、服务人员因素、有形展示因素和服务过程因素。在这些因素产生影响的过程中，基于投资者自身存在的个体差异，其关系态度和关系长度会产生差异。由此推导出，基金公司可以通过作用于产品以外的其他因素例如与投资者建立长期稳定的关系来促进基金投资者的长期保有。

第六步：基于上述关于细分方法和营销策略的分析，提出营销管理对策。

本书根据上述对客户细分方法和基金客户维护策略的研究，提出了针对不同客户群体开展差异化营销策略的建议；同时提出了应与高价值客户建立和发展长期稳定的客户关系，并围绕这两项营销策略提出了系列的营销管理对策。

第二节 创新点

一、理论创新

在理论研究上，本书提出了以稳定的视角看待客户价值动态变化的思想。

基金公司对客户的维护和管理，往往比较盲目，造成了基金公司在产品发行、客户维护、营销策略方面的被动局面。由于市场的波动性和客户交易行为等，客户的价值一直处于变化过程当中。一些机构通过动态的客户细分观察到客户的价值变化时，往往会相应地调整营销策略。比如，对价值提升的客户给予服务升级；而对价值下降的客户相应地调低服务级别。本书认为，基金属于信任型产品，基金公司与客户之间需要一段较长的时间来建立相互信任的关系，一些客户暂时的价值偏离，并不能代表客户价值的长期趋势，因此，那种即时地动态调整营销策略的做法是有待商榷的。为了与客户建立长期稳定的服务关系，基金公司应该以稳定的营销视角看待客户价值的变化。

二、方法创新

在客户细分方法上，本书构建了基金客户价值预测模型和基金客户流失预警模型。

从基金公司决策的视角来看，基金公司的收入来源于客户的资产和持有时间。高价值客户是基金公司收入的源泉。基金公司对客户的营销服务主要围绕维护高价值客户展开，以防止高价值客户流失为目标。

第一，基于客户动态价值的测量，本书结合基金客户的特征，构建出了围绕基金客户的价值预测模型。这一模型运用随机森林算法，输入客户变量，能够较为准确地将客户按照价值进行分组。运用这一模型，把符合条件的客户变量输入模型，即可得到对应的客户价值分组，从而达到预测价值客户的目的。客户价值预测模型对于基金客户维护的实际意义在于：基金公司可以通过该预测模型，总结高价值基金客户的特征，从而在高价值客户出现在公司不久，就能够将其有效地识别出来。针对被识别的高价值客户，基金公司可以及时地采取针对性的营销服务措施，培养、维护、回馈客户，达到长期保留客户的目标。

第二，为了尽早识别高价值流失客户，本书使用决策树工具构建了基金客户流失预警模型，首次较全面地筛选出了判别客户是否具有价值的相关变量，并分析了不同变量的重要性和相关关系，这对今后的客户服务起到了重要的启示作用。该模型最大的贡献在于能够使基金公司将客户信息带入模型中，判别客户是否离开，进而对将要流失的客户提前采取挽留措施，以提升客户维护效率。

三、研究视角创新

在客户关系构建层面上，本书从服务营销的7P要素视角探讨了基金客户关系态度和关系长度的影响因素，即如何构建持续、稳定的客户—企业关系。既有研究发现，业绩较好的基金能够受到投资者的青睐，而业绩相对一般的基金也同样具有不俗的销量。这也就暗示了投资者的基金购买决策还会受到其他非产品因素的影响。作为一种典型的金融投资产品，基金的收益难免会出现波动或下降的状况，面对这种状况，基金公司能否通过调整其他非产品的营销努力来维持和保留客户呢？这也是本书所要研究和探索的问题之一。本书将投资金融产品看作是一种信任型服务产品，并引入服务营销中的7P策略理论系统地探索了影响基金投资者关系态度与关系长度的影响因素。经过文献梳理发现：对投资者购买行为产生影响的因素包括产品因素和服务营销因素。具体而言，产品因素是指金融投资产品本身存在的收益和风险。服务营销因素是指金融投资产品价格因素、投资渠道因素、促销因素、服务人员因素、有形展示因素和服务过程因素。此外，研究还发现，投资者自身的个体差异，即人口统计特征要素也会对投资者的关系态度和关系长度产生显著影响。

另外，在策略应用上，本书提出了构建稳定的客户关系可以采取和实施的营销策略。尽管由于市场的波动和客户交易行为致使基金客户价值处于不断的变化之中，但基金公司不能机械地使用客户细分数据，不能因客户短期价值的变化就盲目地调整营销服务策略。基金公司应该以稳定的视角和稳定的营销策略应对市场和客户的动态变化。在实际工作中，基金公司应在价值客户预测的基础上，与高价值客户发展长期稳定的关系。如以长期的服务代替短期的产品推介、挖掘客户需求中的长期因素并予以满足、实施忠诚度提升计划、避免营销降级和过度服务等。

第三章 理论基础

从整个基金行业发展的情况来看,我国基金行业的发展速度非常快。但是由于基金产品业绩具有较高的波动性,基金客户会频繁地进行申购和赎回操作,对单只基金和某个基金公司的忠诚度相对较低。基金客户经常在不同基金产品、不同基金公司之间进行转换,将直接导致基金公司的规模产生较大波动,给基金公司的经营管理带来较大挑战。然而就目前基金公司的实际操作情况来看,基金公司并无非常好的对策来应对由于波动性带来的基金管理规模的大起大落;并且在如何教育客户改变频繁进行基金操作的非理性行为方面,基金公司表现得非常被动。总而言之,从整体来看,我国基金公司在对客户的营销管理和服务管理上仍有较大的改进空间。

从销售渠道来看,目前我国基金销售的主要渠道是银行、券商以及基金公司,并且以银行渠道为主。数据表明,60%以上的公募基金产品依靠银行渠道销售。然而代销渠道对客户资源形成了垄断,将基金公司与客户隔离开来,使得基金公司无法有效地获取客户数据,进而导致基金公司对客户需求缺乏了解,往往不能根据市场需求设计产品。总而言之,基金公司对销售渠道的依赖,导致其缺乏与客户的直接交流与互动,不仅无法直接获得市场需求,而且无法对客户服务提供直接的服务。这是基金公司的服务短板,必须立刻予以纠正。

现阶段基金公司面临的核心问题之一是高价值客户的流失。高价值客户是企业利益的源泉,对高价值客户的识别和维护,是企业长期发展的基础。近年来,基金公司开始重视高价值客户的维护工作,但对高价值客户的识别还没有形成有效的机制。因此,正确识别高价值客户,对价值客户提供持续稳定的高品质服务是基金公司客户服务和管理的主要内容之一,也是目前基金公司开展服务管理的当务之急。

总结可知,基金公司目前的客户营销管理和服务管理水平无法满足长期发展的需要。为了扩大基金规模与影响力,必须改善现有的被动服务意识,改善对渠道的过分依赖模式,开展对基金客户的深入研究和分析,制定有针对性的服务策略。

本章研究的是基于稳定关系的基金投资客户的客户关系管理问题,也是为基金公司解决无法针对性为基金客户展开服务问题的当务之急。因此,本章的理论基础主要集中在以下三个方面。第一,市场细分与客户细分相关理论,这部分主要介绍营销战略、客户战略以及现有细分模型。第二,基于市场细分的关系营销理论,这部分主要介绍客户价值理论以及客户关系管理相关理论。第三,金融行业市场细分理论,这部分主要概述金融市场投资者特点,同时简单列举银行业客户细分研究方法以及证券业客户细分研究方法。接下来对每一部分进行详述。

第一节 相关理论

与本章相关的理论主要有三部分内容,分别是客户细分相关理论、基于市场细分的关系营销理论和金融行业市场细分理论。

一、客户细分相关理论

本章所涉及的客户细分及相关理论主要为两部分内容,第一部分是客户细分与个性化营销,第二部分是客户细分方法回顾。

本章进行研究的基础性工作之一便是客户细分,而客户细分是为了更好地开展个性化营销服务。要做好客户细分,首先要了解客户细分的概念,进而要知道客户细分的过程与特点。本章第二节对常用的客户细分方法进行了回顾,并总结了与本书研究十分相关的动态客户细分相关研究。

二、关系营销理论

在客户细分相关理论的基础之上,本章第三节梳理了基于市场细分的关系营销理论。首先,针对本书研究的对象,指出了金融行业在关系营销中存在的问题。由于本章所做的客户细分多是基于客户价值维度的,因此本章也对客户价值理论和客户生命周期价值相关理论进行了梳理。紧接着又论述了理论部分的重点:营销近视理论与客户降级理论。

三、金融行业市场细分理论

本章第四节首先梳理了金融行业投资者行为的心理基础,在此基础上,从理论上论述了金融行业进行客户细分的重要性;随后,以金融行业内的两类典型企业(银行和证券)为例,概述了银行和证券是如何进行客户细分的;最后,第五节概述了数据挖掘、客户细分与个性化营销相结合领域的营销现状。

第二节 客户细分相关理论

一、客户细分与个性化营销

本研究的重要目的之一便是通过数据挖掘技术来为基金客户开展个性化营销与服务。然而要想真正地开展精准、个性化的营销与服务,前提条件是对客户按照某种维度进行精准的细分。本研究按照客户价值类型对客户进行了细分。虽然数据挖掘技术对发现客户潜在需求、预测客户价值有着重要作用,并且能够为个性化营销提供决策依据,但是如果没有选取正确的客户细分维度以及确定合理的细分思路,这些都将是空谈,同时客户细分又离不开数据挖掘技术的支持。在选取正确的客户细分维度以及确定合理的客户细分思路之后,通过与之匹配的数据挖掘技术对客户进行精准的细分,营销人员才可以根据每个细分的需求特征有针对性地为每一个细分分别设计不同的产品并提供相应的个性化服务,这也就是我们所说的个性化营销。

总而言之,客户细分的顺利实施离不开数据挖掘技术的支持,而个性化营销的开展又依赖于精准的客户细分结果,也就是说,客户细分是连接数据挖掘技术与个性化营销策略的桥梁。其流程如图 3-1 所示:

图 3.1 数据挖掘、客户细分与个性化营销流程

二、客户细分方法回顾

(一)客户细分的概念

一般而言,我们认为客户细分与市场细分是同一个概念。市场细分最初是由 Smith(1956)提出的,他认为市场细分要使得产品属性和营销活动能够更好地满足客户的需要。Smith 提出的市场细分概念相对含糊,Boote(1981)认为,

市场细分是为了分辨出那些不同于整个市场人群的消费者,而他们是比较容易受到特定产品或服务的营销力量所影响的群体。营销大师科特勒(1999)则提出了他对市场细分的理解,他认为市场是由若干个具有异质性的细分市场构成的,而在特定的细分市场内部消费者的特性、需求又具有高度的一致性。对于客户细分的定义,科特勒(2001)做出了如下描述:客户细分就是根据客户属性而划分出来的不同的客户集合。他认为客户细分是企业在对客户的信息进行充分的收集并整理归类之后,依据客户的某些属性的差异,比如需求、购买行为、购买习惯、信誉等方面的差异,将在某一客户属性层面差异较小的客户归为一个子客户群的过程。

现代商业逻辑里,客户已经成为一种非常重要的战略型资源,客户关系管理成为管理工作中的重要组成部分。客户细分理论之所以被提出来,主要是基于两个理论假设:

第一,客户需求的异质性。这一假设是指客户的需求不都是相同的,需求的不同导致购买行为、购买习惯和对产品服务的要求有较大的差异,因此必须对客户进行细分。客户需求的异质性是客户细分的内在理论驱动力。

第二,资源有限性。这一假设是指企业自身的资源是有限的,不可能提供产品或服务去满足所有客户需求。鉴于企业资源的有限性,企业必须选取某一个或者某几个特定的客户群体,提供差异化的产品或者服务,进而获取竞争优势。企业资源的有限性是企业进行客户细分的外在要求。

(二)客户细分的过程与特点

1. 客户细分的过程

一般认为,客户细分包括两个过程:客户描述与客户划分。

客户描述是客户细分的基础性过程,它是指用某种客户属性(比如人口统计学属性)对客户进行描述,属性描述之后要对客户的行为模式进行建模,进而预测客户行为。客户描述为企业与客户之间的交流提供了基础,使得企业可以为客户提供更好的服务,防止客户流失。客户描述是通过对收集到的客户信息进行分析完成的。

客户划分是指通过对客户进行合理的类别划分,并分析当前以及预期客户群的区段,来判断不同区段的突出特点,以准确认识客户的总体构成,使对客户的服务和营销更具针对性。对客户进行划分可以达到如下目标:了解客户的总体构成;了解各种客户价值的客户群体特征;了解流失客户的客户群体特征;了解各信用等级的客户群体特征。客户划分可以帮助企业更清楚地认识客户的忠诚度和盈利能力;根据不同的个体需要提供相应的产品和服务,以提升客户的生命周期价值和建立客户模型。

2. 客户细分的特点

客户细分有其自身的特点：

第一，客户细分结果不是一成不变的。由于企业自身资源的不断变化，企业竞争格局的不断变化以及企业所面临客户的不断积累与动态变化，客户细分工作也需要针对性地进行调整。而且客户细分结果出来之后，错漏在所难免，也需要不断迭代优化，才能提高可用性。

第二，客户细分影响因素多元。影响客户心理与行为的因素不胜枚举，且客户自身的属性特征繁多，因此客户细分方法要考虑多种因素的影响。

第三，客户细分评价标准多元。准确性对一般的分类问题十分重要，而在数据挖掘中更强调有用性，即在特定条件下实现特定目标。

第四，客户细分应该能够反映客户行为的随机性和动态性。由于受到心理和社会因素的影响，客户行为往往具有随机性和不确定性的特点，因此数据挖掘中的客户细分方法要能够反映这种随机性与动态性。

（三）客户细分方法回顾

不同客户细分方法的根本差别是细分维度，不同细分维度的细分依据、所需的细分技术不同，导致不同细分方法有着不同的适应性。回顾已有文献，细分维度主要有四种：人口统计细分、行为细分、生活方式细分以及利益细分，其对比如表 3.1 所示（刘英姿、吴昊，2006）。

表 3.1 四种细分维度对比

方法 因素	人口统计细分	行为细分	心理细分	
			生活方式细分	利益细分
维度特征	人口特征	行为特征	心理特征	
维度内涵	各种外部特征	购买行为、反应行为	活动、兴趣、评价	寻求的利益
细分依据	人口—需求	行为—行为	行为—态度—心理—行为	利益—心理—行为
方法	先验细分	先验细分	后验细分	
细分目标	了解市场结构	产品定位、决策等	新产品引入策略、广告策略等	

现在分别对这四种细分维度进行属性介绍。

1. 人口统计细分

人口统计细分是最重要的细分维度之一。人口统计细分主要从年龄、籍贯、性别、家庭规模、家庭收入、受教育程度、种族、国籍等因素对客户进行细分（Beane and Ennis，1987）。对于大多数商家而言，产品只能覆盖有限的地区、有限的客户，不同区域的客户差异性十分显著。在做人口统计细分时可能犯的一个错误是尝试对整个客户群体进行细分,然而想要对客户群体进行完全的细分是不太现实的,某些情况下人口统计细分是无效的。这也为我们提出多维度细分的新思路提供了依据。

2. 行为细分

行为细分的基本假设是过去的行为可以预测将来的行为。随着数据库技术的发展,客户细分领域出现了以行为模式数据为基础、以信息技术为支撑的细分方法,具体操作是通过分析数据库中现有客户的行为模式对客户进行分类。行为细分依据时间先后依次诞生了 RFM 分析和客户价值矩阵两种方法。总体而言,行为细分是一种便捷的方法,但是行为细分以历史数据为基础,只能针对已有的客户,无法对潜在客户进行评价。这为我们提出预测性细分方法提供了依据。

3. 生活方式细分

Lazer(1963)提出可以通过生活方式来识别并细分客户。虽然在 1963 年就提出了生活方式细分,但是直到 1971 年 Wells and Tigert(1971)才对其内涵加以明确,即用 AIO(Activity、Interest、Opinion)来代表生活方式。之后 Plummer(1974)在 AIO 的基础上对生活方式的内涵进行了扩充,加上人口统计学指标,用 AIOD(Activity、Interest、Opinion、Demographic)来代表生活方式。Bushman(1982)则在 Laser 系统论的思想基础上,构建了一个全新的二维分类矩阵来研究市场中的目标客户。该方法从客户和产品两种角度出发,分析了客户与产品之间在广度与深度上的关联特征,在方法论上逐渐向利益细分方法靠拢。

4. 利益细分

利益细分最先由 Haley et al.(1963)提出,他指出以往的细分方法大都利用描述性因素识别市场,而其构建的利益细分方法则是基于具有因果关系的因素,该方法与传统细分方法的区别在于它利用客户的动机、态度和行为来挖掘客户背后的真正利益。这里提到的利益是一个相对宽泛的概念,它既可能是客户偏好的产品或者服务的特征,也可以指客户实际的价值,利益细分构建的是因果关系模型,客户的人口统计学特征、行为特征、心理特征等因素都可以理解为"因",而这里所指的利益则指的是"果"。

利益细分因为探求的是因果关系,相比于描述性分析对细分技术要求更高,细分方法也更丰富。常见的有联合分析法、因子分析法、聚类分析法、人工神经网络算法等。利益细分方法中已有部分算法具备动态性细分的功能,但总体而言比例仍较少,这为我们提出动态性细分方法打下了基础。

5. 现有细分方法总结

基于刘英姿和吴昊(2006)的研究,各种细分方法可以从以下六个方面进行总结:维度特征、维度内涵、细分理论前提、细分目标、适用性以及局限性。具体如表 3.2 所示。

表 3.2 现有细分方法对比

方法 因素	人口统计细分	行为细分	生活方式细分	利益细分
维度特征	人口特征	行为特征	心理特征	心理特征
维度内涵	各种外部特征	购买行为、反应行为	活动、兴趣、评价	寻求的利益
细分理论前提	人口—需求	行为—行为	行为—态度—心理—行为	利益—心理—行为
细分目标	了解市场结构	产品定位、决策等	新产品引入策略、广告策略以及其他营销策略	
适用性	基础性细分	具有延续性的行为	识别客户;基础性细分	识别因果关系
局限性	无法对样本进行完全细分	无法对潜在客户进行评价	生活方式数据较难获取	细分技术要求较高

基于上述对客户细分方法的回顾,我们发现现有客户细分方法存在三个主要问题:单一角度的细分、细分模型的静态性以及不可预测性。本研究针对这三个问题,从客户价值角度对基金投资客户进行了动态细分。接下来对客户动态细分概念进行概述。

(四)动态客户细分

现有的客户细分模型一般是确定性模型,该类模型在做客户细分时,一般得到的是确定的分类结果,也就是说,如果某个客户满足某一细分客户群体的条件,他就一定会被划分到该细分客户群体里。虽然有些分类方法属于模糊方法,但由于分类函数以及函数参数一般都会确定,因此其分类结果也可视作确定。但是,我们知道客户行为受到诸多因素影响,比如心理因素、社会因素等,这些多重的影响导致客户行为往往表现出较大的不确定性以及较强的随机性,很明显这种确定的细分模型无法刻画出客户的这种不确定性与随机性行为。一旦一个客户被归入某一类,企业就有可能永远失去对该客户使用其他客户策略的机会。

针对动态客户细分模型,Krzyston and Michael(1996)提出了具有较强可操作性的四个步骤。第一步,根据购买行为确定细分群体;第二步,识别客户转移行为;第三步,查明营销需求;第四步,计算客户或促销收益率。

阎长顺等(2007)结合云模型的动态客户细分模型及其后处理过程,通过相关数据对提出的模型加以验证,表明其在解决非确定性客户分类问题上有很好的应用效果。

叶强等(2006)提出了基于云模型的动态客户细分方法,该方法将描述非确定关系的云模型理论引入了客户细分方法,从而实现了客户细分的动态性,提高了模型对客户行为描述的客观性。他们分别采用合成数据与银行客户风险数据,对提出的动态客户细分模型进行了数据实验,实验结果表明该方法可以显著提高在非确定因素影响下,企业对客户进行正确分类的机会。

本书将采用动态客户细分的思想,考虑客户细分的动态性和综合性,针对目前客户的价值评估预测客户的未来价值,并综合考虑客户细分的静态性和动态性。

第三节 基于市场细分的关系营销理论

一、金融行业关系营销存在的问题

金融行业一直以来都有一个误区:金融企业不需要营销,也不需要关系营销。这可能与企业的性质有关。总结而言,金融行业关系营销存在的问题主要体现在五个方面:缺乏老客户的维护机制、客户价值判断存在误区、缺乏差异化的营销、客户关系空壳化、客户数据库系统不完善。接下来对其分别进行阐述。

(一)缺乏老客户关系维护机制

现代金融在我国发展的时间并不算太久,整个行业目前都处于快速扩张时期,金融企业发展的重点在于随着市场的快速扩张追求更高的市场份额,营销侧重于吸引新客户,即所谓的"拉新",而对老客户的关系维护,则相对欠缺。很多金融企业将客户的购买视作一次性的交易,并无意识将客户关系长期化,也不重视对老客户潜力更深层次的挖掘。贝恩公司一个非常著名的调研结论:吸引一个新客户的成本是维持一个老客户成本的五倍。吸引新客户的成本体现在多方面,包括将一个潜在客户转化为企业实际客户的所有成本(营销费用、管理成本等),而且考虑到转化概率的问题,平摊下来的吸引新客户的成本会成倍放大。相对于新客户,老客户由于有历史关系做基础,首先关系维系起来较为简单,其次老客户的价值会相对较高。如果老客户成功成为忠诚客户,那么其会接受较高的溢价,会多次重复购买产品并会向周围人群推荐,价值潜力是巨大的。郭义民(2004)曾指出:如果客户在银行只有一个支票账户,则银行留住客户的概率是2%;如果客户在银行拥有两个账户,则银行留住客户的概率会增大到10%;如果客户在银行享受到三种服务,则银行留住客户的概率会增大到18%;一旦银行让客户享受到四种或四种以上的服务,则银行留住客户的概率会增大到100%。这将大大提高老客户的留存率及老客户转换为忠诚客户的概率。

(二)客户价值判断存在误区

金融企业对客户价值误判主要体现在两个方面:对所谓大客户价值的高估

以及对所谓小客户价值的低估。出现这种价值误判的根本原因在于企业并未形成一个合理的价值判断标准,简单地认为收益流高的客户利润流也高。

对大客户价值的高估在金融行业十分盛行。一般而言,金融企业简单地将大客户等同于忠诚客户。因此从管理层到执行层都实行对大客户的特殊待遇,对其提供差异化的产品和服务,并给予最优惠的价格。但是不少金融企业却发现,这些所谓的大客户(交易额较大的客户)贡献的利润很可能并没有预期的那样高。

对大客户的片面重视必然导致对所谓小客户的忽视。小客户往往单人贡献利润并不太多,但是由于小客户基数很大,而且小客户更容易形成客户忠诚,因此小客户群体整体贡献的利润也是不容小觑的。

(三) 缺乏差异化的营销

整体来看,我国目前金融行业的营销还属于大众化营销的范畴,一些金融企业缺乏对市场和客户的深入了解,往往希望快速占领市场。但是在市场竞争中,能够给企业带来价值的客户毕竟只是少部分的,这种大众化无差异的营销方式不仅浪费了企业资源,同时带来的产出也是有限的。经典的"二八"定律告诉我们,20%的客户为企业贡献了80%的利润,在金融行业这个比例可能会更加极端。因此,只有找到高价值客户群体,并开展有针对性的营销或服务,金融企业才能够获得长足有效的发展。

(四) 客户关系空壳化

由于大部分金融企业都采取客户经理制度,这种管理制度层面的设计虽然能够提升客户体验,但也导致了金融企业与客户关系的"空壳化"。客户经理们为了自身利益最大化,往往会将金融企业的客户转化为自己的客户,将这种本该属于金融企业和客户之间的关系转化为了客户经理自身与客户之间的私人关系。一旦客户经理离职,则会导致不可逆转的客户流失。一些金融企业在人员招募过程中也存在相应的问题,表现为招募"资源型人才",而资源型人才往往依仗自身所拥有的资源对企业忠诚度不高,其所带来的资源客户对企业的忠诚度同样不高,这样空壳化的客户关系对金融企业而言存在较大隐患。

(五) 客户数据库系统不完善

随着信息技术的发展,客户数据库系统对于金融企业而言越来越重要。跨国金融机构的信息化程度远高于国内的金融机构。目前来看,我国金融企业的信息化程度除少数先进的银行外,大部分还处在较初级的阶段,数据信息较大,但却缺乏对数据的综合分析。在数据源方面,金融企业对客户信息数据的收集仅停留在背景资料层面,而对客户信用度等重要的个性化信息的收集程度仍有待加强。在数据更新方面,大部分金融企业往往更新频率较低并且更新数据的积极性不高。在数据共享方面,不仅总部与分支机构之间的信息共享程度较低,各分支机构之间的信息共享程度也较低,这使得获取客户全面的资料变得较为困难。同时在数据库系统搭建上面,系统的集成度、协同度和灵活性都仍有较大的提升空间。

客户数据库系统是进行客户分析的基础,我们要做的客户忠诚度分析、客户流失预警、客户偏好等都依赖于客户数据库系统。

二、客户价值

(一)客户价值理论

近年来,以价值为基础的战略和以价值为中心的战略(Value-based/Value-Focused Strategies)越来越受到人们的重视。人们之所以对这种战略给予如此高的重视,是因为坚信当企业采取类似的战略时会增加企业成功的可能性(Slywotzky,1996)。

为客户创造优异的价值的重要性已经在许多商业战略模型中得到了体现(Cravens *et al.*,1997)。因此,对客户价值这一概念的清晰理解决定着以价值为基础的战略的成功(Woodruff,1997)。有研究表明,将产品或服务的优异价值传递给客户之后,能够带来客户忠诚,而客户忠诚是企业利润绩效的重要驱动因素(Reichheld *et al.*,2000;Heskett *et al.*,1997;Reichheld,1994)。例如,Reichheld and Sasser(1990)发现,平均而言,当客户保留水平提高5个百分点时会导致净利润提高40—50个百分点。

然而许多研究者发现,对客户价值这一概念进行精准定义却不是一件容易的事(Piercy and Morgan,1997;Woodruff,1997)。定义难主要体现在两个方面,一是价值这一概念由于对象的不同定义也大相径庭,二是客户价值是一个动态的概念,会随着时间的推移而演进(Jaworski and Kohli,1993;Naumann,1995)。尽管前人对客户价值的定义各有不同,但存在一个共识:客户价值的决定因素不是产品或者服务的提供者而是客户的感知(Belasco and Stayer,1993;Anderson and Narus,1998;Woodruff and Gardial,1996;Zeithaml,1988)。

客户感知价值的理论根基源于公平理论(Equity Theory),公平理论考虑的是客户付出与回报之间的相对比例(Oliver and DeSarbo,1988)。公平(Equity)的概念是指客户对什么是公平、正义或者理所应当的评价,评价的基准是感知到的产品或者服务提供商所付出的成本(Bolton and Lemon,1999)。感知成本包括金钱的付出以及非金钱的付出,比如时间、体力以及压力等。反过来,客户感知价值取决于产品或服务给客户带来的回报（Reward）和客户付出（Sacrifice）之间的相对权衡。当客户感知到自己回报与付出之比高于企业回报与付出之比时，会感受到更高的公平水平（Oliver and DeSarbo，1988）。客户对企业付出与回报的感知往往并不直接通过企业数据获得，而是通过与其竞争对手数据对比获得。

Holbrook（1994）指出，客户价值是一切营销活动的基础。更高的客户感知价值是客户回顾的重要动机之一。基于此，Sirdeshmukh et al.（2002）的研究发现，相对于客户满意，客户价值是营销活动的更高追求，因为一方面客户价值可以覆盖客户满意，另一方面客户价值是客户行为倾向的直接驱动力。在许多领域，比如通信领域（Bolton and Drew，1991）、航空和零售领域（Sirdeshmukh et al.，2002），研究者都发现，客户价值是决定客户忠诚的主要因素。Chang and Wildt（1994）的研究甚至发现，客户感知价值是客户购买意向的重要驱动因素。

鉴于基金产品同质性较高，想要在产品上做出本质性差异的难度较大，因此可以着眼于提高服务质量，做好客户关系管理，从而增强客户的正面感知，为企业带来更多的忠诚客户，贡献更多利润。

（二）客户生命周期价值

在营销学领域有了客户价值概念之后，一些学者和营销实践者对客户价值概念的理解却较为片面，认为客户价值是客户过去价值和客户现在价值之和，而并未充分考虑到客户未来可能给企业带来的价值。而客户生命周期价值（Customer Lifetime Value）的概念则可以很好地解决这一问题。

总结而言，营销是一门如何吸引并留住持续可盈利客户的艺术（Kotler and Armstrong，1996）。一个企业并不需要努力尝试去说服并且满足每一位客户。那么什么样的客户才是盈利客户？Kotler and Armstrong（1996）对盈利客户的定义如下：一位客户为企业带去的营收回报在长时间来看能够超出企业为吸引该客户并且为该客户提供产品或者服务所付出的成本，这类客户被称为盈利客户。在长时间来看超出成本的部分即是通常意义上的客户生命周期价值。

在设计和平衡一系列营销决策（比如客户获取计划）的过程中，客户生命周期价值应该是一个非常重要的考虑因素（Dwyer，1989）。认识到客户生命周期价值的重要意义之后，许多研究直销领域的研究者证实了客户生命周期价值的管理应用意义（Hughes and Wang，1995；Keane and Wang，1995；Wang and Splegel，1994）。除在直销领域的应用之外，客户生命周期价值在营销的其他领域也得到了充分的重视。这有两个主要的原因，第一，随着时代的发展，营销方法越来越具备交互性，例如从传统的线下客户接触到现在的互联网Web端客户服务,使得营销沟通方式越来越趋近于直销的营销沟通方式(Blattberg and Deighton,1996)。第二,技术革新使得可视化追踪客户行为变得可能,而这在之前是不可想象的(Jackson,1995)。以往很多关于客户生命周期价值的研究主要集中在客户生命周期价值在营销决策过程中如何发挥作用,比如客户获取策略、客户保留策略等(Blattberg and Deighton,1996;Wang and Splegel,1994)。

一般而言,客户生命周期价值的计算有三种模型,现逐一进行介绍。

1. 基础模型

基础模型的核心思想取自财务理论,认为客户生命周期价值可近似认为是客户未来现金流量的现值,计算公式如下

$$\text{CLV} = \sum_{i=1}^{n} \frac{(R_i - C_i)}{(1+d)^{i-0.5}} \quad (3.1)$$

其中,i是指与客户发生交易的某一个时间点;R_i是指客户在第i期带来的营收,C_i是指在第i期为带来营收R_i所付出的成本,n是指这个特定客户将会与企业发生交易的总时间区间的数量。很显然,这个基础模型的假设是所有现金流入都是在期末发生的。d代表折现率。

当然这个模型也存在一定的问题,比如并未考虑到那些未与企业直接产生交易关系的客户的价值(此类客户带来的直接现金流量为零),同时也忽略掉了客户的获取成本,只考虑到了具体时间区间内的成本。但是这个模型非常简单易用。Berger and Nasr(1998)总结了这种基于基础模型的各种应用模型。

2. 客户迁移模型

Dwyer(1997)将客户迁移的概念引入了客户生命周期价值分析。参考Jackson(1985)进行的工业领域购买者分类,他指出,客户可以被宽泛地分为两种:Always-a-share 和 Lost-for-good。第一种,客户一般只是依赖于几个供应商,然后可以灵活地调整与每个供应商合作的规模。然而第二种,从长期来看,客户与供应商之间是有较高的承诺的,因为转换供应商的成本高昂,并且一般有专有资产投资。Dwyer 列举了两种基本的客户生命周期价值计算模型来刻画两种不同的客户类型。他认为,Lost-for-good 情形下,我们可以把问题界定在客户保留这个领域,他借鉴的仍旧是基本的客户生命周期价值计算模型。针对 Always-a-share 情形,他认为,应该把问题圈定在客户迁移这一框架下。这一模型利用最近一次购买来预测购买行为。在每一个周期,客户都有机会去购买,并且基于客户历史购买记录,客户购买的可能性能够被拟合出来。

Dwyer 的模型相对于基础的客户生命周期价值计算模型具有一定的优越性,主要体现在该模型体现出了客户购买行为的概率性而不是必然性,并且该模型仍旧具有简单易用的优点。

3. 资源优化配置模型

Blattberg and Deighton（1996）为了最大化客户生命周期价值，基于客户获取和客户保留的理论，建立了一个通过最优化资源配置来实现最大化客户生命周期价值的模型。模型包括两部分：

a. 最优化获取支出

$$a = (\text{celiling rate})[1 - e^{-k_1 \times SA}] \quad (3.2)$$

第一年获取一个新客户带来的边际贡献 $= a\text{Sm} - \text{SA}$

其中，SA 表示获取每一个客户的支出；Sm 表示在这一年获取客户所付出的支出；a 表示获取成功率；ceiling rate 表示获取新客户的最小支出；k_1 表示斜率系数。

b. 最优化保留支出

$$r = (\text{celiling rate})[1 - e^{-k_2 \times SR}] \quad (3.3)$$

第 y 年保留一个客户带来的贡献 $= r(\text{Sm} - \text{SR}/r)$

其中，SR 表示为保留一个客户所付出的支出；r 表示客户保留率；Sm 表示在这一年获取客户所付出的支出；k_2 表示斜率系数。

顾客计划（包括顾客获取和顾客保留）的年度收益通过加总每一年的现金流量折现值后得到。通过最大化客户生命周期价值可以得到资源分配的最优方案参数。

三、营销近视

（一）古典营销近视

Levitt（1960）率先提出了营销近视（Marketing Myopia）理论。营销近视是指企业并未把注意力放在客户需求上，而是有偏倚地放在产品、技术等上面，导致企业故步自封认为自己的产品十分优秀突出，而忽略了市场需求的变化，从而未能满足客户需求的现象。

Levitt 所提供的营销近视着眼于过分专注于产品和技术而导致的营销近视，这种营销近视被称为古典营销近视。

Levitt 指出来的营销近视现象也是在不断演化的，随着社会的发展逐渐出现了两类新的营销近视现象：在 Levitt 那个年代未曾考虑到的营销近视现象和完全新出现的营销近视现象。从营销近视的演化趋势来看，之前的营销近视主要是内部导向型的，而新兴的营销近视现象则是外部导向型的。具体而言，营销近视从忽视市场转化为了忽视员工和竞争者，从规避营销近视到产生了新的营销近视。

(二) 新营销近视

所谓新营销近视，与古典营销近视对比来看，主要包括两类：竞争近视（Competitive Myopia）与效率近视（Efficiency Myopia）。如前所述，效率近视是 Levitt 当时不曾考虑到的一种营销近视，而竞争近视则是新近出现的。

我们一般认为竞争近视是规避古典营销近视而走入的另一种困境。Levitt 呼吁企业要从产品导向转向客户导向，也就是所谓企业要着眼于满足客户的需要与需求，把客户当成真正的上帝。很显然，客户导向也可以被视作一种营销近视。一方面，企业如果过分关注客户需求，则很有可能忽视竞争压力误判竞争格局，进而导致看不清楚竞争对手，无法判断竞争对手策略，也就不自觉地陷入了竞争近视当中。另一方面，一味地追求客户满意很有可能导致员工满意度降低，这也就在无形之中带来了内部营销近视。我们知道，员工满意度一旦降低，员工为了平衡自己的负面情绪，就会通过诸如降低产品或者服务质量的方式来发泄，这会导致客户满意度的降低。一旦发生此类情况，企业势必会投入更多的资源来提升客户满意度，而此时企业就会进一步忽视竞争者以及误判竞争格局，如此恶性循环，竞争性营销近视将会愈演愈烈。

(三) 营销近视的规避

从理论上来看，规避营销近视并不太困难，只要企业不把主要精力集中于细枝末节，从大局着眼，从长远发展着眼，并具有战略眼光和权变思想，营销近视就不容易产生，或者即使产生也容易矫正。但在现实中，由于以下几方面原因，规避营销近视却并不容易：理论和现实脱节比较严重；有些营销近视本身就是在规避营销近视时所产生的副产品；营销近视种类繁多，受理性、非理性限制，很难找出完美的规避方法；由于跨行业经营的风险与资本约束，使得某些规避方法无法实施等。当然，尽管现实中很难找到一种有效的方法来对营销近视加以规避，但这并不代表企业就可以放弃或者不治理营销近视，企业可以从谋求建立一个创新型企业入手。创新型企业有助于营销近视的规避。

企业可以进行如下操作：首先，企业仍应以客户为导向，不同的是，这里的客户应为扩大的客户，即广义上的客户，内容包括消费者、内部员工、竞争者、供应商、分销商及影响者，当然对待这些客户并不是平均使力，而是从实际出发，避免将目光过于集中或偏执地盯着某一处；其次，企业应该选择跨行业学习或跨行业经营，如果可能，应尽量避免让在一个行业中成长起来的管理者终生（职业生涯）占据管理岗位；同时应积极进行相关研究，以创造条件接纳跨行业职业经理人。

四、客户降级

许多企业都会实施客户忠诚度计划(Customer Loyalty Program),客户忠诚度计划的一项重要内容便是对客户实行分级管理,也就是所谓的客户等级制度(Customer Membership),也有 VIP 制度等多种叫法。客户等级制度的核心便是为不同等级的客户提供不同的产品或者服务,实行客户的差异化管理。许多研究都涉及增加客户等级的问题,因为增加客户等级会增加客户对企业的忠诚度,给企业绩效带来正面影响,而较少有研究涉及客户降级(Customer Demotion)的问题。然而在实际的管理实践中,企业会员等级制度的设计便会对客户进行所谓的"惩罚",会对某些客户进行降级处理。

Wagner et al.(2009)开创性地研究了客户降级与客户忠诚度之间的影响机制,得出客户降级会导致客户忠诚度的降低,并且给出了具体的客户忠诚度计划的管理建议,可以针对性地减少客户降级对客户忠诚度的负面影响。

(一)客户降级与客户忠诚度

在实施客户忠诚度计划时,区别化对待不同客户,能够为客户带来额外的利益,进而使客户对企业的忠诚度增加(Lacey et al., 2007)。直觉上来讲,将客户等级进行降级处理,会使得客户对企业的忠诚度回退到历史水平。然而,依据前景理论(Prospect Theory)和情绪理论(Emotions Theory),当对客户进行降级处理时,客户对企业的忠诚度会降到历史水平以下。

1. 前景理论视角的分析

前景理论解释了当人们面临感知的不确定性时,感知利得(Perceived Gains)与感知利失(Perceived Loss)之间的非对称性(Kahneman and Tversky 1979),即是相对于感知利得人们对感知利失更加敏感。前景理论建立在一定的基础之上:一是人们对利得或者利失的判断是基于一定的参考点,二是人们倾向于通过事物之间的差别或者变化而不是事物的绝对值来进行感知(Qualls and Puto,1989)。前景理论的核心元素是损失规避偏见,即人们对同等程度的利失的感知强度要大于同等程度的利得的感知强度(Ho et al.,2006;Thaler,1980)。

依据前景理论,客户等级的增加可以视作一种利得,因为这种等级提升会给这部分客户带去他们之前未曾享受过的额外利益。这种额外利益包括便利性(Convenience),比如专门的客服通道和认知性(Recognition),比如高等级给客户一种特殊的感觉(Shugan,2005:p.190)。然而,如果是客户等级的降低,那么则会被视作一种利失,因为客户之前曾经享受过该等级带来的额外利益,该利益会变成客户权衡损失和利得的参考点,当该种利益消失之后,客户会感受到损失(Knetsch,1989)。依据前景理论的损失规避偏见原则,客户降级带来的客户忠诚度的降低将会比客户升级带来的客户忠诚度的提高更加明显(Ho et al.,2006)。由此我们可知,客户降级会导致客户忠诚度的降低。而且相对于那些客户等级从未发生变动的客户(此类客户既没有感知利得也没有感知利失)和客户等级只升不降的客户(只有感知利得没有感知利失),客户等级上升之后又被降级的客户,其感知利失要明显强于前面所述二者。

2. 情绪理论视角的分析

作为行为经济学的认知理论基础,前景理论省略掉了客户对等级变化的情绪反应。当客户遭遇降级处理时,也就是告诉了该客户以下信息:这个客户并没有达到企业的预期,并且不再是企业内部圈子(Inner Circle)的一员(Trice and Beyer,1984)。这种不愉快的体验很有可能会激发出该客户负面的情绪状态,比如生气或者失望(Fournier et al.,1998;Lazarus,1997)。依据组织心理学和组织社会学的研究,客户降级通常会导致客户失去某种地位的负面情绪(Smith,2002)。研究发现,客户降级导致的负面情绪会转化为客户忠诚度的降低,并会强化客户对利失的感知。

总结而言,依据前景理论和情绪理论,客户降级会对感知利得和感知利失产生非对称影响。客户降级带来的利失感知要强于客户升级带来的利得感知。因此客户降级会通过两条路径降低客户忠诚度,一是降低利得感知,二是增强利失感知。

客户降级对客户忠诚度的影响机制如图3.2所示:

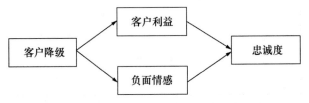

图3.2 客户降级对客户忠诚度的影响机制

(二)解决思路

我们已经获知,客户降级会导致客户忠诚度的降低,但企业在进行客户忠诚度管理时又不得不采取客户降级这一差异化客户管理策略,因此寻找降低客户降级对客户忠诚度的负面影响的因素就变得尤为重要。

一般而言,客户倾向于寻找一些有助于他们理解负面事件产生原因的因素(Kelley and Michela,1980)。这使得企业有机会去修正客户的归因行为

(Folkes,1987)。所谓归因,即归结行为的原因,指个体根据有关信息、线索对行为原因进行推测与判断的过程(Poon et al.,2004)。一般性归因指出,人们对事物的处理过程包括四个步骤：原因、维度、影响和行为(Weiner,1985)。

为了设计客户忠诚度计划的变量以降低客户降级带来的负面影响,我们主要专注于两个维度：控制点和可控性。我们关注的变量主要有成员条件信息(Membership Condition Information)、客户开销信息(Customer Spending Information)和竞争压力信息(Competitive Pressure Information)。

1. 控制点效应

当客户认为他们自己能够影响某个因素的结果时(也就是说有一个内部控制点),则他们对"可能对该结果有影响的其他第三方行动的感知"就会变弱(Hui and Toffoli,2002)。这种内部控制点之所以会形成,是因为客户认为自己掌握了相关信息能够对预期结果进行判断,进而客户认为自己应该对产生的结果负责。一般而言,一般性的规则会影响人们的一般性归因(Weiner,1985：p.565)。基于该分析,我们认为,成员条件信息比如支出水平能够维持客户升级的需要,因此及时提供成员条件信息能够促进内部控制点的形成。这种控制点的移动,会降低客户降级的负面影响,最终会减少客户忠诚度的降低。

也就是说,当客户被降级处理时,提供高他一级的成员的信息能够形成内部控制点,进而降低对该客户忠诚度的负面影响。

当然,人们对控制点的归因也取决于他们对自身行为的认知(Hansen and Donoghue,1977)。例如,当客户知道他们没有按照产品使用说明使用产品时,他们会形成一种关于产品失败的内部控制点(Folkes,1984b)。而与客户降级相关的信息则是他们在支出上的减少,要让客户知道这个原因,从而形成内部控制点。也就是说,企业要让客户觉得他们遭受降级处理是他们自己的责任,进而可以减少客户降级带来的负面影响。

当客户被降级处理时,提供给他们关于他们降低支出的信息能够形成内部控制点,进而降低客户的负面情感,提高客户忠诚度。

2. 可控性效应

如果人们承认由于对人员的约束从而导致某事件的发生,那么关于该事件的可控性就不会被过分强调(Gilbert et al.,1988)。换句话说,对于某负面事件的外部解释会降低人们对可控性的认知(Folkes,1984b)。一般而言,关于企业竞争格局的信息能够影响到客户对某事件的可控性感知(Hunt et al.,1983)。关于企业竞争压力的信息可能会增强客户对不可控性的感知,而这种对不可控性的感知则会降低客户的负面情感,导致对该企业更高的忠诚度。

也就是说,当客户遭遇降级处理时,提供企业竞争压力的信息能够增强客户对不可控性的感知,进而降低客户的负面情感和提高对企业的忠诚度。

3. 补偿效应

控制点效应和可控性效应都是企业采取的简单手段,企业可以采取一些更加直接的手段来降低客户降级带来的负面影响。依据负面消费体验的相关研究,归因理论启发我们客户需要财务补偿和道歉(Folkes,1984a)。财物补偿会增强客户的可接受性,而道歉则会增强客户对企业的原谅与喜爱(Darby and Schlenker,1982)。客户一般会期望财物补偿和道歉来降低自己的负面情感。

也就是说,当客户遭遇降级处理时,企业提供适当的财物补偿,能够降低客户的负面情感从而提高对企业的忠诚度;企业为客户道歉时,也会降低客户的负面情感进而提高忠诚度。

综上所述,营销活动、客户降级与忠诚度之间的关系如图3.3所示:

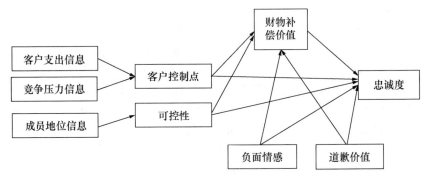

图 3.3 营销活动、客户降级与忠诚度之间的关系

第四节 金融行业市场细分理论

一、投资者的行为心理基础

一般而言,我们都假设投资者是理性的。但有限套利理论告诉我们,如果非理性交易者过多导致价格偏离价值,那么理性交易者对此是毫无对策的。基于投资者有限理性这一假设前提,行为金融学构建了许多模型来刻画这种非理性的偏离结构。行为金融学通过借鉴认知心理学领域的理论与方法进行了检验。总结而言,行为金融学家非常关注的投资学和行为心理基础主要有七个:过度自信、代表性偏差、保守性、锚定、可得性偏差、乐观主义和信念坚持。接下来分别对其进行详述。

(一) 过度自信

所谓过度自信,顾名思义,是指人们对自身能力过分乐观地估计从而导致的过度自信。Fischhoff and Phillips(1982)通过实验揭示了一个有趣的现象:人们往往高估自己回答对问题的概率。更有意思的是,即便是他们认为绝对正确的那些答案里,仍有20%以上的概率出错。Debondt and Thaler(1995)则提出了他们自己对该现象的解释:过度自信并没有太多理论基础,它是人类最为稳固的心理特征之一。他们指出,人们会通过学习来修正自身的信念,从而进一步加深过度自信的程度,这是出现动态过度自信的原因。

关于过度自信的表现,一般认为可以分为两类:一是人们对估计数值分配的置信区间相对而言较为狭窄,二是人们对概率估计的校准能力较差。针对第一种情形,Alpert and Raiffa(1982)研究发现,即便是人们对98%的置信区间进行估计,最终也只有60%的概率估计准确。而针对第二种情形,Fishhoff et al.(1977)发现,人们所认为的必然事件发生的概率只有80%左右,而他们所认为的不可能事件发生的概率为20%。

过度自信对于投资者的影响主要体现在信息处理方面。由于过度自信,一方面,投资者会过度依赖自己所掌握的信息,而对其他信息源的信息不加以重视甚至忽略;另一方面,投资者会寻找能够增强其自信的信息,而对于同他们意见不一致的信息进行冷处理。

许多研究者对过度自信进行了研究。Alpert and Raiffa(1982)指出,过度自信会导致投资者风险偏好增加。Odean(1998a)则从归因角度对其进行了解释,他认为由于过度自信,投资者将投资失败进行外部归因,认为是运气导致的;而对于投资成功则进行内部归因,认为是自身能力所致。这样的反馈机制一旦形成,就会导致投资者的过度自信不断得以强化。

(二) 代表性偏差

所谓代表性偏差又称"代表性启发",是指当人们关注不确定性时,会考虑事物之间的相似性,进而推断事物之间的相似之处。Kahneman et al.(1982)指出,人们认为将来的事物采用的模式与过去已经发生的事物采用的模式具备某种相似性,这种认知心理学上的推断被称作代表性启发。Kahnemna and Tverksy(1975)指出,代表性启发经常出现在人们使用一个模型推断另一个模型的过程当中。

很明显,代表性启发为我们进行推断指明了一条思路,但是在某些情况下,代表性启发会导致严重的偏差。一般而言,偏差分为两类:第一类是忽略基本概率,第二类是忽略样本规模。第一类偏差是指由于代表性启发使得人们对某些信息过度关注而诱发认知判断产生误判。第二类偏差的代表性现象是热手现象（Hot Hand）。比如 Gilovich et al.（1985）指出，球迷会认为连续投中三分球的射手会继续投中球。Rabin（2002）则指出，人们倾向于使用小样本去推断母体性质。

代表性偏差在资本市场上也是非常常见的。DeBondt and Thaler（1985）的研究发现，投资者往往认为过去的状态会延续下去，这导致投资者的追涨杀跌，最终的结果便是股价与基本面价值严重偏离。

（三）保守性

所谓的保守性是指人们往往倾向于固守原来的信念，受到保守性的影响，新的数据对原有信念的修正程度往往不够。Edwards（1968）通过巧妙的实验设计率先提出了保守性这一心理现象。在此不对他的实验设计进行详述，着重讲述保守性对资本市场的影响。

一般认为，保守性可以用来解释资本市场中常出现的反应不足现象。由于保守性的桎梏，投资者可能会对公司发布的信息予以轻视，继续维持历史的判断。即便是所有消息全部都被揭露出来，许多投资者也只是做出部分调整。

（四）锚定

人们在面对不确定性时，为了降低模糊性，通常会选取一个容易获得的信息作为参考点，然后基于这个参考点做出调整，得出最后的判断。这一认知过程被称作锚定，这种思维过程在复杂事件的评估中经常出现。

许多学者对锚定现象进行了研究。例如 Slovic and Lichtenstein（1971）的研究发现，不论初始的锚定值是计算出来的还是暗示得到的，随后的调整程度都是不够的。Kahneman and Tverksy（1973）通过实验也发现，人们后续调整的过程都会参考初始锚定值。

锚定效应通常用来解释资本市场中经常出现的对价格变化反应不足的现象。Cutler et al.（1989）的研究发现，股票市场经常出现这种现象：当重要消息出现时，股票价格波动相对较小，但在随后的平静期，股票价格会发生剧烈波动。Cutler et al.（1991）通过研究低于一年的短期报酬率的自相关性证实了价格对消息的初始反应不足。Shefrin（2000）则指出，不仅是普通投资者还包括专业分析师都对新信息的反应十分保守。

（五）可得性偏差

人们判断一件事情的概率时通常都会试图从记忆中搜寻与之相关的信息进而做出判断。这种方法看似可行，但存在一个较大的缺陷：并不是所有的记忆对于人们而言都是同等水平可获得的（Khaneemna and Tvesrky，1974）。也就是说,在许多情形下,人们只是单纯地依据自身对信息的可获得程度来确定事件发生的概率。Lichtenstein et al.(1978)通过对死亡现象进行研究发现,人们会误以为谋杀致死的人数高于自杀致死的人数,因为前者的信息更容易获取,但统计数据的结果却刚好相反。

可得性偏差在金融市场中也较为常见。Shiller(2000)的研究发现,网络使用者将股市的繁荣归结于网络的迅猛发展,因为网络发展的信息对他们而言更容易获取。

(六)乐观主义

Weinstein(1980)的研究发现,人们通常对未来的预期表现出过度的乐观。例如,超过90%的被调查者认为其幽默能力在平均水平之上。Buehler et al.(1994)的研究发现,大多数人在对自己完成任务的时间进行估计时,会认为其所用时间要少于实际时间。

(七)信念坚持

Lord et al.(1979)的研究发现,人们的观念一旦形成,就会过于坚持这个观念,这就是所谓的信念坚持。有两个作用对信念坚持的形成有重要作用:一是人们倾向于回避与他们信念相矛盾的证据,二是即便有这样的证据,人们的态度也不是批判性接受而是习惯性怀疑。典型的例子是:在金融学术范畴内,信念坚持表示当人们开始相信有效市场假设时,即使明显相反的证据已经出现很久,但人们仍旧会继续相信之前的假设。

二、金融行业进行市场细分的必要性

金融行业在我国的发展历史虽然不算长久,但已经积累了上亿的客户,而金融投资客户的需求与消费品客户需求一样千差万别。就算是同一个客户,在不同行情下,客户需求也是变化的,因此对于金融公司而言,如何满足客户的动态需求就变得十分棘手。一般而言,企业由于自身资源的限制,很少试图去满足所有客户的需求;即便是企业有能力去满足所有客户的需求,也不是经济的。因此金融公司应该分辨出客户群体中的价值客户,为这类客户提供差异化、个性化的服务。具体而言,金融公司进行客户细分的必要性主要体现在以下几个方面:

1. 优化资源配置的要求

金融行业属于知识密集型、轻资产行业,用于客户开发和维护的资源有限。解决将有限的资源倾斜到有价值的客户身上,从而为企业创造更高收益的问题就变得十分重要。而要实行资源差异化的分配,前提之一便是进行精准的客户细分。

2. 获取差异化优势的要求

我国的金融行业发展迅速,竞争激烈。目前的大众化营销策略、同质化产品等根本无法适应市场竞争的需要。随着金融客户专业度的不断提高,其投资行为也将逐渐成熟,大众化的营销方式将很难继续适应客户需求,由大众化营销转向细分营销是大势所趋。如何对客户进行差异化营销,提供有针对性的产品和服务,就变得尤为关键。这两方面因素决定了金融企业能否在市场中获取差异化的竞争优势。市场细分是企业快速发展的基础。

3. 客户经理制度的要求

目前来看,绝大多数的金融公司都采取了客户经理制度来进行客户开发与客户维护,以在激烈的市场竞争中谋求更高的市场份额。而对不同等级和类型的客户往往需要配备不同特点的客户经理,比如私人银行客户一般会配备综合能力强、知识水平高的客户经理;有特殊要求的客户往往需要具备某个领域专业知识的客户经理。这就要求企业要对客户进行分类,实行精准的客户细分计划。

接下来分别以银行业和证券业为例,概述金融企业如何进行客户细分。

三、银行业客户细分方法概述

商业银行在进行客户细分时大都基于数据库与数据挖掘技术,因此现有文献在对商业银行客户细分进行研究时大都从两个视角展开:细分维度视角以及细分技术视角。细分技术大多采用聚类算法与神经网络算法,在此并不详述,仅对细分维度进行概述。

1. 地理细分

现阶段而言,我国经济的地域差异十分明显,不同地域客户的收入水平、金融产品意识等相差很大。因此,对于银行而言,可以针对不同地理区位的客户进行细分。宏观来讲,经济发达地区如北、上、广、深可以推行成熟的个人理财产品,而在相对欠发达地区则要巩固和完善存贷业务等基础服务。微观来讲,即便是同一个城市,不同片区的人群差异也较为明显,可针对性地主推不同产品或服务。

2. 收入细分

收入细分是银行较为常用的一种细分手段。因为银行产品直接与金钱挂钩,收入就成为客户选择不同银行产品的重要制约因素之一。一般而言,银行可以为高收入人群提供费用更高且风险更高的金融服务产品,而对中低收入阶层提供偏实用性的金融服务产品。

3. 教育细分

整体而言,金融产品还是有一定的基础知识门槛。而不同受教育程度的人群,对金融产品的态度、意识均有较大不同,因此根据不同受教育程度视角的细分也是十分常见的。

4. 生活方式细分

不同人群的生活方式往往存在较大差异。比如35岁以下的人群往往消费需求较为强烈,但是相对而言收入水平较低,银行则可以针对性地推出信用卡、消费信贷类服务。而45岁以上的人群,则对理财产品、遗嘱信托等有较高需求。

5. 贡献细分

还有一种更加直接的细分方法,那就是依据客户对银行利润的贡献度来进行细分。这种细分可以使银行更加明确自己的利益是谁带来的,各自所占的份额是多少,谁是银行真正的"上帝",这种区分的重要意义在于:重点客户是银行的衣食父母,是银行依赖的对象,一般客户是银行发展和争取的对象,而较差客户则是银行主动淘汰的对象,通过运用客户细分策略,各家银行可根据自身的实力特长和对市场的判断,确立相应的营销目标市场和客户,从而能够为其有针对性地推广个人金融业务进而占领市场、拥有客户打下坚实的基础。

四、证券行业客户细分方法概述

目前来看,证券投资客户价值是证券公司进行客户细分的首选维度。一方面,这是是因为证券行业是真金白银的行业,若客户不能为企业带来价值则会导致企业营收的下降;另一方面,企业获取客户、维持客户都需要付出成本。此外,证券公司除了为客户提供证券经纪服务外,还要提供投资咨询、资产管理和委托理财等业务,因此,有必要按客户的交易特征,比如交易能力、投资周期、持仓偏好等方面来进行客户细分。随着企业对客户关系管理的日渐重视,不少公司都推出了客户忠诚度计划,证券公司也不例外,会依据客户忠诚度对客户进行细分。

为保证客户细分的有效性,即客户细分应具有可操作性和可营利性。总结而言,目前证券行业客户细分的方式主要有三种:根据客户价值的细分、根据客户交易行为的细分、根据客户忠诚度的细分。

(一)客户价值的细分

客户价值是企业最为关心的客户变量之一。客户价值对证券公司而言意义重大,主要体现在以下三个方面:客户价值是证券公司的利润来源、客户价值是证券公司规模优势的来源、客户价值是证券公司形成强势品牌的保障。

1. 证券公司的利润来源

目前而言,我国证券公司的利润一半以上是出自经纪业务,而经纪业务就来源于证券公司对客户的服务。价值高的客户，往往会贡献更多的经纪利润，同时也有可能成为证券公司代销基金、理财等产品的潜在客户。因此对于证券公司而言，证券公司与客户的关系越稳固，那么从这个客户获取的价值就越多，而该类客户就是价值客户。

2. 形成证券公司规模优势

虽然目前证券公司是以规模为王，但是大多数证券公司的客户价值相对较低，活跃度也不够，因此如何扩大高价值客户基数，对于证券公司而言意义重大。同时若客户基数增大的话，考虑到客户的口碑宣传以及网络效应，客户从众心理很强，客户群体的数量会成为其他客户抉择的重要因素。

3. 形成证券公司品牌

在证券行业，除了少数企业走高端路线，对大多数证券公司而言，企业品牌意味着市场份额以及口碑传播。市场份额越大的企业，品牌形象会相对更好一些；同时由于客户之间的口碑传播，对企业的美誉或者负面宣传都会成倍放大。而这两方面的影响都很大，尤其是负面宣传。所以只有提高服务质量，树立良好的企业形象，才能获得更多的正面宣传。

一般而言，按照客户价值等级的不同，可以把证券投资客户分成价值客户、无价值客户、潜在客户。

(1) 价值客户。给证券公司创造利润的客户可定义为价值客户。价值客户又可分为 VIP 客户、重要客户、一般客户。每一个证券公司或经纪人小组根据不同情况有不同的定义。

(2) 无价值客户。无价值客户是指客户净收益为负值的所有客户，但需要特别注意的是，这其中会包含一些资产较大的客户，由于套牢或对行情不看好而长期不交易，这些客户可根据具体情况分到一般客户或潜在客户中。

(3) 潜在客户。潜在客户有两种来源，一种是来自证券公司内部的有交易能力但是没有交易的休眠客户，另一种是来自外部可能成为公司客户的那部分客户。

(二) 客户交易行为的细分

交易行为主要包括以下几个方面：交易频率、持股类型、技术路线和风险偏好。

1. 按交易频率分类

一般而言，会按照交易频率对证券投资客户进行细分，主要有两种分类形式：一是按照持有时间可以分为长期持有客户、中期持有客户以及短线客户；二是按照交易频率可以分为高频客户、中频客户以及低频客户。

2. 按持股类型分类

按照持股类型可以对客户进行相应的分类。因为不同持股类型背后蕴含的风险、收益以及投资者偏好会有所差别,因此这种细分方法也是相对科学的。

3. 按技术路线分类

按照技术路线可以将客户分为技术型客户和非技术型客户。非技术型客户也被称为基本面客户。一般而言,基本面客户会更加看重公司的基本面资料和长期成长性,而技术型客户则更加关注公司的技术指标以及趋势。不同客户的需求以及偏好不同。

4. 按风险偏好分类

证券投资客户的风险偏好也是非常重要的客户属性。一般而言,按照风险偏好可以将客户分为三类:激进型客户、稳健型客户和保守型客户。激进型客户主要是指那些愿意冒很大风险的投资客户,这类客户的心理承受能力非常强。稳健型客户是指那些愿意承担一定风险,同时对收益有一定预期的客户。而保守型客户是指心理承受能力很差,对收益没有太多要求,以保本为主要投资目的的客户。

(三)客户忠诚度的细分

按照证券公司推出的客户忠诚度计划对客户进行细分也是一种重要的方法。客户忠诚会给公司带来三方面的好处:客户愿意接受高于其他公司同类产品的溢价;客户会重复购买公司产品;客户会向其他人推荐该公司产品。因此对客户的忠诚度进行识别并进一步进行客户细分是非常重要的,在客户意愿随时可变的情况下,应紧紧地维系客户,寻找非忠诚客户的存在,增加沟通、提供特设服务、正确的处理客户与公司的矛盾,提高忠诚客户在证券公司整个客户群体中的占有率,赢得客户。

虽然证券行业有不同的客户细分方法,但是我们也应该看到,这些方法之间并不是绝对互斥的,而是互相会有重叠,在企业实际操作过程中,要综合多个维度进行细分,审慎地对待客户细分结果。

第五节 基于数据挖掘的客户细分和个性化营销的研究现状

一、国外研究现状

国外学者对数据挖掘、客户细分和个性化营销每一个方面的单独研究都非常多,但是将这三个方面结合在一起的研究却比较少。一般而言,关于数据挖掘的研究都很少涉及市场细分的相关内容。而在 Samli et al. (2003)看来,发展新的产品组合以及识别市场细分才是数据挖掘技术最有价值的方面。一般而言,市场细分都是基于一定的假设前提,而通过对数据库的详尽分析,我们可以清楚地知道这种细分是否挖掘出了市场潜力。数据挖掘技术的真正价值不仅体现在证实我们所假设的或者我们所认知到的关系,其价值很重要的一块在于通过数据分析和挖掘去揭示市场中我们所没有发现的规律和关系。这种技术手段能够帮助我们发现以前所没有考虑到的购买模式或者变量关系,甚至能够帮助我们进行市场细分(Danna and Gandy, 2002)。

市场细分问题不仅仅是一个学术研究问题,许多企业在经营中都十分关心市场细分。比如全球最大的零售连锁集团沃尔玛,就十分重视市场细分,它通过数据库里的海量数据去挖掘最优的产品组合,最经典的当属啤酒与尿布的故事。数据挖掘技术被广泛应用于金融行业、医疗行业、电信行业和零售行业,这些行业的共同点在于客户数目庞大,客户数据完备且繁多,洞悉市场需求与客户需求非常困难。如果这些行业不能够很好地利用数据挖掘技术的话,那么它们在商业上的成功会大打折扣。

有很多知名的公司都通过数据挖掘以及数据库技术来提升自己的营销效率。例如,Farmer 保险集团通过数据库挖掘技术进而可以精准地确定每个客户的营销费用,Axios 数据分析系统可以帮助企业识别医疗保险客户的差异化需求。

在种种应用中,数据挖掘技术出现了两种分支:一是以客户为基础的分支,二是以产品为基础的分支(Myers,1996)。以客户为基础的分支是指以客户的某一维度数据,比如交易数据、人口统计学数据等为基础,进而通过数据挖掘的办法分析客户需求,挖掘和判断客户价值。以产品为基础的分支是指以产品数据为中心,通过分析与产品相关的信息,比如销售额、利润水平、购买比率、重构率等指标,进而达到判断营销活动是否有效的目的。

二、国内研究现状

国内研究基于数据挖掘技术的客户细分和基于数据挖掘技术的个性化营销的学者相对较少,研究成果也没有特别完整的体系,其中不少研究是对现有数据挖掘算法和具体数据挖掘技术本身的修修补补,与客户细分的深入结合很是不够。在研究个性化营销方面,大多数都是提出一些个性化营销的方案及建议,很少进行相应的市场检验。

叶蕾(2004)针对电信行业,采取两种方法,即 K-means 算法和 C 均值聚类算法,根据客户呼叫特征、业务行为特征和其他基本特征对客户进行了细分。

谭军(2005)则利用神经网络算法构建了相应的数据挖掘架构,提出了五种不同的电信客户细分模型。

施亚明(2006)研究的则是信用卡行业,他针对信用卡的特征,从动态的角度挖掘出了易于变化的客户的属性特征,并且用改进之后的 SOM 算法进行了客户细分。

程照星(2004)论述了建模所涉及的商业理解、数据理解、数据准备、建立模型、模型评估和模型发布等过程。

邓晓梅(2006)则针对短信客户,构建了一系列的细分指标体系,对短信客户进行了多维度的细分模型构建。

田宏钟(2005)的研究对象是证券行业客户,他提出以风险偏好程度作为客户细分的标准,并且识别出了三个对证券行业客户细分有关键影响作用的指标:收益率、仓位、周转率。

虽然国内的许多研究提出了很多细分指标体系,但大多都停留在业务层面上,并无核心理论支撑,我们并未真正看到有理论基础的基于数据挖掘的客户细分模型。

第四章 基金客户的特征与市场细分

不同于消费型的购买客户,基金客户购买和持有基金产品是出于对投资收益的追求。除这一基本的共同需求外,客户因自身条件,在投资目标、投资动机、投资决策、风险承受能力、收益预期等方面都表现出了较大的行为差异和需求差异。由于基金公司的主要利润来源于基金客户对基金产品的长期持有,因此,基金客户是基金公司最重要的资源。基金公司只有充分了解基金客户的差异性,进而满足客户的需求,才能与基金客户建立和保持长期稳定的客户关系,才能最终获得经营收益。由于资源的有限性以及投资产品市场的激烈竞争,基金公司不可能满足所有客户的需求。区分价值客户、界定服务范围成为基金公司战略和市场工作的重要内容之一。因此,基金公司需要对基金客户进行深入分析,研究基金客户的特征和需求,根据客户的特征对基金客户进行分类,将客户区分为多个具有鲜明特色的群体,按照每个客户群体的需求制定差异化的营销服务策略。

第一节 基金客户的特征

一、目标是资产保值增值

由于基金投资的特殊性,基金客户的目标与投资产品的收益率和基金客户的风险承受能力有着密切的联系。

（一）基金客户投资的目标是获得收益

客户购买基金产品的目的就是获得投资收益。因此,基金产品的收益率是客户在进行投资决策时首要考虑的因素。客户期望获得怎样的收益率,一般就会选择与投资收益目标相匹配的产品。如果客户投资的目标是超越市场平均收益水平,则其会选择投资高收益、高风险的股票基金。如果客户仅抱有战胜通货膨胀率的投资目标,则其会选择收益率高于通胀率或与之基本持平的货币市场基金。

（二）风险承受能力影响客户的投资决策

基金客户选择何种基金产品与其个人的风险承受能力存在着很大的关系。由于基金产品投资的领域不同,其表现的风险收益特征也不同。由于风险与收益并存,收益高的基金产品风险也相对较高;相反,收益低的基金产品风险也相对较低。由于基金投资的不确定性,使得客户的投资行为因自身的风险承受能力而受到影响。当一个基金客户的风险承受能力较低时,他对基金产品风险的要求也会相应较低。

二、动机是获取超额回报

由于基金投资可能会带来丰厚的回报,因此,即使基金公司会收取投资管理费（一般情况下,在我国,股票基金的管理费大约为 1.5%,债券基金为 0.6%,货币市场基金为 0.33%,销售服务费或运营费等相加不超过 0.5%,这些费用在基金持有期内按日计提）,基金客户也愿意向基金公司支付。这与一般消费者支付商品和服务的行为存在很大不同。一般消费者在购买商品时,遵循的是等价交换原则,"物有所值"往往是人们的消费动机,与基金客户的"以小博大"存在根本的区别。基金投资客户的动机决定着投资资金总额、购买产品类型等因素。

（一）投资动机决定客户投资的产品

基金客户投资何种基金产品与其投资动机密切关系。如果基金客户对资金流动性要求很高,则会选择货币市场基金;当客户不在意流动性,而更在意投资收益时,客户可能会选择股票基金。如果客户希望取得稳定的投资回报,则可能选择固定收益类基金产品。

（二）投资动机决定客户的持有时间

虽然投资目标与客户预期收益率存在着很大的关系,但投资动机决定着客户的持有时间。当一个客户认为,所持有的基金产品已经盈利 10%,不会再带来更多的回报,或者已经达到其最初的预期收益率时,他就会选择赎回该基金。

有些客户因为该基金产品已经获利,更加相信基金公司的管理能力,认为基金公司能够创造更多的收益,从而选择继续持有该产品。也有一些客户因为持有的基金产品长期亏损,但出于"回本"的动机,促使其继续持有亏损的基金。所以,基金客户的持有时间与客户的投资动机有着很大的关系。

三、投资决策取决于金钱管理态度

从运作形式上看,基金投资属于委托理财,是投资者将资产委托给专业的投资机构进行管理。这里就涉及投资者对投资管理机构是否信任的问题。基金公司要影响基金投资者的购买决策,一方面要解决投资者对委托投资方式认可的问题,另一方面要解决投资者对投资管理机构的选择问题。

(一)基金客户的投资决策在一定程度上依赖于其性格特征

从投资心理学的角度分析,基金投资的本质是人们对金钱的态度,而人们对金钱的态度分为四个层次:第一种是无动于衷型。无论是出于什么原因,在我们周围有很多人对金钱获利的态度是迟钝的。在基金营销实践中,我们会碰到一些人,他们不屑于那些收益较低的货币市场基金产品,尽管其便利性并不逊色于活期存款,且收益率也要远远高于活期利率。这其中的因素有三:一是他们不屑于这些微小的收入。相对于微利和复杂的操作来讲,怕麻烦的心态战胜了获利的心态。二是理想主义至上。这些人的心中充满着对精神、理想等层面的追求,而忽视金钱的价值。这些人有可能是非常富裕,天生不需要为金钱操心,在他们的生活中不需要追求金钱的增值。三是愤世嫉俗,有些人认为金钱是罪恶之源,更追求精神层面的满足。这种人在我国计划经济时代非常多见。第二种是渴望获利型。这类客户对投资收益非常在意,哪怕是很小的收入也不放过。在权衡投资风险和稳定回报后,特别是对于稳赚不赔的投资,他们会毫不犹豫地参与投资实践。这类客户不仅对收益敏感,而且对价格也非常敏感,为了获得低价格或稳定的微利,他们不惜采取复杂的操作。这类人往往精力充沛,思维灵活。只有在一种情况下,这类客户会忽略价格,就是当投资收益远高于管理成本时,这类客户将不会计较管理费等其他费率。第三种是风险偏好较高型。与证券投资相比,进行基金投资的客户中具有冒险性格的人并不多。这是因为,愿意承担高风险的客户往往更愿意直接进行股票投资。无论损失高低,他们更愿意直接尝试,纵使投资失败,也不会后悔。高风险偏好型客户投资基金可能是出于分散投资配置的需要。第四种是崇尚专业型。很多客户由于缺乏投资股票市场的经验和时间,特别是认识到股票投资的不确定性和风险性,进而采取了委托专业人士进行投资管理的选择,即其奉行专业的人做专业的事情。这在一定程度上说明,其本人属于专业人士或信奉专业精神。有些人没有高深的投资知识,觉得学习起来比较烦琐,所以更愿意将资产进行委托。基金客户对产品风险的承受能力要远高于一般的消费客户。

(二)基金公司的品牌影响基金客户的投资决策

客户进行基金投资的过程实际上是选择基金公司和基金产品的过程。由于基金客户要将其资产委托基金公司管理,所以品牌知名度高、管理规模排名靠前、股东背景良好的知名基金公司容易获得客户的信赖。

(三)基金客户的投资决策与客户自身的成熟度相关

一般的消费者在进行投资决策时虽然也经历了需求、询价、比价、购买的过程,但由于消费者有确定的需求,对产品和服务有比较直观的感受,其购买决策就会相对容易。而基金产品,由于"过往业绩不代表未来"(出自基金公司经常使用的风险提示语),基金客户只有购买产品后才能知道能否达成目标,而且需要更多的专业知识才能作出判断,所以购买决策过程非常困难。在这种情况下,有些投资者会寻求专业的机构协助;有些投资者会受周围人员的影响。

如果将客户购买的基金的年限分为3年,3年以下的基金客户为不成熟客户,3年以上的为成熟客户,则可以看出两者在基金购买决策上的差别。2012年,我们对基金客户进行了测试,测试结果非常明显,3年以下的不成熟客户的购买决策流程如图4.1所示:

图 4.1 不成熟客户的购买决策流程

而3年以上成熟客户的购买决策流程如图4.2所示:

图 4.2 成熟客户的购买决策流程

在影响基金客户购买决策的因素中,成熟客户与不成熟客户也存在较大差异,成熟客户更看重产品类型、产品投资方向(如资产分布、行业分布等);而不成熟客户更看重产品过往业绩。

四、交易行为频繁

基金客户的交易行为具有以下特点:

第一,普通消费者购买产品或服务的交易是一次性的,即支付资金后获得产品或服务。但基金客户的交易是多次的。至少也要有两次,第一次购买,第二次赎回。这其中还有分红、修改分红方式、红利再投资等。如果基金客户对所投资的产品或服务较为满意,还会继续追加投资。所以,基金投资是一个较长时间的交易行为。

第二,基金客户的交易行为受投资收益影响较大。当所购买的基金产品盈利或亏损时都将引起客户的赎回;所购买的基金产品盈利后,可能引起客户购买该公司的其他产品。

第三,基金客户的交易行为与市场变动相关。如果客户购买的是股票基金,当股票市场出现持续走低或走低趋势时,客户会选择赎回,以规避风险。当股票市场即将上涨时,客户会选择买入并持有。

第四,基金的分红也是基金客户交易的影响因素之一。基金分红时,一些客户选择收取现金红利,一些客户选择将红利折成基金份额继续持有。

第五,部分基金客户会因为交易费用而将交易账户转向交易费用相对较低的销售渠道。近年来,随着电子化交易的普及,基金公司直销交易渠道发展迅速,因为直销交易渠道的费率一般只有基金公告费率的4折,如果基金客户选择网上直销交易,将极大地降低交易成本。在基金或金融产品营销时,由于产品本身是一个服务和产品相结合的物质,完全的销售价格竞争是没有好处的。因为基金产品本身收取的交易手续费非常低,加上基金销售的环节非常多,销售者获得的利益是非常有限的。

综上所述,由于基金客户对基金产品的选择相对自由,交易频繁,导致基金资产的波动性较大。基金投资客户以上这些特征,提示了在进行基金客户细分研究时应该特别关注的变量。对这些变量的深入了解和合理使用,将为基金客户细分研究打下科学的基础。

第二节　基金客户细分的目的和原则

客户细分研究是一项有着自身的流程和规律的工作。通常客户细分研究以客户基本信息和交易行为数据等为基础。由于各个行业的客户具有不同的特点,客户细分研究一般都以研究目标群体的市场需求为出发点,按客户特征及企业的市场能力进行细分,从中捕获销售规律、客户潜在需求等。通过对数据和客户状态的研究和分析,建立客户细分模型,可以评估客户的潜在价值,找出不同客户产生增值的策略与机会。

一、细分目的

(一)差异化营销

基金公司在为客户提供专业的投资服务,开展投资管理业务时,须与投资者之间建立起资产的委托和被委托关系。当客户购买基金产品时,这种委托理财的关系就宣告建立。虽然基金公司赖以生存的基础是投资管理能力,但能够为投资者提供持续的盈利是基金公司的立命之本,由于经济规律的作用,证券市场的波动起伏,往往造成基金业绩不尽如人意。在股票投资市场上几乎没有基金公司是常胜将军。特别是当市场巨幅下跌时,系统性风险使得股票基金产品不可避免地遭遇净值下跌。这种情况往往会引发投资者的质疑。面对这种情况,需要基金公司及时与客户进行沟通和联系,促使客户最大程度的理解。在与基金客户联系的过程中,采取一致的沟通方式,可能很难达到目的。这时就需要通过客户细分,根据客户不同的反应和诉求点分别开展工作。例如对于理智型客户,基金公司就应该运营科学的观点、大量的数据说明系统性风险在净值下跌过程中所起的作用,用数据或图表呈现在客户面前。这里举一个简单的例子。如果把基金产品的投资业绩放在一个比较长的时间段内考察,可以非常容易地发现,在大多数情况下,基金公司都表现出了出色的管理能力。以近3年的主动型股票业绩为例,2010年3月至2013年3月,上证指数由3 100点下跌到了2 300点,下跌率为25%。观察同期有可查历史净值的238只股票基金,其中,收益率最高的达到了25%;收益为正的有44只,占比达到了18%;214只基金收益高于市场水平,占全部产品的90%左右[①]。而对于感性型客户,则不仅需要数据的展示,还需要进行情感的交流,拉近公司与客户之间的距离,如可请客户来公司参观、与基金经理座谈等。

(二)投资者需求

证券市场的波动性要求基金公司提供不同的产品以适应不断变化的市场行情。在股票市场处于熊市时,固定收益类产品会成为基金客户的投资首选。因此,基金公司应该为不同需求的客户设计产品,而不能简单地以固有的产品线应对变化多端的资本市场。目前基金公司正处于向资产管理转型阶段。这一转变拓宽了基金公司的经营范围和投资领域。在这一大背景下,理论上讲,基金公司的投资可以进入几乎一切可以使资产升值的领域。投资范围的拓宽,不仅为基金公司设计产品提供了更广阔的空间,同时基金公司为客户创造资产升值的能

---

① 来源:晨星网开放式基金业绩排名,www.cn.morningstar.com。

力也将进一步增强。在基金公司的营销策略中,产品设计应该时刻以客户对不同收益率的需求为导向,只有充分了解客户对收益率的不同需求,根据客户需求设计产品,才能够满足投资者资产增值的需要。随着我国投资者的日益成熟,客户对基金投资产品的种类要求越来越细化,目前开放式基金产品已由最初的股票型、债券型和货币型发展为主动投资股票型、被动投资股票型基金(指数基金、ETF基金、LOF基金);债券基金已由原来的简单类型基金发展为纯债、分级债、封闭债基、类理财的债券基金以及介于股债之间的混合型基金等。

(三)创造价值

基金公司的利润主要依靠客户购买基金产品后产生的管理费。也就是说,客户与公司长期的投资管理服务关系才是基金公司价值的必要前提。管理费收入这一指标与客户持有基金的资产规模、时间长短、管理费率三项变量之间是正相关的关系。基金公司只有不断扩大管理基金资产的规模,延长客户对基金产品的持有时间才能够获得持续稳定的收入。为了实现价值目标,基金公司必须对客户资产规模和客户持有时间实施关系管理工作。一方面,基金公司要深入研究如何延长客户持有基金资产的时间。如果基金公司能够对将要赎回的客户提前开展挽留工作,将可以大大减少被动性。另一方面,如果能够尽早发现具有大量资产的客户,就可以较早地与客户建立稳定的服务关系,赢得客户更多的资金投入。这些对价值客户的识别和维护工作应该尽早开展。由于基金客户的投资体验是在购买基金后形成的,而构成投资体验的要素包括收益率、基金公司的服务水平、专业化的投资能力等,基金公司只有满足客户的需求才能够获得客户的认可。由于客户自身的特点,决定了不同客户具有不同的风险特征、收益目标、交易行为方式等。基金公司只有将客户进行细分,才能够得到不同客户群体之间的差异化特征;只有了解客户之间的差异,才能够利用有限的资源满足差异化、个性化的需求。客户的特殊需求得到了满足,才有了长期持有基金产品的基础。

二、基金客户细分变量选择的原则

在开展市场细分和客户细分过程中,细分变量的选择是非常关键的问题。本书着重讨论基金公司与基金投资客户之间的关系,那么在关系营销理论中,客户需求被认为是一切细分的基础。本书以与基金客户建立长期稳定的关系为前提,以延长客户基金的持有期为市场目标,一切与基金客户持有的基金产品相关的变量都在研究范围之内。在分类变量的研究中,对于营销和服务来讲,是否将客户分类做得越细致越好?是否将客户分成多个不同的组别,更容易掌握全面的客户需求？更多的客户分组是否有利于营销和服务呢？

本书认为,在选择客户细分变量时应该遵循以下原则：

(一) 业务相关性

对客户进行细分的目的是为营销工作提供精准的营销对象,因此,并不是将客户分得越细致越好,首先必须保证这种分组是有效的。要做到分组的有效性,前提就是分组必须符合业务开展的要求,与基金客户持有、服务和营销密切相关。有些开展客户细分研究的小组通过数据挖掘技术将客户分类做得非常细致和复杂,但由于这些通过数据挖掘工具得出的细分结果往往与业务的关联性不强,因此不具备说服力,在实际营销工作当中难以执行。以基金客户细分为例,在调查数据中发现,女性客户购买基金的份额略高于男性客户。这个细分变量是否可以导出应更积极地向女性客户推广基金产品的营销决定呢？然而在与客户进行业务接触的过程中能够发现,一些男性客户愿意将基金购买人的名字写成自己的夫人或母亲。这个例子说明,性别变量与基金营销手段并非存在直接的关系,因此在筛选客户细分变量时可以忽略。

(二) 可操作性

客户细分的结果最终将在实际业务中使用。可操作性是另一个需要特别考虑的因素。在考察客户细分变量的可操作性判断中,以下几点可供进一步参考：

1. 过于复杂的细分结果会影响营销服务策略的范围和执行效果

如果客户细分过于多样化,容易造成一个单一客户具有多重分类属性,造成客户群体之间的重叠,进而导致营销策略的制定和执行存在难度。特别是,客户重叠分组过多时,策略往往会变得多重,这样就会导致营销效果被削弱,顾此失彼。同时,如果公司把基金客户分为众多的差异化群体,但不能针对不同组别的客户提供相应的产品和服务策略,则过度的客户细分就是对资源的浪费。

2. 粗糙的细分容易导致客户差异化不被察觉

虽然,越简单的细分结果越容易在企业内部实现传播和应用,但如果公司对客户的细分过于简单,就不能有效地识别客户特征的差异,同样会造成营销费用的浪费。例如,如果我们把基金公司的客户只分为男性和女性两类,则通过研究就可以发现,在基金持有期、基金产品选择等方面男性和女性之间的差别并不明显；这种细分还容易推导出其他奇怪的营销策略,如基金公司认为女性对基金选择更具有敏锐性,于是向女性客户经常出现的场所进行基金营销,这样的营销也会造成资源的浪费。

因此,客户细分的力度要适中,这既有助于客户识别,又能够与公司营销和服务的能力、资源等相匹配。

3. 客户细分的成功案例

有资料记载,第一资本金融公司(Capital One)是一家信用卡公司,每年在全球范围内实施 4.5 万多个测试,根据这些测试结果公司把市场细分为了 10 万个不同的部分或者产品组合。很多人都怀疑这种细分的有效性,但它做到了。在 8 年的时间里,第一资本金融公司的客户由 600 万增加到了 4 660 万,而且还在以每年 2.5 万人的速度增长。[①]这个例子说明,客户细分不在于分组数量的多少,而在于分组与营销能力、执行能力相匹配。如果能够像第一资本金融公司那样细致分类,同时制定不同的服务营销策略,也就是真正地做到了因客户需求而变。

(三) 可获得性

在实际操作中,很多关于客户情况的信息都非常重要和实用。如客户家庭所处的生命周期、家庭收入、客户的职业等,这些信息对于基金客户是否能够购买公司特定的基金产品非常重要。但作为基金公司,获得这些信息非常困难,而且成本较高。

由于基金公司多是通过渠道营销客户,销售渠道出于对客户信息的保密,往往不会向存在产品竞争关系的基金公司提供这些有价值的客户信息,所以,基金公司要想获得这些有用的客户信息需要开展范围较广的市场调查。通过对客户进行全面扫描,才能获得。这种客户信息的扫描工作成本较高,因此,在现有客户信息能够充分利用的情况下,这项工作可以稍后开展。在客户细分工作中,信息(变量)的可获得性是不容犹豫的标准,因为这关系到公司的运营成本。

(四) 可识别性

对客户进行细分时,选取的基本变量应是容易识别的。只有那些容易识别的数据在实际业务的数据库中才容易被标识、被使用。例如基金公司容易对客户的收益率、贡献度等变量进行计算、统计和分析,而对客户的资金流动性需求、客户的职业、亏损容忍度等较难以识别。因此,尽管客户对资金的流动性需求与基金产品盈利相关,且与客户的职业和收入有较大的相关性,但由于其不容易识别,通常也不作为细分变量。

(五) 可持续测量性

企业对客户进行细分后,需制定与细分群体相对应的营销策略。这些营销服务策略在实际工作中需要得到验证。第一,企业要对细分营销策略执行后的效果进行量化评估。一个好的营销策略需要用数据说明其有效性。第二,为验

---

① 源自"What a Capital Idea",*Banking Technology*,2002 年 7—8 月刊第 44 页。

证营销策略的有效性,需要对其执行前后的效果进行评估和比较。此外,一个营销策略的推行是有时间性的。当市场情况发生改变时,一些细分营销策略可能需要被废止或对其进行调整。这些都要求细分变量不仅可以长久存在,对分类效果的评价也产生了积极的影响。

因此,客户细分变量的选择要遵循业务相关性、可操作性、可获得性、可识别性、可持续测量性。这些原则将有助于企业对客户进行准确的识别和明确的标识,同时能够对客户细分变量进行测量、评估和调整。

可测量的客户细分变量也有助于持续的客户研究和绩效测量任务的展开。由于客户细分工作不是一次性的,公司应对客户细分建立一套持续执行的流程,这要求细分变量必须具有一定的稳定性,只有这样,细分结果才可以得到持续的观察,效果才可以量化和测量。科学的客户细分方法,不仅能够很好地反映当前的客户需求和市场情况,又能够适应未来一定时间段内的发展变化。

第三节　细分变量评价

一、细分变量筛选

在明确细分目标和细分原则的基础上,我们可以按照上述评价标准对现有的基金客户特征进行逐一扫描、排查,以获得有效的、操作性好的、可持续使用的基金客户细分因子。

通过了解基金客户和交易特点可以知道,我们可以按照客户需求、目标、动机、交易行为、客户体验等多个方面进行客户细分。这些客户细分的变量可以是收益率、总资产、资产市值、持有时间、投诉次数、联络次数、期望收益率、风险承受能力、流动性要求、生命周期、投资阶段、总收入、年龄、性别、职业等。

表4.1罗列了所有与基金客户相关的细分变量,并从业务相关性、可操作性、可获得性、可识别性、可持续测量性五个标准进行了评价和筛选。

从表4.1中可以看到,属于投资目的、购买决策的一些细分变量没有被选为细分因子,主要原因是这些细分变量较难获得和测量。同时,由其导致的持续测量结果也无从得到。虽然这些数据对于基金客户的长期持有和营销策略的制定都非常有用,但基金公司不可能对每个数据都进行随时跟踪,效果也就难以判断,所以在变量筛选时被遗憾地舍弃了。

通过对上述客户细分变量进行筛选,留下了与人口统计学相关的年龄、所在地区两个指标。与交易行为相关的指标全部被留下,它们是资产规模、持有产品数量、持有产品种类、购买渠道、持有时间和持有状态。这是因为,基金公司对这

表 4.1　基金客户细分变量评估表

分类因素		分类因子评价标准					评价结果
分类大项	分类变量	可获得性	可持续测量性	易观测性	有效性	业务相关性	是否可作为分类因子
人口统计学	年龄	是	是	是	否	是	是
	性别	是	是	是	否	否	否
	民族	是	是	是	否	否	否
	个人收入	否	否	否	否	是	否
	婚姻状况	否	否	否	否	否	否
	供养人口	否	否	否	否	否	否
	教育程度	否	否	否	否	否	否
	职业	否	否	否	否	否	否
	所在地区	是	否	是	否	是	是
投资目的	流动性管理	否	否	否	否	是	否
	资产增值	是	否	否	否	是	否
	资产保值	是	否	否	否	是	否
	目标理财	否	否	否	否	否	否
交易行为	资产规模	是	是	是	是	是	是
	持有产品数量	是	是	是	是	是	是
	持有产品种类	是	是	是	是	是	是
	购买渠道	是	是	是	是	是	是
	持有时间	是	是	是	是	是	是
	持有状态	是	是	是	是	是	是
购买决策	盈亏情况	是	是	是	是	是	是
	期望收益率	否	是	否	否	是	否
	他人介绍	否	否	否	否	否	否
	自己筛选	否	否	否	否	否	否
	品牌因素	否	否	否	否	是	否
	交易手续费	是	是	是	是	是	是
	决策周期	否	否	否	否	是	否
客户关系状况	客户信息完整度	是	是	是	是	是	是
	客户主动联络次数	是	是	是	是	是	是
客户价值	管理费贡献	是	是	是	是	是	是

些客户基金交易行为掌握得比较全面,在获取数据,考察细分结果与业务相关性等方面都可以得到满足。在购买决策中,留下了盈亏情况指标,因为通过基金公司对客户账户情况的分析,可以获得客户盈亏情况的资料,虽然计算客户盈亏有一定的难度,但基金投资的本质及客户投资的目的和动机都与盈亏相关,同时盈亏情况也是客户继续持有、再购买的主要因素之一。所以,即使计算数据有一定的难度,但还是可以通过一定的资源投入和开发系统来加以获取并持续观测。此外,管理费贡献是衡量客户对公司价值的重要方面,这一指标可以通过系统开

发 CRM 获得,并且可以作为重要的分类数据供基金公司使用。

二、细分变量描述

通过上述罗列、筛选、分析,共有 13 个变量符合基金客户细分变量的筛选标准。为了能够对基金客户进行有效细分,下面对这 13 个变量进行详细的描述和分析。

（一）资产规模

客户资产规模是一个客户在一家基金公司委托管理的资产金额。该变量反映了客户所拥有的资金量的大小。一个客户在一家基金公司所购买的基金产品只能反映出该客户拥有的资产的状况。基金公司可将客户在基金公司购买基金的所有资产规模按照资产净值的高低进行分类。该变量的主要作用包括：

1. 使用资产规模因子可以将客户分为高净值客户和低净值客户

高净值客户是公司的优质客户资源,一般具有投资经验丰富、抗风险能力强、较为了解金融产品、具有独立判断金融产品的能力等特点。高净值客户一直都是银行、保险、基金公司、券商、理财机构等争夺的对象。对于客户购买基金的资产规模一般存在两种假设,一是该客户仅将个人的部分资产用于购买该公司的基金产品;二是该客户将全部资产用于购买该公司的基金产品。由于高净值客户资金量庞大,如果其在公司的资产规模只是其资产的一个部分,就更加说明了这一客户对于公司的价值。加强对高净值客户的维护,可以吸引其将更多的资金委托至公司。此外,客户拥有较大的资产规模能够表明其具有获得资产的能力。职位高的人员或独立经营企业的人员,还可能与基金公司发展开放式基金以外的其他资产管理业务。如,当资产净值达到一定数额时,公司可以专门为这部分客户提供单独的资产投资管理服务。当然,高净值客户对公司的管理也可能形成冲击,即如果高净值客户持续短时间内快速交易,则会对基金资产的投资管理造成冲击,影响基金收益率。

低净值客户往往投资经验不足,多为不成熟客户,这类客户在投资决策方面可能更倾向于非理性,更具有"从属决策"的倾向。对于这部分客户投资者教育工作应该持续开展。此外,低净值客户是开放式基金的基础资金,值得额外研究,由于单个客户的资金量较小,申购、赎回都不会对基金管理产生影响,大量相对较小资产的客户对于保证整个基金资产规模的稳定性具有重要作用。基金资产规模的稳定对于提升基金投资业绩也具有重要意义。

2. 使用资产规模因子可以考察客户贡献和成本

通过资产规模的细分,可以准确地计算出净值差异对公司贡献度的影响。

如基金产品向所有客户收取同一比例的管理费,资产规模越大的客户贡献的管理费金额也就越多。按照规模效益的原则,在一定的资产数量范围内,客户的资产规模越人,消耗的单位服务和管理资源就越少。以对账单服务为例,向外埠寄送一次对账单的成本是固定的,约2元/次,资产规模超过50万元的客户对对账单服务的消耗与资产规模低于5 000元的客户是一样的。

因此,在服务成本固定的前提下,客户资产规模越大,对基金公司越有利。将公司的各项资源向创造高贡献度的客户倾斜,可以更有效地利用资源。

3. 使用资产规模因子可以帮助基金公司做好客户资产结构分层

使用资产规模因子可以获得公司客户的资产结构,了解公司的客户结构,有利于精确计算、衡量公司的营销成本。将资源合理地分配到不同净值客户群体中,可以让服务和营销资金精准而有效地发挥作用。

4. 使用资产规模因子可以充分认识到客户资产结构分析的局限性

一般情况下,客户结构具有一定的稳定性倾向。但随着市场的变化、监管部门管理政策的变化及基金产品的变化等,客户资产结构的稳定性会不断削弱。一个基金公司在发展初期,高净值客户可能并不多,但随着产品线的丰富,投资管理能力的展现等,客户结构会获得转变。当高净值客户占比达到一定比例时,要注意高净值客户的套利行为。如果基金公司仅凭资产净值判断客户属性,则容易导致误判。首先,某个公司的低净值客户不一定是其他公司的非高净值客户。由于客户投资比较分散,高净值客户对于不熟悉的产品或公司可能只会将一部分资产拿来投资或进行尝试。其次,如果因为资源考虑放弃对低净值客户的服务,则不能形成客户资金的持续流入,就会因此损失客户资源。

(二) 持有状态

客户持有基金的状态反映了其对所持有的基金产品的态度。研究客户的持有状态,可以从一个侧面了解客户对基金公司或基金产品的认知。这个细分变量的主要作用是:

1. 持有状态反映了基金客户对基金公司的信任与否

如果一只基金在发行成立时,持有人数众多,而没过多久,持有人数迅速减少,则反映出客户对基金公司投资管理能力的不信任。因为,基金运作时间较短还不能反映出基金公司的投资管理能力。客户在这么短的时间内就选择了赎回基金,只能说明,客户对投资管理人没有信心。基金运作初期的繁荣持有状况,只反映了销售刺激政策的强势。一些客户为了获得销售奖励而进行申购(认购),一旦基金开始运作开放赎回,就会迅速撤出资金。这种现象,将对基金资产造成巨大的冲击,影响基金的投资业绩。

2. 持有状态既反映了基金公司的投资管理能力也反映了公司的服务营销策略

一只基金产品,如果其持有状态中的人数持续增加,则表明该基金获得了投资者的认可,基金客户认同该基金公司的持续管理能力和服务营销策略。

3. 基金公司需要对不同持有状态的客户进行深入挖掘

按照基金客户持有基金产品的状态可将客户分为:新客户(持有基金不超过1个月)、持有基金和曾经持有基金三类。客户持有基金阶段,基金公司按照基金合同的要求,向基金客户提供一系列的服务。除此以外,基金公司为了提升客户体验,树立和强化客户的品牌认知,会采取很多策略为客户的长期持有或今后的二次营销打下基础。对于曾经持有公司基金的客户,因不存在服务条款的约束,但客户已对公司的投资管理能力和服务水平形成了印象,这一认识将在一个较长的时间内保持在客户的心中。如果客户的体验较好,则会为未来的再次购买提供基础;如果客户的体验不好,或没有留下深刻印象,则需要基金公司做好弥补和再次营销的准备。无论如何,各种状态的基金客户资源对基金公司来说都是非常宝贵的,值得深刻研究和反复使用。

对于新近持有基金的客户可称为"新客户",其通过各种销售渠道开立了基金公司的 TA 账户,购买了公司产品。新客户对公司、公司产品以及公司投资管理能力还没有清晰而全面的认识,往往是仅通过销售渠道的简单介绍而购买了产品。实际工作中会发现,很多客户对申购的产品并不了解,有的甚至对产品的功能、收益率、交易方式等产生了误解。这类客户服务工作的重点是快速帮助客户了解产品、了解公司、了解公司投资管理能力、了解公司服务、了解与公司沟通的方法等。

对于已经持有公司基金超过 1 个月以上的老客户而言,其对基金公司的投资管理能力、服务质量、服务内容等有了一定的体验。由于持有期内的体验较为深刻,对基金公司的品牌认识也逐渐加强。持有期内,有很多客户希望深入了解产品的投资管理能力、建仓、投资收益、资产变化等情况;还有很多客户希望能够直接与公司建立沟通联系的渠道。所以,这一时期是基金公司开展品牌树立的最佳时机。应该加强对客户的服务,帮助客户认识市场环境,帮助客户全面了解基金投资流程、影响因素等,以使其对可能出现的投资结果有充分的认识。

曾经持有基金的客户可称为"赎回客户",其在考察期已不再持有公司基金。通过对赎回客户的考察发现,有相当一部分客户持有公司产品的时间较短,一般在 3—6 个月之内;新基金发行认购期后或持续营销期间,很多客户持有的时间一般不超过 1 个月。如果进一步对赎回客户的投资动机、交易体验进行分析将有利于发现再次销售的机会。比如有盈利的赎回客户可能投资体验更好,对其进行再次销售的成功机会可能更大。

(三) 持有产品数量

1. 客户持有基金产品的数量反映了基金公司的投资管理能力

品牌基金公司中客户持有多只基金产品的现象较多。这是因为,基金公司发行产品的数量决定着基金公司的投资管理能力,投资管理能力越强的公司,发行的基金产品越多,产品线越丰富。客户持有同一公司基金产品的数量越多,表明该公司的产品可以满足客户不同的投资需要。

2. 持有基金产品的数量反映了客户对基金公司的信任程度

基金公司的客户中大多只持有1只基金产品。如果客户持有同一基金公司的多只基金产品,说明该客户对该基金公司的信赖度较高,认可该基金公司的管理理念。如果客户持有3只以上基金公司的产品,可以将该客户视为忠诚客户。

3. 持有基金产品的数量反映了客户的投资偏好

一个客户如果持有多只风险特征相似的基金,表明该客户对这类风险资产非常偏好。这从一个侧面反映出,客户对这类风险特征的产品具有一定的认识和把握能力。

(四) 持有产品种类

客户持有基金产品的种类是指客户持有基金公司的何种基金产品。在基金产品分类中,股票基金、债券基金、货币市场基金、短期理财产品基金为客户提供了多样化的选择。

在股票基金中,又分主动型基金和被动型基金。此外,还有 ETF 基金、分级基金等可供客户选择。在一定程度上客户投资何种基金产品代表了客户的投资偏好、风险承受能力以及投资动机。由于我们不能逐一对客户的投资动机、风险承受能力、投资偏好等进行调查,所以通过客户购买的基金产品可以从侧面了解客户的投资偏好、投资动机和投资性格。

一般情况下,购买股票基金的客户对风险的承受能力较强。但这也要看客户投资的具体时点和投资方式。在股票市场低迷时期进行股票基金投资的客户,应该具有较强的抗风险能力和较丰富的投资经验。而在股票市场高企时点进行股票基金投资的客户则可被看成是投资经验缺乏,属于"跟风式"投资。投资债券基金的客户对基金产品的收益要求不高;投资货币市场基金的客户对资金的流动性要求较高。投资指数基金的客户不相信基金经理的主动管理能力;投资某只主动型股票基金的客户信赖基金经理的投资管理能力。上述这些对客户投资产品种类的解读都是一般性的,具体到不同情况不同客户又可能有不同的特点。

目前,监管部门对销售适用性有了很高的要求,投资者在购买基金产品前应进行相关的风险承受能力测试,只有当投资者的风险承受能力与希望购买的基金风险特征相匹配时才能允许购买。这在一定程度上,使得客户购买的基金产品与其所代表的风险承受能力更加趋于一致。因此使用过往购买产品的信息进行客户购买动机和投资取向分析具有一定的意义。但是,投资者的风险承受能力是不断变化的。随着年龄的增长、收入水平的变化、市场环境的波动以及经济环境等因素的变化,客户的风险承受能力也是处于变化过程当中的,购买何种产品可能并不能完全体现其投资偏好。出于资产配置的需要,很多客户可能还会根据基金公司的特点,选择配置基金公司的强项产品构建自己资产配置的组合。所以不能简单地根据客户购买基金产品的种类就判断客户的投资偏好、投资动机和风险承受能力。

(五)购买渠道

购买渠道是指客户购买基金产品时的销售渠道。现阶段,客户购买基金有银行、券商、第三方基金销售机构、保险公司等渠道。不同渠道来源的基金能够在一定程度上反映客户的不同特征:

1. 银行渠道是目前基金购买的主要渠道

从银行渠道购买基金的客户多将个人资金存放在基金代销银行。由于基金代销银行同时销售多个基金公司的产品,销售资源投入往往并不均衡。银行代销网点销售基金的积极性受到销售费率、奖励机制等多种因素的制约。通过银行渠道购买基金的客户往往对基金产品不熟悉,进行购买决策时,往往是听从银行理财经理的介绍。银行客户的风险承受能力相对较低,一般非常关注产品是否"保本",有无风险等。

2. 第三方基金销售机构

第三方基金销售机构是近年来新兴的基金代销机构。其为客户提供了全面的理财指导,其收益来源于销售信托产品的佣金。一些第三方基金销售机构采取会员制形式,向服务对象收取年费。这些机构所服务的对象多为资产规模较大的客户,这类客户风险承受能力较强,对产品的收益率要求较高。可以说,第三方基金销售机构所服务的客户均为高净值客户。

3. 券商渠道

证券公司是较早的基金代销机构,其客户多为股票交易客户。在股票市场的活跃期,这部分客户更愿意直接进行股票投资,因此,基金客户中,通过券商渠道购买基金的客户数量比较有限。随着基金产品的不断丰富以及基金产品的流行趋势,被动型基金产品越来越被人们所青睐。现在,很多基金公司都在积极备战被动型基金产品(ETF、LOF产品较为常见)。由于这类产品属于场内交易产品,很多都没有提供场外购买方式,所以,被动型基金仅通过券商渠道购买。

通过券商渠道购买基金的客户均与股票市场有着紧密的关系,它们往往在股票市场与基金公司产品之间徘徊。在股票市场机会较多的情况下,券商的客户更愿意直接参与股票投资,而不愿选择基金投资。当市场处于动荡期,一些股票持有者在股票市场投资亏损时,会转向基金公司。

4. 网上交易直销

基金公司的直销有两种方式,一是网点柜台交易;二是网上交易。直销和代销渠道的区别,导致了客户群体特征较为明显和独特。

① 网点柜台交易面向机构大客户

基金公司的直销柜台是专门为机构大客户提供便利服务而设置的。在已开立基金账户的情况下,机构客户仅需提供传真单据即可完成下单交易工作。今后,机构客户的直销交易将被网上交易服务所替代。

② 网上交易面向互联网客户

基金公司通过在官方网站建立购买通道,提供下单、交易、支付等功能,促进客户完成基金购买。这一渠道的客户可以获得基金公司提供的直接服务,包括费率打折和其他额外增值服务。一般情况下,经常使用互联网进行购物的客户是基金网上交易的主要群体。由于网上交易操作简捷、便利,很多年轻群体是网上交易的主力军。

与代销机构相比,直销对基金公司长期持有客户更有促进作用。这是因为,代销机构往往不提供客户的联系方式,基金公司无法直接与客户取得联系,这使得一些服务策略基金公司无法实施。直销交易使基金公司获得了客户的具体信息,可以直接开展服务。同时,客户是否长期持有一只基金对于代销机构而言,没有更大的意义,相反,销售手续费却是代销机构比较直接的收入,而且费率远远高于管理费分成。所以,代销机构销售基金的直接动力来自客户的多次交易。不排除代销机构促进客户频繁交易的引导,或选择费率高的产品进行营销,而忽视没有手续费的产品的现象发生。

(六) 持有时间

持有基金的时间是指客户在考察期内持有基金的总天数。在考察期内没有持有基金的时间不被计算在内。这个时间值与客户贡献的管理费收入有关。客户持有基金的时间越长,支付的管理费越多,对基金公司的价值越大。

(七) 盈亏状况

盈亏状况是客户购买基金产品后的收益情况。由于基金产品所特有的风险属性,任何基金产品都存在风险。基金产品按照风险大小排序依次为主动型股票基金→股票指数基金→混合型基金→二级市场债券基金→纯债基金→债券指数基金→短期理财产品基金→货币市场基金。根据客户的投资收益可将盈亏状况分为收益和亏损两大类。但投资在不同收益率情况下带给投资者的感受和体验也是不同的。

1. 盈亏状况影响基金投资者的再次购买

假设投资者对所投资基金产品的风险属性充分知晓,投资者对风险和收益有确定的预期;那么当投资者账户盈亏情况达到投资者事先设定的预期收益率或止损额时,理性的投资者会选择赎回。但大多数情况是,贪婪和恐惧导致投资者在收益时追求更高收益,而在亏损时抱有"回本"的心理继续持有。

一般情况下,基金投资者持有一只基金产品获得收益后,会对该基金公司的投资管理能力抱有好感。在这种盈利的情况下,投资者虽可能选择赎回,但在下一次购买时多数会选择相同的基金经理或基金公司。相反,一次投资的失败,使投资者对基金公司或基金经理心存抱怨,这种不良的投资体验将影响该投资者的下一次操作。

2. 盈亏状况影响基金投资者的基金操作

盈亏状况除了会影响到下一次的销售决策,在持有基金过程当中也发挥着重要作用。如,基金投资者对分红方式的选择。一般情况下,当基金产品有收益并满足分红条件时,基金经理会采取分红的方式,实现收益兑现。基金公司会提供给投资者现金红利和红利再投资两种选择,前者使投资者落袋为安,兑现收益,收回部分投资资金;后者则使用分红资金购买原产品份额,进行再投资。后者表示投资者信赖基金产品可以继续盈利,没有改变投资者的投资总额。

3. 几个关键的收益率影响基金资产的投资

在实际操作中,有多个收益率的关键值对基金资产产生了重要影响。如通货膨胀率、交易成本、销售奖励比例、定期存款利率、市场平均收入水平等,它们构成了几个赎回的关键时点,有可能影响到基金资产的运作,需要基金公司仔细应对。

此外,在股票市场动荡时,投资者需要基金公司专业的指导,明确指示其进行赎回或继续持有。这里需要基金公司对后市的准确判断,同时对客户的操作指导要有科学性和技巧性,因为基金监管有很多不得对后市进行判断的限制。

(八) 交易手续费

1. 基金交易费用

基金手续费包括申(认)购费、赎回费、转换手续费、销售服务费、管理费、托管费、运营成本等。除与销售相关的费率外,管理费、托管费、运营成本都是在基金资产中扣除,基金净值中已经反映了上述这些运营成本。那些与销售相关的申(认)购费、赎回费、转换手续费、销售服务费等交易手续费等,可以由销售机构按照监管要求在一定范围内自行决定。

2. 费率优惠措施对费率敏感人群的作用

一些基金客户对交易手续费非常敏感,一些微小的变化都会引起他们的相关操作。因此,很多基金公司将费率调整作为开展竞争的重要手段。如美国的先锋基金,近年来对其旗下众多产品下调了管理费,形成了与其他基金公司同类产品的竞争优势,使得该公司的管理规模迅速发展为美国第二大基金公司。在美国,还有一些基金公司或银行,通过为老客户减免申购费或认购费,来获得老客户的长期持有。

在我国,基金公司对本公司基金产品间的转换会提供一些优惠政策,如赎回老基金购买新基金时,可以享受当天份额确认,以缩短资金在途时间;对转换产品仅收取新基金申购费与老基金赎回费之间的差额。近来,网上交易成为基金的新兴销售渠道,很多基金代销机构为基金的网络销售提供了7—8折不等的优惠费率。基金公司网上直销更是以4折的优惠来吸引直销客户。网上基金销售额快速增长也很好地证明了一些客户对费率的敏感性。

这里还应该注意的是,费率政策也不是一直有效的。当客户认为费率优惠不能与基金很高的收益率相比较时,他们宁愿牺牲优惠的费率而选取可能的高收益基金产品。

(九) 管理费贡献

1. 基金管理费的定义

管理费是基金公司因提供投资管理服务而收取的费用。一般按日从基金资产中计提。无论管理的基金产品是否为投资人盈利,基金公司都会收取此项费用。管理费是基金公司赖以生存的基础。

2. 基金管理费反映了客户贡献的价值

基金公司衡量一个客户的价值时往往也与管理费挂钩。基金客户的资产规模越大、持有基金产品的时间越长,其为基金公司带来的管理费收入也就越多。相反,基金客户购买基金产品的资金少、持有期短,其为基金公司带来的管理费收入就较少。因投资管理难度不同,基金公司的管理费费率因基金产品不同而不同。主动管理型的股票基金设定的管理费费率最高,其中投资海外市场的QDII产品收取的管理费费率最高,约为1.8%;普通主动型投资的股票基金的管理费率一般为1.5%;股票指数基金的管理费费率为0.8%;债券基金的管理费费率一般为 0.6% 左右,货币市场基金的管理费费率一般为 0.33%。

3. 基金公司对管理费变量的使用

用管理费来衡量客户价值非常实用,可以比较明确地判断客户带给公司的贡献。管理费贡献与服务资源相匹配,有利于精确地计算投入产出比,使营销资源合理地被利用。基金公司有的通过建立 CRM 系统统计客户的管理费贡献,有的通过建立积分系统将客户分为多个档次,积分与管理费贡献挂钩,积分多的客户可以享受到更多的增值服务。

(十) 年龄

1. 年龄变量在基金投资理财中的作用

基金客户的年龄与其资产规模、投资目标、行为特征等有密切的联系。基金投资由于涉及个人财富管理,往往与家庭生命周期存在很大关系。一个家庭的生命周期由夫妻二人的年龄、婚姻状况、育儿情况、就业等因素构成,因此,年龄变量与家庭生命周期理论存在重合,可以借鉴到投资理财领域的运用。调查中发现,基金客户中年龄在 40—50 岁之间的投资者,其账户持有的基金资产最多[①]。

2. 根据客户年龄规划家庭生命周期的需求

家庭在不同年龄阶段存在不同的需求。基金公司可以根据客户的年龄推测客户的理财需求,为不同家庭生命周期阶段的客户设计相应的基金产品,制定投资方案,为客户规划理财目标提供建议。

如,23 岁左右大学毕业刚走上工作岗位的年轻人,处于单身状态,收入不多,日常支出很多,基金定投(又称"基金定期定额投资")可以积少成多,是这个人群的客户值得选择的投资方式。

又如,客户处于家庭成长期(即小孩处于大学前阶段),应该考虑为子女接受大学教育积攒教育金;

又如,客户处于家庭成熟期(指子女参加工作到家长退休为止的这段时期,一般为 15 年左右)。这一阶段里主要家庭成员的工作能力、工作经验、经济状况都达到了高峰状态,子女已完全自立,债务已逐渐减轻,理财的重点是扩大投资,应该考虑为养老金进行规划等。

(十一) 所在地区

对于所在地区变量在基金销售中有明显差别。在北京、上海、广州这三个我国最大的城市,客户对基金产品的认识要远远高于其他城市。在这三个一线城

---

① 《2009 年基金投资者调查报告》,中国证券业协会官网发布。

市中,大型机构云集,就业机会多,依靠工资收入的白领人群大大高于其他非一线城市。因此这三个城市的基金销售量占基金销售总量的30%左右。在东部沿海城市,基金持有人数远远高于内陆城市。这不仅是因为东部地区经济发达,人们的财富水平高于内陆地区,还因为理财观念方面,内陆和沿海存在差异。这种差异性在北京和上海两个一类城市也存在。风险较高的股票基金的销售量在同等市场条件下上海要好于北京,而债券基金的销售量北京就远远高于上海。这与地区人口性格有关。

一些占据资源的省份,基金的销售量也会更好一些,如唐山、乌鲁木齐、太原等地因区域能源造就了一批矿业人士,他们拥有大量的现金,购买基金的能力会高于周边的其他地区。

经济、金融结构也会影响基金的销售量,在浙江,民间借贷发达,资金流向地下钱庄或民间借贷,购买基金的人数要远远低于周边的江苏等省份。

所在地区因素作为客户细分变量在实际运用中并不多见,这主要是因为基金产品针对特定客户市场的细分程度还不够。近来,基金专户理财模式的推广或许可以成为所在地区变量发挥作用的场所。为矿业巨头量身定制的专户资产管理服务已在基金公司内悄然兴起。

(十二) 客户主动联络次数

把客户与公司建立联系的程度作为细分变量来考察听起来是一件比较困难的事情。但如果基金公司的服务管理较为到位,各项与客户沟通的渠道都具备较高的电子化水平,则衡量客户与公司的关系也不会成为很大的难题。衡量客户与公司之间的关联度是建立长期稳定的客户关系的必要数据。如果这个数据被量化,则对于考察客户与公司的关系,保持和促进公司与客户之间的关系有着积极的作用。下面分析一下这个变量:

第一,电子化服务水平较高的公司,客户与公司的关联度数据是可以获得的。基金公司的呼叫中心、信息发送中心以及客户资料库都为这一数据的获得提供了支撑。基金公司可以通过以下指标观察到客户对公司产品的关系程度:主动联络公司次数、参与公司的活动、为公司提供各种信息和建议。这个指标可以用客户主动联络公司次数衡量。

第二,联络次数的服务应该包括:客户主动来电次数、公司主动外呼电话次数、电子邮件往来次数、短信互动次数、接受公司回馈次数、参与公司网站或现场活动的次数等。其中主动来电和基金公司主动去电反映了客户的不同需求和态度。

(十三) 客户信息完整度

客户信息的完整度是客户是否愿意与公司保持密切联系的重要指标。很多客户购买基金后并不关注基金运作情况,也没有直接与基金公司联络的愿望。客户主动提供或完善客户信息是愿意与公司保持关系的重要标志。

基金公司应该更多地关注那些愿意与基金公司直接沟通的客户,分析这些客户的联络需求,为他们提供更多的专业信息和指导,对他们给予更多的关注。基金公司应该鼓励客户经常与公司联络,特别是其中的高净值客户。

三、细分变量评述

通过分析上述 13 个基金客户细分变量(资产规模、持有状态、持有产品数量、持有产品种类、购买渠道、持有时间、盈亏状况、交易手续费、管理费贡献、年龄、所在地区、客户主动联络次数、客户信息完整度)我们可以得知,这些变量对于基金客户的价值和长期持有具有重大影响,对于建立基金公司与客户之间长期稳定的客户关系具有重要意义。这些变量按照人口统计学特征、客户交易行为、客户投资目的、客户价值、客户购买决策以及客户关系状况等几个方面将客户进行分类。这种相对全面的关系变量对于研究基金客户的不同特征,为以延长客户产品的持有期为目标的长期稳定关系的建立提供了多方面的分类依据。

(一) 全面性

科特勒(2003)对市场细分研究归纳出了四大细分变量,分别是人口统计、地理特征、心理特征和行为特征。如表 4.2 所示:

表 4.2 传统市场细分四大细分变量

细分变量	描述
地理特征	按照消费者的地理位置和自然环境(Claude et al., 1977),例如省份、内陆城市、沿海城市
人口统计学特征	包括性别、年龄、种族、职业、教育背景、婚姻状况、家庭人口、收入、国籍等(Henry et al., 1968)
心理特征	包括社会阶层、生活方式、个性特点(Fine, 1980)
行为特征	包括品牌忠诚、购买动机、使用频率、使用反馈等(Currim, 1981)

后来的学者,将客户人口统计学特征、交易行为、客户价值作为客户细分的主要方面。虽然理论上对客户细分变量的研究有不同的出发点,一个是客户需求的视角;另一个是企业营销决策的视角,但选择变量的根本因素还是基本相同的。

因为是国内首次对基金客户进行细分,本书力求对基金客户的细分变量提炼得较为全面,将13个指标归纳为了5个方面,不仅包括客户人口统计学特征(年龄、所在地区)、交易行为特征(资产规模、持有状态、持有产品的数量和种类、持有时间、购买渠道、交易手续费)和客户价值(客户管理费贡献)等,还提出了客户购买决策(盈亏状况、交易手续费)、客户关系(客户联络公司次数、客户信息完整度)这两个描述客户需求及其与基金公司关系的变量。这些因子构成了围绕客户需求及其与公司关系的基金客户细分变量体系。如图4.3所示:

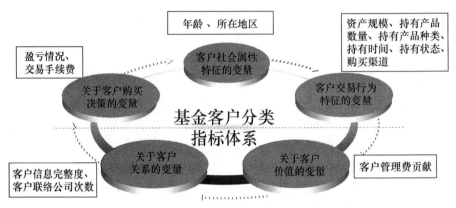

图4.3 基金客户细分变量体系

第一,客户社会属性特征的指标(年龄、所在地区)可以区分客户购买决策。不同地域、不同年龄段的客户对基金产品的种类和基金公司的服务有不同的需求。客户选择自己适合的基金品有利于其较长时间的持有。

第二,客户交易行为特征的指标(持有状态、持有产品数量、持有产品种类、资产规模、购买渠道、持有时间等)可以细致地区分客户的交易状态,以这些变量作为分类标准,可以区分出不同资产规模下客户对服务的要求;不同购买渠道中客户的资金属性;不同交易手续费下客户的购买习惯;不同产品持有状态下客户的交易习惯;以及客户对不同种类和数量的产品可能持有的时间等。这些指标为研究客户的行为和根据客户行为采取相应的营销服务策略提供了重要的参考。

第三,客户购买决策的指标(盈亏状况、交易手续费)从客户需求出发,将与客户需求最密切相关的指标分离出来。客户投资的盈亏状况之所以放在购买决策方面,是因为其涉及客户的二次购买。单独来看,这个指标也可以作为客户体验、客户满意度方面的指标,但实质上与购买决策相关度更高。

第四,客户价值的指标是基金公司从营销决策的角度评估客户管理的重要指标。对于基金公司来说,最后主要是管理费贡献变量。这里没有对组成管理费贡献的其他子变量进行罗列,如持有时间、基金管理费费率、客户持有基金产品的资产净值。因为这几个变量已分配到其他方面,不必重复。

第五,客户关系的指标是衡量基金公司与客户关系度的变量,包括客户主动联络次数、客户信息完整度等。这些变量反映了客户与基金公司之间交流沟通的频度、广度和深度。

虽然上述13个变量能够比较全面地描述基金客户群体的特征,但从基金客户的细分维度来说,还可以找到一些更细、更广的分类指标。但正如本章第一节所说,客户细分并非越细越好,怎样分类要取决于市场目标。如果基金公司对所有的客户都要开展个性化服务,那么客户细分工作当然是越细越好。在实际工作中,由于营销成本、服务成本、公司资源、公司目标客户等多种因素的共同作用,客户细分变量的全面性就应该是有约束的。

(二)科学性

上述13个变量不仅全面地描述了基金客户分类的特征,而且都具有可衡量性、可获得性、可持续观察性、业务相关性等作为分析研究的数据指标所必需的特点。由于这些数据都是可以量化的,所以分类研究所需的数据可靠性、安全性得到了保证。依据这些数据进行的客户分类可以通过计算机系统自动获得,避免了人为统计和定性分析的不准确性。

众所周知,客户关系一直处于动态变化之中,如果分析研究使用的是历史某一时点的数据,则其反映的只是历史上这一时点的状况,分析研究导出的结论就可能与现实脱离,不具有对现实实际情况的指导意义。本书的研究适用的这些因子是一群动态数据,研究人员可以随时获得,这为开展客户关系研究提供了得天独厚的条件。这些动态数据的使用弥补了历史数据的缺陷,为动态地研究基金公司与客户的长期稳定关系提供了有力的数据支撑。

本书中将客户与公司联络次数作为变量,这在以往的客户细分中是少有的。这一变量是随着计算机技术的发展而逐渐被人们发现和认识的。客户与基金公司保持密切而畅通的联系,表明客户对公司保有一定的认同,这是公司与客户建立长期稳定关系的基础。将客户按与公司联络的次数进行分类,有利于公司识别积极型客户,进而采取相应的服务营销手段,以巩固与这些客户的关系,进而扩大忠诚客户群,形成稳定的客户基础。

(三)实用性

科学研究的实用性是本书一直关注的问题。如果开展客户研究对企业或公司的经营活动不具备现实指导作用,则研究就失去了意义。因此,在客户细分变量的选择上本书特别予以了重视,这使得整个研究沿着一条实用的道路进行。

通过研究分析基金客户细分变量,我们可以得到一套实用的基金客户传统细分标准,基金公司按照这个标准建立起来的服务体系和服务策略将有利于与客户建立良好的互动关系、维护关系、长期关系和稳定关系。

通过研究分析基金客户的细分变量,我们可以预测价值客户的特征,这有利于客户在购买基金的初期就得到基金公司的关注,与基金公司建立良好的互动。此外,由于客户的动态性特点,基金公司与客户保持的关系应该是动态发展的,在实际客户关系管理工作中,关注价值客户的长期发展,与客户建立长期稳定的服务关系是本书大力提倡的。

(四)层次性

在基金客户细分变量中,虽然各个方面都有细分的空间,但还是存在层次之分。

1. 第一层次变量

我们把客户自身属性变量,如年龄、所在地区等归为第一层次变量。这些变量是客户自身所具有的,不会因受到与投资基金相关因素的影响而改变。

2. 第二层次变量

我们把客户的交易行为变量定义为第二层次变量,如客户的持有时间、持有产品种类、持有产品数量等。这些变量是客户依据其他不同因素而采取的表现为基金操作的行为。这些交易行为的量化可以较为客观地分析客户的行为,便于研究人员通过这些量化的客观数据,从交易行为上分析客户特征。

3. 第三层次变量

第三层次的变量是那些对于投资者、基金公司这些研究考量主体来说是决定性因素的变量。如对基金公司非常重要的客户价值;对考察投资者需求非常重要的客户购买决策和体验等。在客户细分理论中,关于客户价值、客户利益的细分都多次被应用于不同行业的客户细分中。在基金客户的细分过程中,这些也同样是重要的细分因素。因此,与客户价值相关的变量,如客户管理费贡献,以及与客户交易行为相关的盈亏状况都是重要的变量,属于第三层次变量。这些变量可以影响到其他变量。

第四节 基金客户细分的方法

一、细分方法回顾

关于客户细分研究有很多种方法。使用何种方法对客户群体进行细分,与细分研究的对象、所属行业、市场目标等有很大关系。如果市场目标不同,则细分的维度和细分的技术也会不一样。因此,不同的客户细分技术有着不同的行业适用性。

早期一般的客户细分方法主要包括人口统计的细分、生活方式的细分、行为的细分和利益的细分等。由于客户细分技术不断处于完善和优化过程当中,各种细分方法也在持续的发展当中。

如果不考虑客户细分方法的行业差异,那么客户细分主要来源于细分的维度(维度的特征和内涵)、细分的依据和细分的目标。维度、依据和目标共同构成了客户细分的因素。

以人口统计细分方法来看,在维度特征方面这种客户细分的因素是人口的特征,如年龄、性别等;在维度内涵方面表现为人的各种外部特征,如大于60岁的人群,苍老、活力减弱;在细分依据方面主要为人口的年龄和需求等;这种细分方法一般采取事前分析的方法,不需要事后操作,主要目标是了解市场结构,以判断客户的需求,或者是对其他细分方法的补充,这些客户细分多为定性分析。

随着客户关系管理理论的不断发展,计算机技术被引入客户分类之后,人们对客户价值、客户利益的统计和分析越来越倾向量化。当数据挖掘技术被应用于客户分类管理之后,客户细分更多地开始利用各种数据挖掘工具,采取聚类等模型算法对客户进行分类。

聚类方法所涉及的问题可以描述为:已知 N 个点的集合,每个点都有 K 个变量(属性),从这个集合中,提取出若干个聚类或者分组,这些聚类内部的节点具有同质性,聚类之间具有异质性。而节点的属性是在划分之前就明确了的。在市场细分中,消费者或者企业就是节点,变量就是市场细分的标准。

聚类方法可以分为非重叠聚类、重叠聚类、模糊聚类。我们可以用聚类方法所产生的矩阵来区分这三种方法,矩阵 P 中有 N 行 S 列,行表示消费者或者企业,列表示细分市场。那么非重叠聚类的矩阵 P 如表 4.3 所示。

表 4.3 非重叠聚类的矩阵

		消费者/企业		
		1	2	3
细分市场	1	0	1	0
	2	1	0	0
	3	0	1	0
	4	0	0	1

非重叠聚类所表示的矩阵中,每个对象(消费者/企业)只属于一个细分市

场,即每一行只有一个1,其他为0。非重叠聚类方法还可以分为层序法和非层序方法。

重叠聚类的矩阵 P 如表4.4所示。

表4.4 重叠聚类的矩阵

		消费者/企业		
		1	2	3
细分市场	1	1	1	0
	2	1	0	1
	3	0	1	0
	4	0	1	1

重叠聚类所表示的矩阵中,一个对象(消费者/企业)可以同时属于多个细分市场,即在矩阵中,每一行可以有多个1。

模糊聚类的矩阵 P 如表4.5所示。

表4.5 模糊聚类的矩阵

		消费者/企业		
		1	2	3
细分市场	1	0.1	0.2	0.7
	2	0.6	0.2	0.2
	3	0.8	0.1	0.1
	4	0.5	0.2	0.3

模糊聚类所表示的矩阵中,一个对象(消费者/企业)可以部分属于某个细分市场,即在矩阵中,对象在某个细分市场中的值可以为小数。模糊聚类方法又可分为基于模糊集合理论的过程和混合过程。聚类方法的分类如图4.4所示。

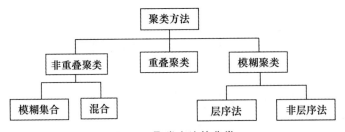

图4.4 聚类方法的分类

关于客户细分的方法有很多,在本章中将对涉及的方法进行详细描述。

二、基金客户分类方法

在前几章中已介绍过,本书以建立基金公司与客户之间长期稳定的关系为基础,以提升公司价值为主要目标。通过对与基金客户特征密切相关的5个方面13个变量的运用,本书使用定性和定量的方法,对基金客户在静态和动态两个层次上进行细分研究。其中,定性方法主要应用于对基金客户静态状况的分析中;定量方法主要应用于对基金客户价值预测、基金客户流失预警等动态分析方面。

第一层次,在定性划分的研究阶段,本书使用较为基础的变量从人口特征、行为特征、心理特征、利益特征等单变量角度对基金客户进行了细分。通过这种细分得到的基本模型称为基金客户基础细分架构(以下简称"基础细分架构")。这种细分方法比较简单,有利于从不同侧面描述客户特征。同时,这种细分方法又是多角度的,有利于基金公司多方面了解基金客户长期持有所需要的前提。这种细分方法同时又是具有拓展性的,它在多维度、多层次上为进一步的客户细分提供了切入点,使基金公司能够由简入繁,由浅入深地刻画出客户特征,深入了解客户需求。

第二层次,由于基础细分架构是基于历史数据的划分方法,但基金投资市场的波动性,使客户的行为和特征处于不断变化的过程当中。在实际工作中,基金公司更需要动态地了解和掌握客户不断变化的需求,只有这样才能够有针对性地制定营销策略,以促进基金公司利润的提升。现代数据挖掘技术为动态的客户细分提供了方法,使我们可以做到根据客户数据动态的变化预测和判断客户未来的状态。从基金公司提升客户价值的视角出发,本书从基金公司最为关注的管理费贡献入手,通过以影响管理费的客户持有时间和客户资产净值为着力点,开展客户动态价值预测和客户流失预警。根据这两方面研究的结果,得到了基金客户流失预警模型和基金客户价值预测模型,通过基金客户流失预警模型,可以将即将流失的客户分离出来,以便基金公司采取各种挽留策略;通过基金客户价值预测模型,本书将客户未来的价值分为7类,等级越高表示价值越大,这一模型可以凭借客户当期价值预测其未来价值,便于基金公司从一开始就能方便地识别出潜力客户,对这些客户开展有针对性的营销和服务,并通过例如建立忠诚度计划、客户回馈等方法与这些客户建立和保持良好的关系。

在实际工作中,基金公司往往会遇到潜力客户价值偏离预测价值的情况。针对这种普遍情况,本书对潜力客户价值分布的状态进行了曲线拟合,通过数据证明,潜力客户偏离预测价值的情况不明显。这一发现,对于基金公司与高端客户建立长期稳定关系有着重要作用。

第五节　静态基金客户分类模型

目前,基金公司对客户的管理往往局限于使用单变量对客户进行细分,针对客户所具有的某个特点开展营销服务。

二、单变量细分

(一) 按持有资产规模细分

高净值客户比低净值客户具有更大的潜力。将高净值客户分离出来,建立区别于普通客户的服务策略,将有利于客户的保持。按持有资产规模细分,是获得高净值客户的有效方法。具体如下:

一是资产规模大于100万元的人群,定义为"特高净值客户",这类客户期望获得稳定的收益,不希望承受超额风险,对公司有较多的信任。一般有专属的客户经理直接提供服务。如长期持有,对公司的贡献度较大。

二是资产规模大于(等于)50万元,小于100万元的人群,定义为"中高净值客户",这类客户的投资资产仅占个人资产的一部分,对公司服务要求很多,可以承受一定的投资风险,绝对收益者较多。如能获得该客户的重复购买,对公司的贡献度较大。

三是资产规模大于(等于)20万元,小于50万元的人群,定义为"中等净值客户",这类客户熟知投资风险,有独立投资判断的能力,风险偏好等差异较大。获得"一对一"理财服务的机会较少。

四是资产规模大于(等于)10万元,小于20万元的人群,定义为"中低净值客户",这类客户资产较少,交易频繁,持有时间短,受大众媒介、宣传营销媒介影响较多。

五是资产规模小于10万元的人群,定义为"低净值客户",这类客户的资产规模较小,对公司贡献有限,可观察该客户一个较长时间内资产规模变化的情况,如果1年内没有增加投入,则表明该客户可用于投资基金的资产有限。

使用资产规模对客户进行细分时应该注意如下事项:建立定期扫描客户资产的规则,至少应该包括:扫描频率、等级分类规则等。一般情况下,如果基金公司拥有的客户数据量过大,扫描频率过密,将会造成系统负担。由于客户的资产处于经常变化的过程当中,刚刚标志为特高净值组的客户,可能很快会全部或部分赎回基金。但鉴于按资产规模细分的目的是发现潜力价值客户,客户资产曾经达到过最高值,表示该客户有潜力拥有高净值资产。因此,不必在意客户短时间内是否能将所有高净值全部委托公司管理。

（二）按持有状态细分

基金客户持有状态可分为三种情况，即第一次购入公司基金的客户；持有公司基金的客户；已赎回公司基金的客户。具体可分为：

一是首次购买基金1个月以内的人群，定义为"新客户"，这类客户不了解公司的产品和服务，希望快速体验公司的服务，并会与其他基金公司进行对比，以形成对公司品牌的初步认识。

二是持有基金1个月以上，且没有赎回的人群，定义为"持有客户"，这类客户对公司的产品和服务已有初步的了解，对投资的产品已初步体验或已产生下一步的投资决策。

三是以前持有过公司产品，考察期已赎回的人群，定义为"已赎回客户"，这类客户对公司的产品和服务已有初步的了解，已形成对公司投资管理能力的体验和认识。持有时间较短的客户，形成的认识可能并不明显。

持有状态的分类可以使基金公司根据客户在公司认识、体验心理和感受上的差异提供差别服务。对于新客户，公司应该全面介绍公司的产品和服务；对于持有客户，公司可以进行更进一步的细分，制定一系列奖励长期持有的措施；对于已赎回客户，公司可以根据客户的体验，制定不同的唤醒服务或营销措施，吸引再次购买。

（三）按持有产品细分

根据我国《证券投资基金销售管理办法》，投资者只能购买与资金风险承受能力相匹配的基金产品。如果投资者选择的产品与自己的风险承受能力不相匹配，需要做出愿意承担较高风险的承诺。在这一假设前提下，投资者持有何种基金产品在很大程度上表明了其在风险承受能力、风险偏好、流动性和预期收益等方面的需求。由此可以推导出，持有股票基金的客户，能够承受或愿意承受投资的高风险，具有高风险偏好；持有债券基金的客户具有中等风险偏好；而持有货币市场基金的客户其风险偏好较低，或对流动性需求较高。因此，按照客户持有产品的种类，可以把客户分为：

一是单纯持有股票基金的人群，定义为"高风险偏好客户"，这类客户能够承受高风险压力，希望获得较高的投资收益。

二是单纯持有债券基金的人群，定义为"中等风险偏好客户"，这类客户不愿承受过高的投资风险，希望获得稳健的投资回报。

三是单纯持有货币市场基金的人群，定义为"流动性偏好客户"，这类客户不愿承担任何投资风险，希望资金保持良好的流动性。

四是持有2只以上不同类型产品的人群,定义为"成熟客户",这类客户具备一定的基金投资经验,能够通过持有不同风险等级的产品分散投资风险,了解资产配置的基本原理;客户对公司保有一定的信任感,对公司品牌较为认可。

(四)按持有产品数量细分

客户持有公司产品的数量与客户对公司产品的认可程度成正比。如果客户同一时间段内持有2只(含)以上公司产品,则表明客户认同公司的投资理念,对公司产品有过较好的投资体验。同一时间段内持有公司产品超过3只的客户可被称为公司的忠诚客户。按照客户同时持有产品的数量,可以把客户分为:

一是同时持有产品数量超过3只的人群,定义为"忠诚客户",这类客户对基金投资的认识较为深入,能够根据自身情况开展基金资产配置;认同公司的投资管理理念,与公司保持着良好的沟通和联络,同时该类客户一般在公司都有很好的投资体验。

二是同时持有产品数量超过2只(含),但没有达到3只的人群,定义为"忠诚度观察期客户",这类客户一般在公司都有一次较好的投资体验,认同公司某一方面的投资管理能力,第2只持有的产品多与第1只投资的产品类似;部分客户开始尝试其他类型产品,但一旦投资收益不理想,便会放弃继续持有的可能。

三是仅持有1只基金产品的人群,定义为"一般客户",这是大部分基金客户的状态,这类客户对公司产品没有太深印象,与基金公司之间还没有建立起信任关系。这类客户中,一些客户持有时间较长,通过与基金公司建立长期稳定的关系,慢慢会向上一类客户转化。

(五)按购买渠道细分

客户选择在银行、证券公司、基金销售机构、基金公司直销柜台或网站购买基金,或是出于交易习惯,或是出于购买的便利性,或是出于对交易费用的考虑。比如,基金公司直销柜台只为100万元以上的客户提供直销服务;基金公司网上交易为客户提供手续费率优惠。因此,每个销售渠道的客户都带有与购买渠道相关的特征,按购买基金的渠道将客户进行细分,可以在一定程度上表现客户的风险承受能力、收益预期、费率敏感性等特征。按照购买渠道,可以把客户分为:

一是通过银行渠道购买基金产品的人群,可定义为"银行客户",这类客户风险特征趋于保守,对投资预期不高,一般超过1年期存款储蓄即可,以保持资产的抗通胀能力,对资产的流动性有一定要求;资产分布不均衡;高净值客户,对基金公司的忠诚度不高,投资决策受银行客户经理影响较大。

二是通过证券公司购买基金产品的人群,可定义为"证券客户",这类客户的资金属于炒股资金,客户的风险承受能力较强,对投资收益预期较高,流动性要求较高,投资决策受股票市场影响较大。

三是通过第三方基金销售公司购买基金产品的人群,可定义为"理财客户",这类客户一般资金量较大,具有资产潜力;对投资目标追求绝对收益;具有一定的投资经验,有规避风险的意识,流动性要求不高。

四是通过基金公司网上交易购买基金产品的人群,可定义为"费率敏感客户",这类客户对费率敏感,愿意与基金公司直接接触,基金知识比较丰富,对基金交易有较全面的认知;熟悉网络基金交易操作;是银行的网上交易客户(客户在基金公司网站交易需要使用银行的硬件加密设备,而这个设备是客户进行银行网上交易必须使用的工具);年龄相对较年轻,能够熟练使用网络。

(六)按交易手续费细分

交易手续费是基金客户在认(申)购基金和赎回基金时需要支付的交易费用。不同基金产品需要支付的交易手续费不同。一般情况下,股票基金的申购费率为1.5%、赎回费率为0.5%(1年以内,不同持有期客户支付的赎回费有所不同)。债券基金的认(申)购费根据不同的产品有所不同,由不收取认(申)购费到收取0.8%不等,赎回费率约为0.1%。一些分级债券基金对某个级别的产品不收取认(申)购费,但对赎回费有严格的标准,对于短时间内(如小于7天)频繁操作的基金,收取较高的赎回费(约为1.5%)。货币市场基金一般不收取交易手续费。交易手续费由基金销售机构收取。基金公司只有开展直销才能够获得交易手续费。为鼓励大额资金的进入,对超过100万元以上的资金,基金公司又采取了一次性收费的办法,仅收取1000元。所以,基金公司仅能通过直销网上交易获得交易手续费收入。一般来看,基金交易手续费的贡献占基金其他收费的1/3,而且,不通过代销渠道销售基金,基金公司还无须向代销机构支付尾随佣金。基金公司向代销渠道支付销售尾随佣金已成为业内常态。尾随佣金一般与基金公司的管理费收入挂钩,按照管理费分成。分成比例高低不等,有的基金公司需要将50%以上的管理费收入支付给基金代销机构。因此,基金公司开展网上直销的动力较强。为了鼓励客户进行网上交易,基金公司会对在网上交易的客户提供交易手续费折扣。一般为8折,最低为4折。按照交易手续费,可以把客户分为:

一是对基金公司有交易手续费贡献的人群,可定义为"网上交易客户",这类客户愿意在基金公司网上交易,享受交易手续费折扣优惠,对费率较为敏感;具有独立投资能力,愿意与基金公司直接进行沟通;能够获得更多的基金投资专业指导和知识;能够熟练操作计算机;年龄在55岁以下,一般集中在30—45岁。

二是对基金公司无交易手续费贡献的人群,可定义为"代销客户",这类客户对费率不敏感;习惯于传统的基金销售方式,缺乏对基金产品的理解,需要代销机构的基金投资建议;不能熟练操作计算机等;年龄相对较大。

随着基金销售渠道的不断扩展,电子化金融交易方式日益兴盛,一些代销机构也会向客户提供基金申购费率优惠的措施。这就需要基金公司正确处理直销与代销之间的关系。对于基金客户来说,直销和代销提供同样的费率优惠,可能没有大的区别,但对于基金公司来说,收入贡献却有很大的不同。如前所述,代销渠道要分食基金公司的管理费收入,而直销渠道却可以为其节省这部分费用,同时还可以带来申购、赎回等交易手续费收入的增加。

(七) 按盈亏状况细分

投资收益是构成基金投资中客户体验的最主要因素。根据客户上次的投资收益情况可以判断客户再次投资的可能性。将客户的投资收益与客户的购买赎回行为联系起来,可以根据客户心理、投资体验等状况开展服务营销。可以将客户的投资收益情况再分为已赎回和继续持有。客户获得正收益后,一般会采取赎回或继续持有。在正收益下选择继续持有的客户,主要是希望获得更多的回报,称为"长期类客户";而选择赎回的客户,则是基于该基金不会继续提供收益的判断,选择落袋为安,称为"落袋为安客户"。相反,在亏损状态下继续持有的客户,主要是希望基金能够改变亏损状态,称为"扭亏类客户";而亏损状态下选择赎回的客户,承认了损失的现实,不对基金抱有希望,称为"止损类客户"。这几种状态反映了投资者对基金公司投资能力和市场走向的看法。具体分类方法如表 4.6 所示:

表 4.6 基金客户持有与收益情况分类

收益情况	持有情况	
	继续持有	选择赎回
投资收益为正	长期类客户(G01)	落袋为安客户(G03)
投资收益为负	扭亏类客户(G02)	止损类客户(G04)

对于上述四种分类,不同情况的客户表现出了不同的特征,主要为:

第一,长期类客户:这类客户已获得预期的收益,但仍选择继续持有基金。这类客户一般具有较为专业的投资水平,对所持基金有较深入的研究,充分信任基金公司投资管理团队的能力,愿意长期持有此基金。当然也不排除,投资者不了解基金操作规则,不能在盈利高点将收益锁定。这类客户是基金公司的优质客户。

第二,扭亏类客户:这类客户持有的基金资产已经亏损多时,但客户不愿意承认现实的损失,而选择长期持有,等待基金净值的回归。这类客户一般没有止损意识,也有可能此类客户是风险偏好者,即使亏损,客户相信会有更大的收益出现。其实这类客户是基金公司欢迎的客户。

第三,落袋为安客户:这类客户知晓基金运作的规律,选择在市场高点对收益进行兑现,不是忠实的基金客户。这类客户中不排除投机者,但如果基金公司能够在客户赎回前,引导客户进行产品转换,是能够挽留这部分客户的。

第四,止损类客户:这类客户以投资股票的心态看待基金,操作频繁,在基金净值下跌后,能够及时止损。从表面上来看,这类客户避免了更多的损失,但从长期来看,个人对时点的选择终究不是常态。从基金投资的基本原理来看,在市场低点补仓才是基金长期的投资之道。

(八)按管理费贡献细分

基金公司的收入主要由基金管理费构成。客户持有时间长、持有产品数量多、持有股票基金、资产净值高等多个因素都会增加基金公司的管理费收入。通过 CRM 系统,对客户的管理费进行统计,并按一定的管理费金额进行分级,可以得到不同程度的管理费贡献的客户分组。开展以管理费贡献为标准的客户分组,可以实现以下目标:区分价值客户,为开展客户维护和回馈提供依据;计算单个客户的投入产出分析,控制低于平均贡献度的客户服务成本;描绘高贡献度客户特征,按图索骥,在客户持有基金初期即发现并培养高价值客户。

按照客户年管理费贡献金额,可以把客户分为三类:

一是"高贡献度客户",年管理费贡献大于 2 000 元,这类客户资金量大,或持有时间较长,认可公司的投资理念,享有较高的投资收益,一般客户体验较好。对于基金公司来说,年管理费贡献高于 2 000 元的客户属于高贡献度客户。这类客户灵活性较高,忠诚度不高,投资理性。

二是"中等贡献客户",年管理费贡献大于公司的综合运营成本,小于 2 000 元,这类客户资金量不大,持有时间中等,为公司贡献的价值高于公司的综合运营成本。

三是"低贡献度客户",年管理费贡献小于公司的综合运营成本,这类客户往往资金量小,持有时间短,为公司贡献的价值低于公司的综合运营成本。

(九)按与公司关系细分

基金公司现掌握的数据中有两个指标可以反映客户与基金公司的关系:一个指标是客户的信息完整度;另一个指标是客户主动联络公司的次数。这两个指标是相辅相成的。基金公司一般不会拥有全面的客户信息,这与基金公司销售多通过代销渠道完成有关。很多代销机构不向基金公司提供基金客户的信息,因此,基金公司每次接到客户主动联络的电话时,都会要求客户补充资料。而且基金公司还会经常开展各种活动,邀请客户完善个人资料。所以,只要是主动联络基金公司的客户,都会在基金公司留有较为全面的个人信息。客户主动与基金公司联络,能够反映出客户与基金公司关系紧密的程度。如果客户主动联络公司的次数较多,则说明该客户关注投资资产,对公司信任,愿意与公司交流。这种与公司交流频繁的客户是公司可以影响的客户。按照客户与基金公司的关系,可以把客户分为:

一是"积极型客户",是指客户主动与公司联络的次数大于5次/年,这类客户由于与公司保持了经常联系(可能表现为积极参与公司举办的各类活动),他们能向公司提出建议和投诉,有时会协助公司宣传基金理财的投资理念。他们对基金投资有较深入的理解和兴趣。这类客户将成为公司的忠诚客户。

二是"消极型客户",是指客户主动与公司联络的次数小于5次/年,这类客户往往被动接受公司提供的服务,对公司服务没有反馈,拒绝参加公司提供的各类活动,认为没有必要直接与公司联系。基金公司对这类客户的影响力较差,一般只能通过投资收益打动客户,其他的服务营销手段(如忠诚度提升计划、客户回馈等)很难发挥作用。

(十)按年龄细分

客户年龄是影响客户投资决策的重要因素。一般而言,60岁以前,人处在财富积累阶段,客户投资金额与年龄呈正比,即年龄越大,投资金额越大;而60岁以后,人逐渐进入退休年龄,收入减少,支出增加,用于投资基金的资产减少。通过分析可以看出,我国35—50岁群组的客户,投资的资产规模最大,这说明这一年龄段的客户财富积累较多;而60岁以上的客户,由于经济体制的原因,积累的财富并不多,投资比重也相应减少。

年龄与持有产品的相关性较高。一般来说,年龄越大,风险承受能力越低。一般而言,70岁以上的人群不适合持有高风险的股票型产品。但也存在例外,一些年龄大于70岁以上的客户,是否持有高风险产品要视投资目的而定。以遗产形式投资的老年客户,对风险资产的选择可以比较随意;而以投资收入作为主要投资目的的老年投资者,则更适合投资债券等低风险产品。此外,特殊的市场时期,也有特别的现象存在。2007年股市暴涨期间,老年客户投资股票基金的人数很多,这说明在当时的市场环境下,股票基金已成为低风险投资产品,这种对产品风险属性的误判,导致很多老年客户至今承受着很大的收益损失。这也从另一侧面表明,年龄与风险等级之间相关性有时会很复杂。

年龄还与家庭生命周期存在关系。22岁以前,刚刚参加工作,一般还没有家庭,收入不多,负担也较轻;22—35岁期间,为家庭形成期,负担较重,收入较少,投资金额也不多;35—55岁期间,为家庭满巢期,孩子逐渐长大,需要教育支出,以教育、养老为目标的投资需求增加,在此期间,也是收入增长期以及财富积累的黄金时期,55岁以上,为退休期,收入减少,支出增加,需花费以前的积累。

根据年龄与投资基金资产净值的相关性,可以把客户分为五类:

一是"年迈客户",是指70岁(含)以上的客户,这类客户资产净值量不大,风险承受能力较低,投资缺少自主判断,容易受他人影响。这类客户多被代销渠道引导而持有高风险产品,遇到这类情况应尽量建议其退出。可引导这类客户持有低风险产品。

二是"老年客户",是指55(含)—70岁之间的客户,这类客户投资金额较大,知识层次较高,愿意接受新鲜事物,对投资收益要求不高。他们多愿意与基金公司就投资情况进行深入的交流;时间较充裕,愿意参加各类现场活动。这类客户处于退休阶段,开始使用积蓄,用于养老,一般有稳定的现金流供日常生活支配。理财目标为保值增值。

三是"中年客户",是指35(含)—55岁之间的客户,这类客户年富力强,投资基金的资金较多,风险承受能力较强。他们处于生命周期的中年,事业处于高峰状态,日常消费水平也处于人生的鼎盛时期;家庭负担较重,一般需供养父母,养育子女,收入多,支出也多。理财目标强制性需求过多,多有忽略养老储蓄的潜在意识。

四是"青年客户",是指22(含)—35岁之间的客户,这类客户投资目标明确,风险承受能力高,学习能力强,愿意采取网络形式开展交流互动。处于成家立业阶段,支出较多,而收入较少。理财目标刚性需求较多。

五是"低龄客户",是指22岁以下的客户,这类客户基金投资金额较小,没有投资经验,高净值资产多为他人代为投资,收入很少,理财意愿不强。个别投资金额较大的客户,多为他人名义投资客户。

(十一)按所在地区细分

客户所在地区的经济情况对客户经济状况、收入水平、投资习惯有一定的影响。在经济发达地区,人们的收入会比经济贫困地区人们的收入要高,家庭用于投资理财的资金也会多一些,同时,人们对理财知识掌握得更多,理财产品相对丰富,投资风险承受能力相对较高。按照客户所在地区进行细分,可以更多地掌握客户投资特征。

按照所在地区,可以把客户分为四类:

一是经济特别发达地区客户:主要指北京、上海、广州三个一类城市的客户,这类地区富裕人群较多,家庭投资金融资产的比重较高,对金融产品的了解较为深入,风险承受能力较强,比较在意投资收益,适合各种基金投资产品。

二是经济相对发达地区、沿海地区城市客户:包括江、浙、粤地区一类、二类城市以及济南、福州、深圳、重庆等城市的客户,这类地区个体经济发达,投资渠道多样,人群对投资收入要求较高,对投资风险的承受能力较强,对收入低的产品不感兴趣。

三是内陆地区省会城市客户:主要指郑州、黑龙江、吉林、沈阳、石家庄、武汉、成都、太原、乌鲁木齐等城市客户,这类地区经济文化发展相对缓慢,人们的投资意识开化较晚,投资渠道窄,经济收入低,投资品种贫乏,人们的风险承受能力较低,不适合高风险产品。一些矿业发达的地区,如乌鲁木齐、太原等城市,矿产资源丰富,矿产众多,国家产业政策调整后,这些人获得了很多现金资产,他们对投资固定收入的产品兴趣较高。

四是经济落后地区城市客户:如银川、兰州、南昌、合肥等经济发展相对落后省会城市的客户,这类经济欠发达地区,人们的收入较低,家庭投资金融资产的比重较低,风险承受能力弱,不能接受高风险投资产品。

三、多维度细分

将上述单变量细分后的基金客户群体进行组合,可以得到基金客户多维度细分列表(如表 4.7 所示):

表 4.7 基金公司全客户细分结果

分类维度	编号	分类标准	类别名称	群体特征
资产规模	A01	资产≥100万元	特高净值客户	期望获得稳定收益;不希望承受超额风险;对公司有较多的信任。一般有专属的客户经理直接提供服务。如长期持有,则对公司的贡献较大。
	A02	50万≤资产<100万元	中高净值客户	投资资产仅占个人资产的一部分;对公司服务的要求较多;可以承受一定的投资风险;绝对收益者较多。如能获得该客户的重复购买,则对公司的贡献度较大。
	A03	20万≤资产<50万元	中等净值客户	熟知投资风险,有独立投资判断的能力,风险偏好等差异较大。获得"一对一"理财服务的机会较少。
	A04	10万≤资产<20万元	中低净值客户	资产较少,交易频繁,持有时间短,受大众媒介、宣传营销媒介影响较多。
	A05	10万元以下	低净值客户	资产较少,对公司贡献有限,可观察该客户一个较长时间内资产规模变化的情况,如果一年内没有增加投入,则表明该客户可用于投资基金的资产有限。

(续表)

分类维度	编号	分类标准	类别名称	群体特征
持有状态	B01	首次购买基金1个月以内	新客户	不了解公司的产品和服务,希望快速体验公司的服务,并会与其他基金公司进行对比,以形成对公司品牌的初步认识。
	B02	持有基金1个月以上	持有客户	对公司的产品和服务已有初步的了解,对公司的产品已初步体验或已产生下一步的投资决策。
	B03	以前持有过公司产品	已赎回客户	对公司的产品和服务已有初步的了解,已形成对公司投资管理能力的体验和认识。持有时间较短的客户,形成的认识可能并不明显。
持有产品种类	C01	单纯持有股票基金	高风险偏好客户	能够承受高风险压力,希望获得较高的投资收益。
	C02	单纯持有债券基金	中等风险偏好客户	不愿承受过高的投资风险,希望获得稳健的投资回报。
	C03	单纯持有货币市场基金	流动性偏好客户	不愿承担任何投资风险,希望资金保持良好的流动性。
	C04	持有2只以上不同类型产品的人群	成熟客户	具备一定的基金投资经验,能够通过持有不同风险等级的产品分散投资风险,了解资产配置的基本原理;客户对公司保有一定的信任感,对公司品牌认可。
持有产品数量	D01	持有产品数量≥3只	忠诚客户	同时持有公司多只基金产品,对公司投资理念认同,有很好的投资体验。
	D02	2只≤持有产品数量<3只	观察期客户	同时持有公司2只以上产品,认同公司的投资理念。
	D03	持有1只产品	一般客户	对基金公司产品没有太深印象,仅有一只产品,与公司还没有建立起信任关系。
购买渠道	E01	银行渠道	银行客户	风险特征趋于保守,对投资预期不高,一般超过1年期存款储蓄即可,保持资产的抗通胀能力,对资产的流动性有一定要求;资产分布不均衡;高净值客户,对基金公司的忠诚度不高,投资决策受银行客户经理影响较大。
	E02	证券公司渠道	证券客户	这类客户的资金属于炒股资金,客户的风险承受能力较强,对投资收益预期较高,流动性高,投资决策受股票市场影响较大。
	E03	第三方理财机构	理财客户	一般资金量较大,具有资产潜力;对投资目标追求绝对收益;具有一定的投资经验,有规避风险的意识,流动性要求不高。
	E04	基金公司网上交易渠道	费率敏感客户	对费率敏感,愿意与基金公司直接接触,基金知识比较丰富,对基金交易有较全面的认知;熟悉网络基金交易操作;是银行的网上交易客户(客户在基金公司网站交易需要使用银行的硬件加密设备,而这个设备是客户使用进行网上交易必须使用的工具);年龄相对较年轻,能够熟练使用网络。

(续表)

分类维度	编号	分类标准	类别名称	群体特征
交易手续费	F01	有交易手续费贡献	网上交易客户	愿意在基金公司网上交易,享受交易手续费折扣优惠,对费率较为敏感;具有独立投资能力,愿意与基金公司直接进行沟通;能够获得更多的基金投资专业指导和知识;能够熟练操作计算机;年龄55岁以下,一般集中在30—45岁。
	F02	无交易手续费贡献	代销客户	对费率不敏感,习惯于传统的基金销售方式,缺乏对基金产品的理解。需要代销机构的基金投资建议。不能熟练操作计算机等。年龄相对较大。
盈利状况	G01	持有+盈利	长期类客户	这类客户已获得预期的收益,但仍选择继续持有基金。这类客户一般具有较为专业的投资水平,对所持基金有较深入的研究,充分信任基金公司投资管理团队的能力。愿意长期持有此基金。当然也不排除,投资者不了解基金操作规则,不能再盈利高点将收益锁定。这类客户是基金公司的优质客户。
	G02	持有+亏损	扭亏类客户	这类客户持有的基金资产已经亏损多时,但客户不愿意承认现实的损失,而选择长期持有,等待基金重回面值的时刻。这类客户一般没有止损意识。其实这类客户是基金公司欢迎的客户。
	G03	赎回+盈利	落袋为安客户	这类客户知晓基金运作的规律,选择在市场高点对收益进行兑现,不是忠实的基金客户。但如果基金公司能够在客户赎回前,引导客户进行产品转换,是能够挽留这部分客户的。
	G04	赎回+亏损	止损类客户	这类客户以投资股票的心态看待基金,操作频繁,在基金净值下跌后,能够及时止损。从表面上来看,这类客户避免了更多的损失,但从长期来看,个人对时点的选择终究不是常态。从基金投资的基本原理来看,在市场低点补仓才是基金长期投资之道。
管理费贡献	H01	年管理费贡献≥2 000元	高贡献度客户	这类客户资金量大,或持有时间较长,认可公司的投资理念,享有较高的投资收益,一般客户体验较好。对于基金公司来说,年贡献度高于2 000元的客户属于高贡献度客户。这类客户灵活性较高,忠诚度不高,投资理性。
	H02	综合运营成本≤年管理费贡献<2 000元	中等贡献客户	这类客户资金量不大,持有时间中等,为公司贡献的价值高于公司的综合运营成本。
	H03	年管理费贡献<综合运营成本	低贡献度客户	这类客户资金量小,持有时间短,为公司贡献的价值低于公司的综合运营成本。

(续表)

分类维度	编号	分类标准	类别名称	群体特征
与公司关系	I01	客户与公司联络次数≥5次/年	积极型客户	客户与公司经常联系,或积极参与公司举办的各类活动。向公司提出建议、投诉,协助公司宣传基金理财的投资理念。对基金投资有较深入的理解和兴趣。
	I02	客户与公司联络次数≥2次/年	消极型客户	被动接受公司提供的服务,对服务没有反馈,反对公司提供的各类活动,认为没有必要直接与客户联系。
年龄	J01	年龄≥70岁	年迈客户	资产净值量不大,风险承受能力较低,投资缺少自主判断,容易受他人影响。这类客户多被代销渠道引导而持有高风险产品,遇到这类情况应尽量建议其退出。可引导这类客户持有低风险产品。
	J02	55岁≤年龄<70岁	老年客户	投资金额较大,知识层次较高,愿意接受新鲜事物,对投资收益要求不高。他们多愿意与基金公司就投资情况进行深入的交流;时间较充裕,愿意参加各类现场活动。这类客户处于退休阶段,开始使用积蓄用于养老,一般有稳定的现金流供日常生活支配。理财目标为保值增值。
	J03	35岁≤年龄<55岁	中年客户	年富力强,投资基金的资金较多,风险承受能力较强。这类客户处于生命周期的中年,事业处于高峰状态,日常消费水平也处于人生的鼎盛时期;家庭负担较重,一般需供养父母,养育子女,收入多,支出也多。理财目标强制性需求过多,有忽略养老储蓄的潜在意识。
	J04	22岁≤年龄<35岁	青年客户	投资目标明确,风险承受能力高,学习能力强,愿意采取网络形式开展交流互动。处于成家立业阶段,支出较多,而收入较少。
	J05	年龄<22岁	低龄客户	基金投资金额较小,没有投资经验,高净值资产多为他人代为投资,收入很少,理财意愿不强。
所在地区	K01	北京、上海、广州	经济特别发达地区客户	这类地区富裕人群较多,家庭投资金融资产的比重较高,对金融产品了解较为深入,风险承受能力较强,比较在意投资收益,适合各种基金投资产品。
	K02	江、浙、粤地区一类、二类城市以及济南、福州、深圳、重庆	经济相对发达地区、沿海地区城市客户	这类地区个体经济发达,投资渠道多样,人群对投资收入要求较高,对投资风险的承受能力较强,对收入低的产品不感兴趣。
	K03	郑州、黑龙江、吉林、沈阳、石家庄、武汉、成都、太原、乌鲁木齐	内陆地区省会城市客户	这类地区经济文化发展相对缓慢,人们的投资意识开化较晚,投资渠道窄,经济收入低,投资品种贫乏,人们的风险承受能力较低,不适合高风险产品。一些矿业发达的地区,如乌鲁木齐、太原等城市,矿产资源丰富,矿产主众多,国家产业政策调整后,这些人获得了很多现金资产,他们对投资稳定收入的产品兴趣较高。
	K04	银川、兰州、南昌、合肥等城市	经济落后地区城市客户	这类地区人们的收入较低,家庭投资金融资产的比重较低,风险承受能力弱,不能接受高风险投资产品。

第六节 静态模型评述

一、多维度模型

本书基于13个基金变量建立的基金客户多维度细分模型,是业内第一次对基金客户进行多维度细分,从客户关系管理的角度出发,多维度地展示了基金客户的资产机构、持有状态、风险态度、流动性需求、收益、价值、对基金公司的态度等。通过这个客户细分的基础框架,细分出了40个客户分组,每个组都分别形象地描绘了基金客户的特征和对基金公司的需求。这是一次关于基金客户多维度分类的尝试,为基金公司制定有针对性的、差异化的服务提供了基础。

二、细分变量

在上述基金客户基础分类框架中,通过筛选共得出了13个基金客户细分变量,这些变量都与基金客户持有密切相关。变量选择的优劣,直接影响到客户细分的正确性。在本次客户细分过程中,细分维度都具备与细分目标密切关联的特性,作用于细分维度上的刻度,很好地展现了不同客户群组的特征。

如,资产规模变量能够非常直观地反映客户的资金大小。这既反映了客户的重要程度,也反映了客户的潜力。这些客户可能不能马上成为基金公司直接的价值,但却是基金公司应该关注的对象。

又如,客户管理费贡献变量是衡量客户价值的具体指标,这个指标得出的数据与基金公司的各种成本进行比较,对科学配置公司的营销和服务资源起到了关键作用,为基金公司建立与客户之间稳定的关系提供了物质保障和数据依托。

再如,盈亏状况与持有状况变量反映了客户在不同投资体验下的操作行为,能够为持有客户的继续维护和赎回客户的二次申购提供不同的营销和服务解决方案。

可以说,这13个变量每个都是基础分类模型不可或缺的要素,其功能和优势这里不再一一枚举。

此外,关于客户细分变量的使用具有充分的灵活性。这些变量既可以用于对整个基金客户群体的细分,也可以用于对某个细分群体的再次细分。如,基金公司可以将客户按照持有基金的状态分为新客户、持有客户和已赎回客户。为了向持有客户中的高净值客户提供额外的增值服务,可以将持有客户按照资产规模分类,得到持有客户中的高净值客户;为了对已赎回客户进行唤醒影响,可以对已赎回客户中的高净值客户进行二次营销。多个变量组合使用,可以得到更加精准的客户群组。如将盈利客户和积极型客户组合，通过归因分析，得到盈利客户的特征，将有利于指导服务方向。这种组合变量的使用可以很多，更复杂的变量组合将可能得到更精确的群体。

三、模型不足

尽管本书设计的基金客户基础分类模型具有非常现实的变量基础，可以得到全面的分组特征，但可以看出，这些数据都来自过往的某个时点。根据这些时点数据进行的基金客户细分反映的也是客户历史时点的状态。基金行业是充满变化的行业，证券市场的波动、投资资产在金融产品间的流动以及人们投资行为的变化都使资产规模、客户价值、利益分配等充满变数。这就使得建立在静态数据基础上的客户细分工作表现出了一定的滞后性。如果基金公司不能时刻把握客户动态的变化情况，制定出相应的服务营销策略，就会与客户需求存在偏差。因此，掌握客户需求的动态变化，是细分客户的必由之路。

这些变量具有较强的"定性"色彩，虽然符合分类变量所必须具备的重要因素特征，但在数据挖掘技术日益成熟的今天，定性的分类属于初级和基础的方法，必须经过科学的论证。本书由于篇幅限制没有对这些变量进行验证，一方面，因为其有效性在其他类似行业或分类方法中广为运用；另一方面，针对基金行业从未开展的客户细分进行一次基础分类显得十分必要。

第五章 基于关系稳定的基金客户动态细分模型

本书在第四章中基于传统的客户细分方法提出了关于基金客户整体分类的基础框架,为基金公司了解客户的特征和需求提供了一个途径。但这种传统的客户细分方法存在两个弱点。第一,这种细分仅仅是一种统计上的静态划分。由于使用的是历史数据,所以分类只反映了客户在过去一段时间的行为、需求和价值,不能反映客户现在和未来的状态和价值。第二,这种分类方法没有将各细分变量有机地结合起来,无法解决基金公司所面临的提升客户价值和延长客户持有基金时间的问题。在本章中,我们将以动态的分类方法研究和解决这些问题。

第一节 基金公司的收入来源与关键变量选择

通过考察基金公司的收入来源可以发现,其主要的利益是来自基金产品的管理费收入,即

基金公司管理费 = $\sum_{i=1}^{n}\sum_{j=1}^{m}$ 客户持有基金产品净值 × 客户持有基金产品时间 × 基金产品管理费率(其中 $i=1,2,3\cdots n$,表示客户数目;$j=1,2,3\cdots m$,表示每个客户购买基金的种类)

"客户持有基金产品净值"是指基金客户购买某一基金产品的资产净值。多个客户持有的该只基金产品的资产形成了该只基金的总资产。

"客户持有基金产品时间"是指从客户购买某一基金产品后到赎回该只基金

产品之间的时间,以天计算。

"基金产品管理费率"是由基金合同规定的,基金公司管理某只基金收取的管理费比例,以百分比表现。不同基金产品的管理费率不同。货币市场基金和类理财债券基金的管理费率较低,从 0.26%—0.33% 不等;普通债券基金的管理费率约在 0.6% 左右;普通主动型股票基金的管理费率约为 1.5%;被动型股票指数基金的管理费率较主动型低,一般为 0.8%—1% 左右。全球投资的主动型股票基金的管理费率最高,一般为 1.8%。基金产品的管理费率越高,表明该基金运作管理的难度越大。

上述公式表明,基金公司的管理费收入是客户所持有基金产品的净值、该产品的持有时间以及持有产品的管理费率三者共同作用的结果。其中,客户持有产品的时间越长,所创造的管理费收入也就越多;客户持有基金产品的资产净值越大,创造的管理费收入也就越多。在上述三个主要变量中,客户选择持有哪种基金产品是其根据市场条件和购买需求来决定的,基金公司很难影响。而对于其他两个变量基金公司是可以通过制定有效的营销策略来影响的。因此,基金公司可以通过一系列的营销策略来延长客户的持有时间,或逐步提高客户投资公司基金产品的资产额。

在本章中,我们将围绕基金公司收入来源的两个关键变量(客户持有基金产品时间和客户持有基金产品净值)进行研究,期望以这两个关键变量为核心,构建起提升客户价值的基金客户关系管理体系。

第二节 基于稳定视角的客户价值的动态变化分析

基金产品的波动性和客户价值的变化对基金公司开展客户细分工作提出了挑战。在本章中,我们将着重研究当客户价值发生变化时,基金公司应该怎样对待这一变化,以及应该采取怎样的营销策略。

一、基于客户价值动态变化的市场细分框架

由于市场的波动性和客户交易行为等原因,客户的价值一直处于变化的过程当中。一些机构在观察到客户价值发生变化时往往会相应地调整营销策略。比如,对价值提升的客户给予服务升级;而对价值下降的客户相应地调低服务级别。这种及时调整服务营销措施的方法是否真的合理?本书认为,基金属于信任型产品,基金公司与客户之间需要一段较长的时间来建立相互信任的关系,一些客户暂时的价值偏离,并不能代表其价值的长期趋势,因此,那种即时地动态调整服务营销措施的做法是有待商榷的。为了与客户建立长期稳定的服务关

系,基金公司应该以稳定的营销视角对待客户价值的变化。下面将对这一观点予以验证。

我们将使用曲线拟合,模拟3个月、6个月以及12个月的客户价值,各个时间段内的客户价值可以分为五类趋势,即持续上升趋势、先升后降趋势、持续下降趋势、先降后升趋势以及平稳趋势。采用这种方法计算出三个阶段五种趋势客户所占的权重,可以此判别各阶段中哪类价值的客户占比较多。主要思想设计如图5.1所示:

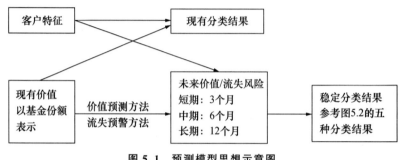

图 5.1 预测模型思想示意图

二、判断标准

如果拟合结果发现长、中、短期的价值波动较大,则证明动态模型思路是正确的。如果出现各阶段预测模型趋势近似,则证明客户价值在各阶段表现出一定的稳定性。

三、模型构建

为验证上述框架的基本思想,本研究选取某个基金公司的客户数据作为研究样本。本书所用的数据是客户日管理费的时间序列,具体指随机抽查5 000名客户2012年1月1日到2012年12月31日的客户日管理费序列。分别从3个月(1—3月)、6个月(1—6月)、12个月(1—12月)分析客户日管理费趋势变化。

首先,定义五种日管理费趋势曲线的形态,如图5.2所示:
结合数据,利用曲线拟合,我们规定:
第一,如果期末管理费大于期初管理费,且其余时间点的日管理费均介于二者之间,则视为存在持续上升形态。
第二,如果期初管理费大于期末管理费,且其余时间点的日管理费均介于二者之间,则视为存在持续下降形态。

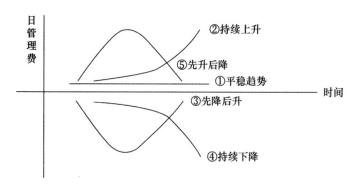

图 5.2 管理费趋势变动图

第三,结合具体数据,为了能更加符合实际,如果波动在 0.5 元之内,我们则认为日管理费存在平稳趋势。

第四,如果存在某个时间点的日管理费大于期初管理费且大于期末管理费,则视为存在先升后降形态。

第五,如果存在某个时间点的日管理费小于期初管理费且小于期末管理费,则视为存在先降后升形态。

在 Excel 中运用 VBA 编程,数据统计如表 5.1、图 5.3 所示:

表 5.1 不同类型管理费客户占比

时间 各段形态	3 个月		6 个月		12 个月		变化比例
	个数	比例	个数	比例	个数	比例	
① 平稳趋势	2 498	41.59%	1 503	22.39%	600	9.52%	降低
② 持续上升	101	1.68%	99	1.47%	602	9.55%	先减后增
③ 先降后升	1 804	30.04%	2 810	41.86%	3 707	58.83%	增加
④ 持续下降	0	0.00%	0	0.00%	97	1.54%	增加
⑤ 先升后降	1 603	26.69%	2 301	34.28%	1 295	20.55%	先升后降

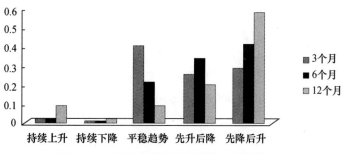

图 5.3 日管理费在不同阶段的变化趋势占比

四、结果分析

第一,平稳趋势:在平稳趋势中,3个月所占的比例为41.59%,而12个月所占的比例仅为9.52%,说明随着时间的推移,客户价值的平稳性短期内更多,长期较少。这也就说明,客户价值动态性变化的特点,证明了以动态方法观察客户价值的思想是正确的。

第二,持续上升趋势:所占的比例先减后增,最后长期所占比例比短期所占比例显著提高,可见对基金公司资产管理很有信心的客户在长期是显著增多的。

第三,先降后升趋势:所占的比例持续增加,说明短期赎回后更多客户选择再次购买,肯定了基金公司的前期工作。基金公司应在后续服务中保持优势,不断创新。

第四,持续下降趋势:这一趋势在所有客户中仅出现1.54%,且在后半年才展现出来,可能是基金赎回造成的,需要对此类客户进行重点跟踪,分析其减少持有量或离开公司的原因,同时也要评估此类客户的维护价值。

第五,先升后降趋势:所占的比例是先增后减,说明在短期客户带给公司的贡献减少甚至离开,但在长期这样的客户减少,也就是说客户对公司的短期贡献即使减少,但长期贡献仍将是升高。这也说明,提高服务等级在客户心理感应上不易产生明显优势,但是停止服务客户的心理落差将会非常明显,会给公司带来巨大的损失。

综上针对某基金公司客户分析的研究发现,营销策略不能仅根据短期的变化进行盲目的、机械的调整。此时我们应增进与客户之间的感情沟通,了解客户的需求,在客户获得收益时,要提供合适的理财解决方案,提高客户与公司的粘性,延长客户在公司的时间。

第三节 客户未来价值预测

虽然在前面本书介绍过基金公司的收入来源与客户的资产净值存在正相关关系,但单纯地讨论客户资产净值的做法并不可取,这是因为客户资产净值是由客户投入的资产净值和这部分资产受收益率影响而发生变化的部分组成。因此,在本节中,我们把客户贡献度作为讨论客户价值的观察变量。通过数据挖掘技术,可以将具有高贡献度的价值客户分离出来。然后,根据高价值客户所具有的特征,对高价值客户进行描述,根据这些描述和特征按图索骥,最终能够找到高价值客户。

经济学家维弗雷多·帕雷托提出的80/20规则指出:"事物80%的结果是

由20%的变量产生的。"①如果把这一规则应用于基金市场的客户管理工作,则说明80%的收入仅来自20%的客户贡献。如何识别带来贡献的高价值客户,是基金公司迫切需要解决的问题。针对客户贡献度的不同对客户进行细分,并对不同贡献度的客户提供有针对性的服务,从而使服务具有针对性且减少服务成本,同时提高服务的"成功率",是每个基金公司努力的方向。在实际工作中,判断客户价值的工作一般都发生在事后,也就是,只有客户持有基金产品一段时间后,基金公司才能发现客户价值。基金公司怎样才能在更早的阶段识别有价值的客户,进而投入更多的资源来培养潜力价值客户?数据挖掘工具为我们提供了识别价值客户的方法。

一、数据挖掘概述

(一)定义及意义

数据挖掘(Data Mining)是一种透过数理模式来分析企业内储存的大量资料,对客户和市场进行细分,挖掘客户消费习惯和需求的工具;是从大量的、不完全的、有噪声的、模糊的、随机的实际用数据中,提取隐含在其中的、人们事先不知道的、但又是潜在有用的信息知识的过程。随着信息化应用的普及,传统的交易性数据(Transaction)会在现有的数据库系统中存储下来,随着时间的累计,这种数据会变得海量。现在各行各业基本上都建立了CRM系统,有关客户基本信息、交易信息、与公司关联的其他信息等海量数据都被储存了起来,等待营销管理者去处理和发现。

数据挖掘技术建立在人工智能、机器学习、统计学等基础之上,其工作原理是通过自动化分析数据,来挖掘潜在价值,预测未来行情,帮助市场经济主体及时做出正确的决定。对于企业而言,数据挖掘可以帮助企业从浩瀚的数据中淘金,细化客户分类,进行产品和服务创新,减少资源浪费,提高企业效率,增强企业竞争力。

对于基金公司而言,由于各类型客户自身特点的不同,导致其在资金来源、投资需求、对公司的服务期待、期望收益率等方面存在众多的差异性,基金公司通过挖掘潜在信息,可以将客户进行科学细分,有效识别客户需求,进而开展有针对性的营销服务。因此,识别和发现价值客户,并据此制定有针对性和差异化的服务是基金客户数据挖掘所追求的目标。

---

① 帕累托法则,https://baike.baidu.com/item/%E4%BA%8C%E5%85%AB%E5%AE%9A%E5%BE%8B/747076?fromtitle=%E5%B8%95%E7%B4%AF%E6%89%98%E6%B3%95%E5%88%99&fromid=7224763。

(二) 数据挖掘流程

随着计算技术的进步，大量的数据挖掘工具被应用到实际工作当中。无论采用何种数据挖掘技术，数据挖掘作为一种科学的操作，都遵循了如图 5.4 所示的流程和步骤：

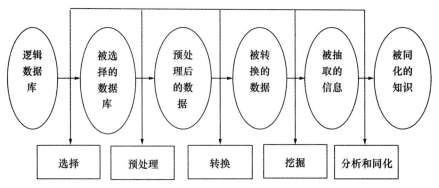

图 5.4 数据挖掘基本过程

1. 确定业务对象

针对本书中应用到的数据，对象是所有客户的基本信息与交易信息。从数据库中提取数据挖掘所需指标的数据。

2. 数据准备

将数据进行处理，对缺失的数据做必要的补充或删除，根据需要统计的指标，对持有份额等指标进行各种基金的合并。每个模型所采取的指标并不一定是数据库中的现成指标，本书要将从数据库中导出的数据，处理成我们所需要的指标。

3. 数据挖掘

观察数据特征，结合实际需求，判断所需建立的模型，并检验模型假设。根据算法编写程序，调试程序，运行算法。

4. 得出结论

对程序的结果进行分析，总结每种类型客户的特征，包括交易特征、基本信息、风险承受能力、风险偏好和流动性，利用此模型，对其余客户数据建模，判别客户等级。

5. 结论应用

针对客户细分结果，根据不同等级客户特征，进行定制化服务，提高客户的贡献度和忠诚度。

众所周知，数据挖掘技术已经取得了许多突破性成就，被成功运用于许多领域,但是在基金公司的客户细分模型中却极其稀少。准确地说,到目前为止,在国内还没有人使用这些技术开展基金客户的细分研究。鉴于决策树模型在客户细分中被广泛使用,而且在它的基础上现又出现了许多优化的算法和模型,在本节中,我们将把这些模型运用到基金客户的细分实践当中。

统计模型大都对数据有一定的要求或假设。关于模型的优劣,大都根据对数据的分布假设得到的检验来判断。但是,在大多数情况下,人们根本无法对现实世界数据的分布做任何假设,同时,很难想象复杂的现实世界能够用有限的数学公式来描述。所以本书利用的数据挖掘方法的现代分类算法(决策树、Adaboost、Bagging、随机森林、最近邻、人工神经网络、支持向量机)对数据没有任何假设,产生的结果也用交叉验证的方法来判断。拿一部分客户数据指标作为训练集,建立模型,再用另一部分数据指标(称为测试集)来看误判率是多少,并对其结果的正确率进行比较,从而在工作中选择正确率最高的算法。本书的主要目的是将数据挖掘方法的现代分类算法引入基金客户的细分当中,所以下文将主要介绍每个算法的核心思想,对于算法的原理和数学建模将不会过细讨论。

本书为分析数据所选的软件为 R 软件。R 软件是一种共享的统计软件,也是一种数学计算环境。它提供了若干统计程序包,以及各种数学计算、统计计算的函数和集成的统计工具。用户只需根据统计模型,指定相应的数据库及相关的参数,便可灵活机动地进行数据分析过程,R 软件提供了非常智能化的建模过程和结果展示,很好地帮助客户分析和解决了相关问题。

二、数据介绍

考虑到数据的可得性和有效性,结合某基金公司数据库中客户的基本信息和交易信息,本书提取了 10 个变量,其中 V1 为因变量,V2—V10 为自变量,具体的变量解释如下:

客户等级(V1)为名义变量,分为 1—7 个等级。主要依据风险偏好、风险承受能力、流动性、预期收益和管理费贡献等指标将客户进行细分,等级越高表示客户对公司的贡献越高,即带给公司的利益越高。

持有只数(V2)为实际变量,表示客户所持基金产品的数目。一般地,客户持有的基金越多,越有可能为公司带来更高的收益。据有关调查显示,客户在公司的交易次数越多或购买的产品越多,对公司的粘性越大,即客户离开公司的概率越小。

平均收益率(V3)为实际变量,由客户管理费贡献变形而来,是每个客户产品收益的平均值,具体的计算公式为:产品投资收益率=产品投资收益/(期初持有市值+申购/认购/定期定额申购确认金额+转换确认金额)。客户在购买基金时，基金的往期收益率是很受关注的一个指标。数据表明，基金往期的收益率表现越好，客户更具乐观情绪，投资量更大，公司得到的客户贡献也越大。

持有份额(V4)为实际变量，表示每个客户所持的不同基金份额总额，由客户资产变形而来。客户资产是每天都要变化的数值，等于客户持有份额乘以基金单位净值。基金的单位净值随着市场每日的变化而变化，而持有份额一般不会变化，仅在客户增加申购或赎回时，或基金公司对该基金进行拆分时才会发生变化。所以，为了便于计算，这里用客户持有份额衡量客户资产。在实际销售中，显然客户持有的份额越多，为公司带来的管理费贡献越大。

年龄(V5)和性别(V6)表示客户生理特征。年龄为实际变量。如前所述，年龄分布在客户细分中扮演重要角色，客户不同的年龄往往与其经济能力、风险承受能力和投资需求存在一定的联系。例如年轻的客户可能更倾向于教育金，而年老的客户却倾向于养老金。在对公司的服务费贡献中，年龄也是重要的参考指标。不同的性别是否在投资倾向上存在差异，是否与其他的变量存在某种联系，也是本书想要探究的内容。性别为名义变量，是一个非常简单明了的客户特征，极易识别，如果能够挖掘出其与其他变量之间的关系，具有极大的现实意义。取值0(女)，1(男)。

购买基金渠道个数(V7)为实际变量，表示每个客户购买基金的销售渠道个数。销售渠道包括银行、证券、直销等三类，三类渠道所表现出的客户风险偏好、风险承受能力、流动性、预期收益往往是不同的。这里从宏观层面上了解了销售渠道同客户贡献之间的关系。

所在省区(V8)为名义变量，表示客户的地理特征。如前所述，所在地区的地理、经济发展状况与客户的投资目的、投资理念和预期收益等指标有着相关关系，继而影响了客户对公司的管理费贡献。尤其是所在地区的经济发展程度，同基金的销售情况有着明显的相关关系。正如北上广客户的基金购买量显然高于其他城市的购买量。模型中的省份编号按照经济发展程度排序。

持有状态(V9)为名义变量，表示客户手中是否仍旧持有基金。是否持有基金，不仅是对公司短期管理费贡献的标度，也是衡量一个客户是否能够持续对公司产生贡献的重要指标。取值0(客户已离开公司)，1(客户未离开公司)。

开户时间(V10)为实际变量，表示从客户开户到2012年12月31日的天数。一般情况下，客户在公司开户的时间越长，对公司产生的往期贡献越大，对公司的忠诚度越高，离开公司的可能性将越小。此外，开户时间越长，客户享受到更多服务的机会往往越大，在投资上也越趋于理性，容易为公司产生稳定的贡献，而开户时间短的客户对公司还没有稳定的认同感，对公司的贡献可能易受其他因素的影响，但是这类客户也是极具潜力的客户，这就需要我们利用某种手段将他们区分出来。

数据包括 5 460 个样本,10 个变量。数据描述如表 5.2—表 5.4 所示:

表 5.2 客户等级人数表

客户等级	人数
1	200
2	1 070
3	670
4	1 910
5	560
6	510
7	540
总和	5 460

表 5.3 客户性别分布表

性别	人数
男	3 010
女	2 450

表 5.4 客户持有基金数目分布表

持有支数	人数
1	4 630
2	650
3	140
4	200
5	200

表 5.5 客户持有状态分布表

持有状态	人数
0	630
1	4 830

三、算法判别

数据挖掘领域中的分类算法种类繁多,各有优劣,本书选择了其中具有代表性的 7 种经典算法进行建模。一方面,这些经典算法在长时间的实践中被证明是有效的,具有科学依据,兼具理论性与实践性,为建模工作提供了参考与支持;

另一方面,一种特定的分类算法在具有不同特点的数据下可能会展示出不同的性能,有时这种性能的差异会很大。例如决策树模型的优点主要表现在遇到缺失值和字段数量非常多时非常稳健,训练模型的时间往往比较短,并且能用非常直观的方式——决策树来展示模型中的规则;支持向量机建立在计算学习理论的结构风险最小的原则上,可以提高学习机的泛化能力,且其复杂度与实例集的维数没有关系,适用于两分类问题和线性不可分问题;人工神经网络对噪声数据有较强的承受能力。而有关基金公司客户数据挖掘的研究现在还并不成熟,本书选取 7 种算法而不是聚集在一种算法上就是为了尽可能地提升模型的性能,减少数据对模型准确性的影响。最关键的一点是本书建模所利用的数据是现实数据库所提取的一手数据,数据分布未知。而此 7 种经典算法对数据分布没有任何假设,利于建模。

在本次建模中,每种方法都选取 3 670 个数据作为训练集,1 790 个数据作为测试集。误差用一部分训练样本建立模型,而剩下的样本(即测试集)用来做验证模型。用

$$误判率 = 误判数 / 待判总数 \tag{5.1}$$

来衡量模型判别的优劣。误判率越小说明模型效果越好。

(一)决策树算法

1. 算法介绍

图 5.5 是一个简单的确定一个客户是否为高贡献客户的决策树(Decision Tree)。使用这个树时,先考虑持有份额,如果持有份额小于 10 000,则考虑持有只数,如果持有只数大于 2,则认为该客户对公司是高贡献的,否则是低贡献的。如果持有份额大于 10 000,则考虑开户时间,如果开户时间大于 5 年,则认为该

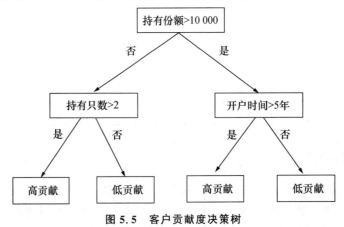

图 5.5 客户贡献度决策树

客户对公司是高贡献的,否则是低贡献的。

这个决策树像一棵倒长的树。变量持有份额所在的节点称为根结点(Root Node),而底部的四个结点称为叶结点(Leaf Node)或终结点(Terminal Node)。每个叶结点都是因变量的取值,而除叶结点外的其他结点都是自变量。对于决策树,只要输入客户的这几个变量的值,就能够立刻得到该客户相关的带给公司贡献的等级分类。

决策树一开始就是为分类而设计的。其原理是按照某些准则,在每个结点选择把观测值尽可能按照因变量的取值分开的一个自变量。以上述客户贡献度为例,自变量为开户时间和持有只数,假设有3 800个观测值(客户),其中高贡献的共有1 050个,表5.6、表5.7列出了分别按照变量"持有只数>2"和"开户时间>5年"的计数,本书试图利用这两个表格来直观判断哪个变量更容易解释贡献度。

表5.6 持有基金只数与贡献度联合分布表

贡献度	持有只数>2	持有只数≤2
高贡献	550	500
低贡献	150	2 600

表5.7 开户时间与贡献度联合分布表

贡献度	开户时间>5年	开户时间≤5年
高贡献	950	100
低贡献	50	2 700

根据这两个表格,直观上,用是否"开户时间>5年"作为结点变量能够把是否是公司高贡献度客户分得更开,因此应该选择是否"开户时间>5年"。当然,这里仅仅是依据直观的决策。数学上有很多选择结点的准则,它们的基本原理相似,这里不去过多地讨论数学细节。

当然,对于自变量是连续变量,结点的选定也是比较每个结点的判别效果来判定。例如对于持有份额,表5.8、表5.9是两种分段的结果:

表5.8 持有份额与贡献度联合分布表

	变量:持有份额分段1	
	持有份额(在5 000分段)	
是否高贡献	<5 000	≥5 000
高贡献	5 100	5 400
低贡献	1 200	15 500

表 5.9　持有份额与贡献度联合分布表

变量:持有份额分段 2		
	持有份额(在 10 000 分段)	
是否高贡献	<10 000	≥10 000
高贡献	700	350
低贡献	60	2 690

根据上述两个表格,在 10 000 分段显然比在 5 000 分段好,但是在每一个数值点的判断不能靠直觉进行,这时利用数学准则进行计算就非常必要。而此过程由计算机去运行,本书在此只介绍核心思想。

2. 算法原理

决策树作为一种典型的归纳学习方法,为其发展产生深远影响的 R. Quinlan(1986)根据概念学习系统提出的 ID3 算法,其核心思想是在所有可能的决策空间(客户数据,包括定性变量和定量变量,连续变量和非连续变量)中自顶向下、遍历的典型贪婪搜索算法。通过搜索,选出决策空间(客户数据)中可以对训练集进行判别的最佳结点。例如,上例中筛选出的"持有份额>10 000",而不是"持有份额>5 000"。然后通过选择出的对判别结果最有利的结点,构造如上所述的决策树。ID3 的搜索采用了由简入繁的爬山策略,利用信息增益率作为评价函数,使得该结点将决策集分成子集后,整个数据集的信息熵值实现最小。同时实现了非叶结点到达自己子代的平均路径最短,以尽可能小深度的决策树保证算法的准确率和速率。数学建模如下:

设 S 是 s 个样本的集合。假设类别属性具有 m 个不同值,定义 m 个不同类 $C_i(i=I,\cdots\cdots,m)$。设 S_i 是类 C_i 中的样本数。对一个给定的样本集,它总的信息熵值由公式(5.2)给出:

$$I(S_1, S_2, \cdots, S_m) = \sum_{i=1}^{m} p_i \times \log_2(p_i) \quad (5.2)$$

其中,p_i 是任意样本属于 c_i 的概率,并用 S_i/S 估计。

设属性 A 具有 V 个不同值。可用属性 A 将 S 划分为 V 个子集$(S_1, S_2, \cdots, S_m)$;其中 S_j 包含 S 中这样一些样本,它们在 A 上具有 a_j 值。如果选择 A 作为测试属性,那么这些子集就是从代表样本集 S 的结点上生长出来的新的叶结点。设 S_{ij} 是 S_j 中类别为 C_i 的样本数,那么根据 A 来划分样本的信息熵由公式(5.3)给出:

$$E(A) = \sum_{j=1}^{V} \frac{S_{1j} + \cdots + S_{mj}}{S} \times I(S_1, S_2, \cdots, S_m) \quad (5.3)$$

其中，$I(S_1,S_2,\cdots,S_m) = \sum_{i=1}^{m} p_i \times \log_2(p_i)$；$p_{ij} = \dfrac{S_i}{S}$ 是 S_j 中类别为 C_i 的样本的概率。最后用属性 A 划分样本集 S 后所得到的信息增益值由公式(5.4)给出。

$$\text{Gain}(A) = I(S_1,S_2,\cdots,S_m) - E(A) \tag{5.4}$$

3. 算法结果

本书数据所画的决策树如图 5.6 所示。从中可以看出，客户持有份额、平均收益率、年龄、所在省区作为主要因素决定着客户贡献度的等级。持有份额以 43 000、31 000、18 000、17 000、3 573、3 164 为结点；平均收益率以 -6.3%、3.5%、5.8% 为结点。

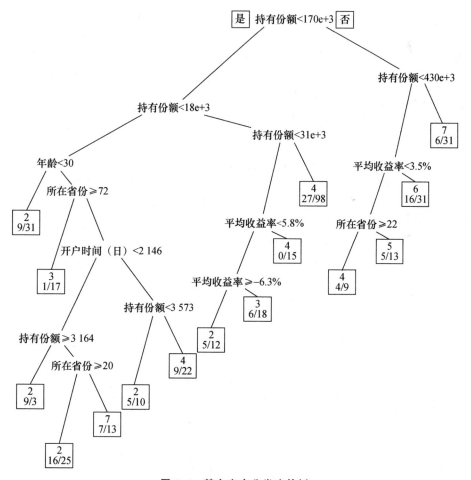

图 5.6 基金客户分类决策树

年龄以30岁为结点,如前所述,因为30岁之前客户的经济基础较弱,而30岁之后的客户由于事业稳定,有一定的经济基础,风险承受能力较强,投资意识强且有一定的投资基础,所以购买了较多的理财产品,对基金公司的服务费贡献较多,易划分为高贡献等级的客户群体。此结点的选择和前述单变量的选择相吻合。

所在省区以20、22、72为结点,从我国邮编前两位所代表的省份可以看出,省区01到省区22(包括内蒙古、山西、河北、东北三省、苏北)以我国北部城市为主,经济发展程度处于中等水平,而被单独列出的省区21苏南,苏南的经济发展的确高于苏北和我国的北部城市。可以理解为京、津、沪、渝和苏南为同一群体,如前所述,城市的发展状况良好决定了客户的经济能力更好一些,有更多的资金用于投资,这些客户对基金公司的贡献度更高一些。而省区23到省区71(包括安徽、山东、浙江、江西、福建、湖南、湖北、河南、广西、贵州、海南、四川、云南、陕西)以我国中部和西南部城市为主。而省区73到省区85(包括甘肃、宁夏、青海、新疆、西藏)以我国西北部城市为主,经济欠发达,相对而言客户经济条件较差,客户对基金公司的贡献度较低,属于低等级的客户群体。这些细分和前述根据所在地区细分基本吻合,从数据上支持了单变量分类的科学性。

表5.10、表5.11展示了训练集和测试集的结果:

表5.10 决策树训练集分类结果

真实类别	预测类别						
	1	2	3	4	5	6	7
1	20	100	0	10	10	0	0
2	0	490	100	130	0	0	0
3	0	150	160	140	0	0	0
4	10	110	100	1 000	30	10	20
5	10	40	0	130	90	60	5
6	0	20	0	60	70	80	110
7	0	0	30	40	50	50	240

注:误判率=43.32%。

表 5.11 决策树测试集分类结果

真实类别	预测类别						
	1	2	3	4	5	6	7
1	0	50	0	0	10	0	0
2	10	230	30	60	20	0	0
3	0	40	10	80	0	0	0
4	0	40	20	505	38	19	10
5	0	10	0	99	502	20	0
6	0	10	0	20	30	43	70
7	0	0	0	18	0	20	143

注:误判率=40.78%。

(二) Adaboost 算法

1. 算法介绍

下面要介绍的 Adaboost、Bagging 和随机森林算法都是组合的方法。那么为什么要组合呢?

如果某人欲竞选当地领导,假设该地有 49% 的人不支持他。那么,每随机问一个人,都有约 49% 的可能不选他(本书假设该地选民总数很大,这样,每问一个人就近似地相当于一个伯努利实验,相应的概率为 $p=0.49$)。如果从该地随机选择 1 000 人来投票,按照简单多数当选的原则,那么他不被当选上的概率将是 0.2532[假设这次投票中不选他的票数服从参数为 1 000 和 0.49 的二项分布,这 1 000 人中有超过半数的人(至少 501 人)不选他的概率约为 0.2532],远远小于某一个人不选他的概率 0.49。

类似地,假设有许多竞争模型或方法来进行分类,如果每个方法都比随机挑选稍微强一点,也就是说比用扔硬币要强,那么每个基本分类器(前面介绍的决策树就是分类器)出错的概率应该小于 0.5。这时,类似于刚才所说的选举例子,用一个分类器的结果,不如用许多分类器"投票"的结果可靠。这种利用多个模型的方法,对于回归也适用,只不过不用投票,而是对不同结果进行某种平均。这种组合多个分类器或基本模型来得到结果的方法称为组合方法。

Adaboost(Adaptive Boosting 的简写)可以译为自适应主推法。Adaboost是一种迭代式的组合算法。假设目的是分类。开始可能用的是一种较弱的分类器(即出错率较高的分类器),然后,随着迭代,不断地通过加权再抽样改进分类器,每一次迭代都针对前一个分类器对某些观测值的误分缺陷加以修正,通常是在(放回)抽取样本时对那些误分的观测值增加权重(相当于对正确分类减少权重),这样就形成了一个新的分类器进入下一个迭代,而且在每轮迭代时都对这一轮产生的分类器给出错误率,最终结果由各个阶段的分类器按照错误率加权(权重的目的是惩罚错误率大的分类器)投票产生。这就是所谓的"自适应"。Adaboost 的缺点是对奇异点或离群点比较敏感,但其优点是对过拟合则不那么敏感。

2. 算法原理

Adaboost 算法是约阿夫·弗罗因德(Yoav Freund)和罗伯特·夏皮罗(Robert Schapire)在 1995 年通过改进 Boosting 算法提出的。此算法在对弱学习算法的先验知识没有要求的同时,没有降低 Boosting 算法的运行速率。而且,Adaboost 对样本空间分布没有精确要求,且在弱学习后不断调整数据空间分布。

所以在介绍 Adaboost 之前,这里首先介绍 Boosting 算法。英国的计算机科学家 L. G. Valiant 在 1984 年提出了"可能近似正确"(Probably Approximately Correct,PAC)学习模型,此模型为 Adaboosting 算法的提出奠定了基础。而强学习和弱学习的概念就是源于"可能近似正确"模型。

所谓强学习是指,令 S 是包含 N 个数据点 $(x_1, y_1)\cdots(x_N, y_N)$ 的样本集,其中 X_n 为按照某种固定并且未知的分布 $D(x)$ 随机独立抽取的,$y_n = f(x_n)$,f 则属于某个已知的布尔函数集。如果对于任意的 $f \in F$,任意的 D,任意的 $0 \leqslant \varepsilon$,$\delta \leqslant 1/2$,学习算法声称一个满足条件 $\Pr[h(x) \neq h(x)] \leqslant \varepsilon$ 的估计 h 概率大于 $1-\delta$,并且学习算法的运行时间与 $1/\varepsilon$、$1/\delta$ 之间为多项式关系。

弱学习类似于上述强学习定义。但弱学习只需一对 ε 和 δ 满足强学习中的条件。

1989 年,Kearns 和 Valiant 研究了对于初始时任意给定一个比随机猜测结果较好(正确率>0.5)的弱学习算法是否可以提升(Boost)为强学习算法的问题,如果此想法可行,那么就不需要寻求一般情况下很难获得的强学习算法,而只需要将较容易获得的弱学习算法提升到强学习算法就行。1990 年,夏皮罗认为可以通过构造多项式级算法来实现此过程。此过程的实现构造了 Boosting 算法的原型。

通过改进,Adaboost 算法执行如下:

输入:用 $\{(1,c(1)),\cdots,(N,c(N))\}$ ($1,\cdots,N$ 表示样本序号,$c(n)$ 代表样本类别的标记,取值分别为 0 或 1)表示有 N 个元素的训练样本组成的集合。D 表示训练样本的分布空间;过程为迭代次数为 T 的弱学习算法。

初始化权重:若 $y_i = 0$ 的样本,$w_{1i} = 1/2m$;若 $y_i = 1$ 的样本,$w_{1i} = 1/2l$;执行:对 $t = 1,\cdots,T$(T 为训练的轮数)。

(a) 权重归一化，$\dfrac{w_{ti}}{\sum_{i=1}^{n} w_{tj}} \to w_{ti}$

(b) 对于特征 j，按上述生成对应弱分类器 h_j，计算权重的误差；

$$\varepsilon_j = \sum_i w_{t,j} \mid h_j(x_i) - y_i \mid \qquad (5.5)$$

(c) 选择具有最小误差值 ε_t 的弱分类器 h_t 加入强分类器中；

(d) 如前所述，更新到每个样本所对应的权重；

$$w_{t+1,i} = w_{ti}\beta_t^{1-e_i} \qquad (5.6)$$

$$\beta_t = \dfrac{\varepsilon_t}{1-\varepsilon_t} \qquad (5.7)$$

公式(5.6)中，若第 i 个样本 x_i 判别正确，则 $e_i=0$，否则 $e_i=1$；

(e) 最后形成的强分类器为：

$$h_j(x) = \begin{cases} 1, & \sum_{t=1}^{r} a_t h_t(x) \geqslant \dfrac{1}{2}\sum_{t=1}^{r} \alpha_t \\ 0, & 其他 \end{cases} \qquad (5.8)$$

其中，

$$\alpha_i = \log \dfrac{1}{\beta_i} \qquad (5.9)$$

3. 算法结果

表 5.12、表 5.13 展示了训练集和测试集的结果：

表 5.12　Adaboost 训练集分类结果

真实类别	预测类别						
	1	2	3	4	5	6	7
1	40	0	0	0	0	0	0
2	100	651	100	147	57	56	10
3	0	19	261	41	0	0	0
4	0	50	89	1 050	111	80	0
5	0	0	0	30	189	31	60
6	0	0	0	10	11	143	20
7	0	0	0	0	11	30	274

注：误判率＝29.16％。

表 5.13　Adaboost 测试集分类结果

真实类别	预测类别						
	1	2	3	4	5	6	7
1	2	0	0	0	0	0	0
2	49	273	50	91	30	20	0
3	0	30	93	20	0	0	0
4	10	50	80	473	50	10	9
5	0	0	0	40	74	40	20
6	0	0	0	10	20	22	10
7	0	0	0	0	10	80	142

注：误判率＝40.78%。

（三）Bagging 算法

1. 算法介绍

Bagging（Bootstrap Aggregating 的简写）可以译为自助整合法。顾名思义，它利用了自助法（Bootstrap）放回抽样。它对训练样本进行许多次（比如 K 次）放回抽样，每次各抽取与样本量相同的观测值（由于是放回抽样，大约有 1/3 的观察没有被抽到），于是就有了 k 个不同的样本。然后，对每个样本生成一个决策树，这样，每个树都对一个新的观测值产生一个预测值。如果目的是分类，那么由这些树的分类结果的多数（"投票"）产生 Bagging 的分类。

2. 算法原理

设 $D=\{(x_1,y_1),(x_2,y_2),\cdots,(x_N,y_N)\}$ 为训练样本（N 为训练样本个数）。

首先，进入训练阶段：

循环重复下面 T 次，T 为 Bagging 集成中所含个体的数目

(a) 从训练样本集中随机抽取 m 个样本；

(b) 按照上述学习算法得到权重；

(c) 放回训练样本。

返回集合 $\{h_1,h_2,\cdots,h_T\}$。

然后，进入预测阶段：

第一个方法是，通过对结果进行简单平均，得到最终预测结果，如下：

$$H(x_i) = \frac{1}{T}\sum_{t=1}^{T}h_t(x_i) \tag{5.10}$$

第二个方法是，统计归类最多的类别作为预测结果，即多数投票，如下：

$$H(x_i) = \arg\max_{y\in Y}\sum_{t=1}^{T}h_t(x_i) \tag{5.11}$$

3. 算法结果

表 5.14、表 5.15 展示了训练集和测试集的结果:

表 5.14　Bagging 训练集分类结果

真实类别	预测类别						
	1	2	3	4	5	6	7
1	32	0	9	0	0	0	0
2	110	655	111	110	40	41	0
3	0	21	242	40	0	0	0
4	0	50	90	1 054	120	81	11
5	0	0	0	40	195	30	20
6	0	0	0	19	10	144	30
7	0	0	0	21	50	29	103

注:误判率=28.61%。

表 5.15　Bagging 测试集分类结果

真实类别	预测类别						
	1	2	3	4	5	6	7
1	10	0	0	0	0	0	0
2	39	293	60	70	30	20	0
3	0	31	72	2	0	0	0
4	10	30	90	484	60	10	10
5	0	0	0	50	64	40	20
6	0	0	0	10	20	11	10
7	0	0	0	0	10	90	143

注:误判率=40.78%。

图 5.7 为变量重要性的展示,纵坐标越高代表变量在此算法中越重要。

从图 5.7 中可以看出,变量 V5(年龄)、V4(持有份额)、V10(开户时间)在客户细分中最重要。根据实际管理经验,可以理解此三个变量的确在决定客户对公司的贡献中占有重要分量。

(四) 随机森林算法

1. 算法介绍

随机森林(Random Forests)和使用决策树作为基本模型的 Bagging 有些类似,或者说这种 Bagging 是随机森林的一个特例。以决策树为基本模型的 Bagging 在每次自助法(Bootstrap)放回抽样之后,产生一个决策树,抽多少样本就

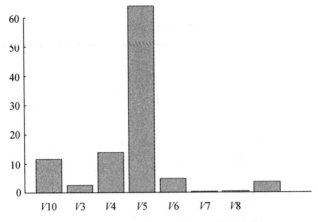

图 5.7　Bagging 算法变量重要性分布图

生成多少树,在生成这些树的时候没有进行更多干预。而随机森林也是进行许多次自助法放回抽样;所得到的样本数目要大大多于 Bagging 的样本数目。此外,在生成树的时候,每个结点的变量都仅仅在随机选出的少数变量中产生。因此,不但样本是随机的,就连每个结点的产生都有很大的随机性。随机森林让每个树都尽量增长,而且不进行修剪。随机森林有以下特色:它比它产生以前的所有方法都精确。此外,对于大的数据库,它的效率很高。它不惧怕很大的维数,即使是数千变量,它也不必删除任一变量。它还给出了分类中各个变量的重要性。

2. 算法原理

对于由 k 个树 $h_1(x),h_2(x),\cdots,h_k(x)$ 构成的森林和 X,Y 两个随机变量:

定义 1　边缘函数(Margin Function):
$$mg(X,Y) = av_k I(h_k(X) = Y) - \max av_k I(h_k(X) = j) \quad (5.12)$$

其中,Y 表示正确的分类向量,$I(\cdot)$ 表示指示器函数。该边缘函数描述向量 X 正确分类到 Y 的平均得票数优于其他任何类得票数的大小程度。可以看出,边缘函数正比于正确分类的置信度。

定义 2　泛化误差:
$$PE^* = P_{X,Y}(mg(X,Y) < 0) \quad (5.13)$$

定理 1　由大数定律和树的结构可知:
$$\lim_{k \to \infty} PE^2 = P_{x,y}(P_\Theta(h,X,\Theta) = Y) - \max_{j \neq Y} P_\Theta(h(X,\Theta) = j) < 0) \quad (5.14)$$

其中,k 表示随机森林中树的数目。

定理 1 表明泛化误差将趋于上界,这说明当树的数目增加的时候,随机森林能很好地防止过拟合现象,也就是说随机森林能很好地扩展未知实例。

设分类器 $h_k(x)$ 对应没有抽取的数据集 $o_k(x)$。$Q(x,y_j)$ 为输入对 x 的在 $o_k(x)$ 中投票结果为 y_j 的比例,同时:

$$Q(x,y_j) = \frac{\sum_{k=1}^{K} I(h_k(x) = y_j, (x,y) \in O_k)}{\sum_{k=1}^{K} I(h_k(x), (x,y) \in O_k)} \quad (5.15)$$

定义 3 随机森林边缘函数:
$$mr(X,Y) = P(h_k(X) = Y) - \max_{j \neq Y} P(h_k(X) = j) \quad (5.16)$$

同公式(5.12)定义的 $mg(X,Y)$ 的意义,区别是此函数表示整体的平均正确投票率超出投票到其他类上的测度大小。

定义 4 分类器集
$$s = E(mr(X,Y)) = \frac{1}{n}\sum_{i=1}^{n}(Q(x_i,y) - \max_{\substack{j=1 \\ j \neq y}} Q^c(x_i,y_j)) \quad (5.17)$$

定义 5 平均相关度:
$$\bar{\rho} = \frac{\text{var}(mr)}{sd(h(*))^2} = \frac{\frac{1}{n}\sum_{i=1}^{n}[Q(x_i,y) - \max_{\substack{j=1 \\ j \neq Y}} Q^c(x_i,y_j)]^2 - s^2}{\left(\frac{1}{K}\sum_{k=1}^{K}\sqrt{P_k + \bar{P}_k + (P_k - \bar{P}_k)^2}\right)^2} \quad (5.18)$$

其中,
$$P_k = \frac{\sum_{(x_i,y) \in O_k} I(h_k(x_i) = y)}{\sum_{(x_i,y) \in O_k} I(h_k(x_i))} \quad (5.19)$$

p_k 作为 $P(h(x)=y_j)$ 的 OOB(Out of Bag)估计。

$$\bar{P}_k = \frac{\sum_{(x_i,y) \in O_k} I(h_k(x_i) = \bar{y}_j)}{\sum_{(x_i,y) \in O_k} I(h_k(x_i))} \quad (5.20)$$

$\bar{p}_k$ 作为 $P(h(x)=\bar{y}_j)$ 的 OOB 估计,$\bar{y}_j = \arg\max_{j=1} Q(x,y_j)$ 为训练集中每一样本的 $Q(x,y_j)$ 估计。

定理 2 泛化误差的一个上界:
$$PE^* \leqslant \bar{\rho}(1-s^2)/s^2 \quad (5.21)$$

此松散边界作为评价随机森林性能的准则。此上界反映了相关度和轻度互相影响。

定义6 随机森林的 c/s^2 比率：

$$c/s^2 = \bar{\rho}/s^2 \quad (5.22)$$

其值越小代表随机森林的分类效果越好。可以依据此评价随机森林的性能。

3. 算法结果

表5.16、表5.17展示了训练集和测试集的结果：

表5.16 随机森林算法训练集分类结果

真实类别	预测类别						
	1	2	3	4	5	6	7
1	91	29	0	0	0	0	0
2	50	663	50	20	0	0	0
3	0	10	361	20	0	0	0
4	0	20	40	1 194	90	10	0
5	0	0	0	50	282	60	40
6	0	0	0	0	10	271	41
7	0	0	0	0	0	0	283

注：误判率=14.71%。

表5.17 随机森林算法测试集分类结果

真实类别	预测类别						
	1	2	3	4	5	6	7
1	41	10	0	0	0	0	0
2	20	282	20	0	0	0	0
3	0	289	3	0	0	0	0
4	0	40	10	612	18	9	0
5	0	0	0	2	142	47	10
6	0	0	0	0	2	103	18
7	0	0	0	0	0	10	152

注：误判率=15.64%。

图5.8为变量重要性的展示，纵坐标越高代表变量在此算法中越重要。

从图5.8中可以看出，在本算法中，指标重要性的排序是V4(持有份额)＞V5(年龄)＞V3(平均收益率)＞V10(开户时间)。符合工作中的直觉体验。

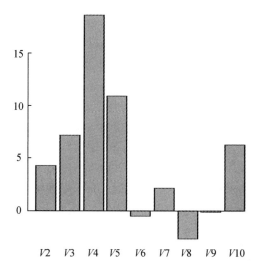

图 5.8 随机森林算法变量重要性分布图

(五) 最近邻算法

1. 算法介绍

最近邻算法(Nearest Neighbor Algorithm)可能是所有算法建模中最简单的方法。它基于训练集对测试集进行分类或回归。每个回归或分类问题都有一些自变量,它们组成一个多维空间。首先在空间中假设一个距离。在连续型自变量的情况下,通常都是用欧式空间。在分类问题中,一个测试集点应该属于离它最近的 k 个训练集点中多数所属的类型。在 $k=1$ 最简单的情况下,该点类型应该和与它最近的一个点相同。至于 K 的选择,一般都用测试集交叉验证来进行。

2. 算法原理

如果用 n 维向量表示训练样本,那么这个样本可以用 n 维空间的一个点表示。最近邻方法就是搜索出空间中离这 K 个训练样本最近的样本。

衡量样本之间的距离或相似性的方法,既可以用两个点 $d_i=(w_{i1},w_{i2},\cdots,w_{in})$ 和 $d_j=(w_{j1},w_{j2},\cdots,w_{jn})$ 之间的欧几里德距离表示:

$$\text{sim}(d_i,d_j) = \sqrt{\sum_{k=1}^{n}(w_{ik}-w_{jk})^2} \tag{5.23}$$

也可以用两个向量夹角的余弦表示:

$$\text{sim}(d_i,d_j) = \frac{\sum_{k=1}^{n}w_{ik}w_{jk}}{\sqrt{\left(\sum_{k=1}^{n}w_{ik}^2\right)\left(\sum_{k=1}^{n}w_{jk}^2\right)}} \tag{5.24}$$

3. 算法结果

表 5.18、表 5.19 展示了训练集和测试集的结果：

表 5.18 最近邻训练集分类结果

真实类别	预测类别						
	1	2	3	4	5	6	7
1	101	38	0	0	0	0	0
2	9	642	0	58	0	0	0
3	0	197	380	52	0	0	0
4	0	403	10	1222	9	0	0
5	10	100	0	79	341	9	0
6	0	0	0	21	1	310	0
7	0	0	0	0	0	11	350

注：误判率＝8.99%。

表 5.19 最近邻测试集分类结果

真实类别	预测类别						
	1	2	3	4	5	6	7
1	0	37	0	23	0	0	0
2	15	100	31	147	40	0	1
3	5	43	70	100	0	10	0
4	0	110	67	370	51	20	10
5	0	9	12	85	30	23	1
6	0	41	10	55	30	20	39
7	0	10	0	60	0	47	70

注：误判率＝63.13%。

（六）人工神经网络算法

1. 算法介绍

人工神经网络（Neural Networks）是对自然的神经网络的模仿，它可以有效地解决很复杂的且又大量互相相关的变量的回归和分类问题。下面就是一个有两个自变量（输入）和一个因变量（输出）的神经网络示意图。左边代表自变量的两个结点（Node），形成输入层（Input Layer）；中间三个结点形成隐藏层（Hidden Layer）；右边代表因变量的一个结点，形成输出层（Output Layer）。这些结点按照箭头连接，如图 5.9 所示：

在使用神经网络时，在输入层输入变量，然后经过隐藏层对这些输入加权后进入到下一层的结点中。最后得到输出值。除输入和输出层是一定要有而且结

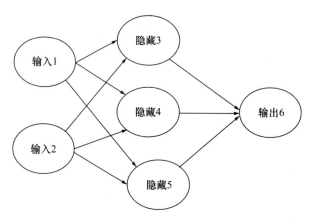

图 5.9　人工神经网络算法示意图

点是固定的之外,隐藏层的数目和结点数目则是可以选择的。构造神经网络则需要利用训练数据进行构造,并且需要对测试数据集进行验证。

神经网络和传统统计不同,它有太多的参数,而且类似的结果可能产生于参数不同的网络。所以,神经网络被看成是"黑匣子",人们不能理解其内部的机理,但又能够得到结果。不易对模型进行解释是神经网络的一个缺点。但由于其大量的参数,几乎可以通过任意的权数调整和交叉验证来对任何(训练)数据进行任意好的拟合。神经网络虽然需要大量的训练时间,但一旦训练完成,进行预测计算则是非常快的。

神经网络和其他模型类似,需要大量的对数据的准备和预处理。比如,神经网络要求数量变量,对于分类变量就要用许多二值变量来替换。在数据集很大,而且讯噪比较大时,神经网络的结果就较好;但在讯噪比较低时,它可能会发现许多假的模式。神经网络在许多只要拟合不需要理解其机理的场合很适用。

2. 算法原理

人工神经网络是不严格地建立在人类大脑拓扑结构上的数据处理系统,或者说是模拟生物神经元的组织和功能的数学模型。网络的基本单位是神经元,一般由至少三个层次组成:输入层、隐藏层和输出层。输入层、输出层神经元的数目分别同我们使用的输入变量的数目和所希望预测的变量数目相同。隐藏层神经元的数目是由人工设定的,它们不接受外部输入和输送系统输出与外部环境进行沟通。每层神经元之间都通过一个独立的、可调节的权重建立联系。每个隐藏层和输出层的神经元从其他一些神经元接收信息(输入层只有一个信息来源),计算输入信息的总和,并将其用一个简单的非线性函数(传递函数,Transfer Function)变换后产生其自身的输出,输出到其他神经元中。网络通过一个被称为"训练"的过程来寻找能够描述输入和输出变量间关系的最优权重：从一组随机的权重开始，将产生的网络输出同期望的输出进行比较，然后调整权重，反复进行比较、调整，最后达到网络的输出同期望的输出之间"差距"最小。这个"差距"是根据需要定义一个成本函数进行衡量的。目前最成功的训练方法是反向传播 BP 算法(Backpropagation)。

按照神经元之间的连接方式，神经网络大体可分为前向网络、循环网络和混合网络。前向网络的隐藏层和输出层神经元的输出不再作为输入反馈进入系统。而循环网络的输出层的输出通过反馈通路作为其他神经元的输入再进入系统。前向网络在金融中最成功的应用是多层感知机(Multiplayer Perception)，循环网络中的 Elman 网络在经济金融领域也有成功的应用。

关于隐藏层结点的转换函数 $G(\cdot)$ 的选取，可以有两种选择，一种是 S 型的 Sigmoid 函数，$G(x) = \frac{1}{1+e^{-x}}$；另一种是对称型的 Sigmoid 函数，$G(x) = \frac{1-e^{-x}}{1+e^{-x}}$。这样的函数具有一个较为有用的性质，就是其导数可以用函数本身的变换来表示，在迭代运算的过程中能够避免复杂的运算，大大减少了算法中的计算工作量。如 S 型函数的导数形式为：

$$\frac{d}{dx}G(x) = \frac{e^{-x}}{(1+e^{-x})^2} = G(x)(1-G(x)) \tag{5.25}$$

输出层结点的函数一般选择使用线性函数。

就单个隐藏层神经元而言，其所代表的是一种运算操作，它的输出可以表示为：

$$G(\gamma_1 x_1 + \gamma_2 x_2 + \Lambda + \gamma_p x_p) \tag{5.26}$$

其中，γ_i 是第 i 个输入结点到该隐藏层结点的连接权重，x_i 是输入结点的输入值。其所进行的操作分为两个部分，第一部分将输入结点的输入值按权重求和，第二部分将求和得到的值代入非线性函数，将得到的值作为该隐藏层结点的输出。

考虑一个单输出的三层前向网络，包括输入层、隐藏层和输出层，则神经网络的映射关系可以写成：

$$y_t = \vartheta_0 + \sum_{i=1}^{q} \beta_i G(\gamma X_{t-1}) + \mu_t \tag{5.27}$$

其中，y_t 为输出变量，X_{t-1} 为在 t 时刻的输入向量($p \times 1$)，$G(\cdot)$ 为隐藏层的传递函数，q 为隐藏层神经元的个数，γ 为输入层至隐藏层的连接权重，β_i 为隐藏层至输出层的连接权重，μ_t 是误差项。

3. 算法结果

表 5.20、表 5.21 展示了训练集和测试集的结果：

表 5.20　人工神经网络训练集分类结果

真实类别	预测类别						
	1	2	3	4	5	6	7
1	0	140	0	0	0	0	0
2	0	458	0	261	0	0	0
3	0	172	0	280	0	0	0
4	0	260	0	778	0	0	235
5	0	50	0	90	0	0	245
6	0	60	0	11	0	0	270
7	0	10	0	19	0	0	330

注：误判率＝57.22%。

表 5.21　人工神经网络测试集分类结果

真实类别	预测类别						
	1	2	3	4	5	6	7
1	0	42	0	21	0	0	0
2	18	250	0	99	0	0	0
3	2	88	0	130	0	0	0
4	0	11	0	400	0	0	130
5	0	29	0	65	0	0	96
6	0	20	0	5	0	0	134
7	0	0	0	10	0	0	170

注：误判率＝54.19%。

（七）支持向量机算法

1. 算法介绍

空间中的两类点（$y=-1$ 或 $y=①$），我们可以用超平面 $w^T+b=0$ 进行表示（在严格可分的情况下，存在这样的超平面），而且希望这个超平面距离两类点的距离最大，也就是说，使得隔离宽带＝$2/\|w\|$ 最大。这等价于用拉格朗日乘子法求下式的极小值。

$$L(w,b,a) = \frac{1}{2}\|w\|^2 - \sum_{i=1}^{n} a_i[y_i(w^T x_i + b) - 1] \quad (5.28)$$

根据得到的解 w^*、b^*、a^* 得到最优分割超平面方程 $w^{*T}x+b^*=0$。任意点 (x) 的函数值 $w^{*T}x+b^*$ 的符号确定了该点的分类,或者说判别函数为 $\mathrm{sgn}(w^{*T}x+b^*)$。上面介绍的是严格线性可分的情况。如果允许一些错误,则称为近似线性可分问题,结果与此有同样的形式。

2. 算法结果

表 5.22、表 5.23 展示了训练集和测试集的结果:

表 5.22　支持向量机训练集分类结果

真实类别	预测类别						
	1	2	3	4	5	6	7
1	0	0	0	0	0	0	0
2	15	130	10	88	2	2	10
3	5	0	0	0	0	0	0
4	40	225	210	510	131	118	84
5	0	45	0	22	10	0	16
6	0	0	0	10	0	20	0
7	0	0	0	0	19	8	70

注:误判率=58.66%。

表 5.23　支持向量机测试集分类结果

真实类别	预测类别						
	1	2	3	4	5	6	7
1	0	0	0	0	0	0	0
2	92	340	50	105	30	10	10
3	0	0	0	0	5	0	0
4	48	378	400	1 170	245	210	110
5	0	2	0	5	90	21	9
6	0	0	0	0	0	90	31
7	0	0	0	0	10	9	200

注:误判率=48.50%。

四、算法判别比较

综上所述,不同判别方法的结果如表 5.24 所示:

表 5.24　各种算法误判率综合表

算法	误判率	
	测试集	训练集
决策树	40.78%	43.32%
Adaboost	40.78%	29.16%
Bagging	40.78%	28.61%
随机森林	15.64%	14.71%
最近邻	63.13%	8.99%
人工神经网络	54.19%	57.22%
支持向量机	48.50%	58.66%

可以看出,随机森林的结果最理想,源于一般常用的决策树方法。正如前面所介绍的,随机森林是常见决策树方法的组合。一般决策树的误差率小于50%,那么在随机森林的组合下,其结果会优于决策树。所以在实际操作中建议选择随机森林算法,可以更好地对客户进行细分,进而可以有针对性地对客户进行维护。

但是,数据建模有些细节有待优化。首先,因为货币市场基金、理财类债券基金、债券基金和股票基金的管理费不同,相同只数的不同类基金,所贡献的管理费是不同的,所以应对不同种类的基金持有只数给予不同的权重。其次,对于销售渠道,本书只是统计了销售渠道个数,而对于是哪种销售渠道并没有显示。本研究将在以后的变量优化中细化此类变量。模型指标的细化和优化是今后努力的方向。

第四节　流失预警模型

如前所述,客户的持有时间与客户贡献度呈正相关,也就是说,客户持有产品的时间越长,贡献度越大。因此,基金公司应该通过一系列的营销举措挽留客户。要做到这一点,事先掌握客户的流失倾向,及早进行挽留显得十分必要。在本节中,将使用数据挖掘技术对大量历史数据进行分析,发现流失客户的行为规律特征,通过建立一个基金客户流失预警模型,以期识别客户的流失倾向,并对其开展有效的挽留。

在基金公司的管理运作当中,基金客户数量始终处于变化的过程当中。虽然,由于我国经济的快速增长,财富人群激增是不争的事实,基金客户和基金规模也在不断地发展和壮大,但基金公司依然经常感受到客户流失带来的基金规模的萎缩。考察存续的 1 153 只基金产品,有 65% 都出现了规模萎缩[①]和客户流失现象,这其中并不乏基金投资业绩较好的基金产品。因此,基金公司有强烈的动力对基金客户流失的原因进行深入的分析,试图对流失客户进行挽留。在实际工作中,基金公司发现,客户流失后再开展"唤醒"工作,行为严重滞后,也造成了基金公司在营销资源上的重复投入和浪费。因此,在客户将要流失之前就发现客户流失的倾向,及时采取行为予以挽留,才是降低客户流失率的根本解决办法。同时,挽留客户、延长客户的持有基金时间也是创造客户价值的另一条途径。

一、客户流失定义

基金客户的流失是指基金客户因为各种原因赎回全部基金产品,并不再购买公司产品的行为。一个客户从首次购买基金到赎回全部基金的时间称为"持有基金时间",这个时间越长,其为基金公司创造的管理费贡献也就越大。因此,基金公司采取一切措施,延长客户持有基金的时间,是基金公司客户关系管理中的重要环节。

基金客户的赎回行为和客户流失存在一定的差别。客户对单支基金的赎回并不代表客户不再投资该基金公司的产品。客户暂时性赎回是经常发生的情况。很多客户会在一只基金产品盈利后,选择赎回,但这并不意味着客户流失,只要客户对基金公司抱有较好的体验,再次投资也是可能的。但如果客户因为特殊原因而决定不再投资该基金公司的产品时,就将成为真正意义上的客户流失。在基金行业区别客户一般性的赎回和客户流失非常困难,这是由于客户的再次购买时间很难确定。因此,在资源充足的情况下,将客户赎回行为当作流失进行管理,虽然可能会提高成本,但也非常值得尝试。

二、流失原因分析

客户选择将所有基金产品全部赎回有各种原因。初步分析可归纳为:

第一,刚性需求:即客户用于投资基金的资产又有其他用途,如客户需要购房买车等。这类客户流失可称为"自然性流失"。

第二,失望流失:客户因对所投资基金产品的业绩不满意而采取的全部赎回行为。投资损失可能是其中主要原因之一,但客户失望并不总是因为投资亏损,这里还有可能是因为客户对公司的服务不满意,或认为基金公司的管理存在缺陷,或虽然投资没有亏损,而且还有盈利,但收益远远低于其他可比较的产品,从

---

① 统计数据来源于 win22。

而选择了赎回。这类客户流失又称为"失望性流失"。

第三,替代流失:客户发现了比基金投资更好的投资领域,进而全部赎回基金资产,转向其他投资领域。如客户发现证券投资领域没有较大回报,转向期货或贵金属投资领域,或直接参与投资银行业务。这类客户流失还可称为"竞争性流失"。

三、流失预警模型意义

1. 关于客户流失预警模型使用的普遍性较低

查阅有关资料发现,这一模型在我国使用最广的是电信行业。由于各大电信运营商之间存在着激烈的竞争,电信产品的可替代性又相对较强,迫使电信运营商相对其他行业更加重视客户流失预警的工作。电信行业的客户流失预警工作已经开展多年,而且使用了多种预测技术,相对于基金行业来说发展较快。基金行业关于客户流失预警的工作还没有开展,个别文献仅对基金客户赎回的原因做过一些分析,但都没有开展过关于客户流失的深入探索,也就无所谓客户流失预警模型的建立。由于电信和基金投资两个行业在客户特征、交易金额、客户需求、交易方式、行业背景、经营环境等各方面存在很大差异,相互可以借鉴的内容并不多,所以,本书在建立模型的过程中,更多的是基于对基金行业的理解,在构建模型的过程中具有较大的首创意义。

2. 客户流失预警模型为提升基金公司收入提供了新的工具

客户流失预警模型可以使基金公司提前获知客户流失的可能性,便于基金公司尽早采取针对流失客户的挽留措施。这一模型具有针对性强、操作简便的特征,可以有效提高工作效率,节省营销成本。基金客户留存时间延长,对于提升客户贡献具有直接的意义。

3. 基金客户流失预警模型构建中的技术贡献

在构建客户流失预警模型的过程中,本书针对基金客户的赎回行为进行了深入的分析,在指标选取方面将客户的生理(性别、年龄)、地理、学历、职业等基本特征和客户服务(来电、去电次数)作为变量指标,同时考虑了基金行业不同于其他行业的特殊性,将购买份额、持有基金只数、分红方式、销售渠道种类、平均收益率等多个复杂变量纳入了模型,相对于其他数据挖掘工作而言,数据提取难度加大,参与调研的数据众多,工作量巨大。这些工作为今后的基金客户流失预警研究工作奠定了基础。

四、流失预警模型构建

(一) 数据介绍

根据调查显示,客户是否离开公司主要由其经济能力、风险偏好、风险承受能力、投资预期和对公司的忠诚度决定。所以本书将以下变量纳入了模型:

购买份额(V2)、持有只数(V3)变量。营销法则显示,一个客户在某商家购物越多,那么该客户成为此商家忠诚客户的可能性就越大。也就是说,客户与商家的粘性越大,将越不容易离开该公司。这也是在电子商务网站设计中,为什么要不断地优化网站设计,提高客户的停留时间,以提高客户下次购买的原因。购买份额和持有只数从交易量上反映了客户对公司的忠诚度。所以本书认为购买份额和持有只数变量对客户是否离开有影响作用。观察样本数据可以看出持有只数多的人数越来越少。

年龄(V4)、性别(V12)、地区(V9)、学历(V7)和职业(V8)变量。这些变量主要表示客户自身的特征,从某些程度反映了客户的经济能力、风险承受能力、风险偏好和投资期望。在此,年龄作为实际变量,而其余变量作为名义变量。对于性别:"0"表示女性,"1"表示男性。对于地区,在客户特征分析中,发现是否是北上广对客户经济能力、风险承受能力、风险偏好和投资期望的影响最大,所以本书没有将各个区域细化,而只是对是否北上广做了划分。所以对于区域:"1"表示北上广,"0"表示其他。对于学历:"1"表示初中及以下,"2"表示高中或中专,"3"表示大专或本科,"4"表示硕士及以上。对于职业:"1"表示房地产,"2"表示教科文,"3"表示金融,"4"表示商贸,"5"表示政府部门,"6"表示制造业,"7"表示自由职业,"8"表示其他。可以看出,不同的职业在某些方面反映了客户的经济状况,本书选择了几个典型的客户职业,来观察其对客户是否离开的影响。如前所述,不同的年龄、性别、学历、职业所反映的经济能力、风险承受能力、风险偏好和投资期望不同,那么在没有达到其投资期望或超过其风险承受能力时客户将赎回基金,选择退出。

来电(V5)和去电(V6)次数变量。这作为客户服务指标纳入了自变量。来电和去电次数反映了公司与客户的互动和沟通,显然,与客户有效的沟通将增进客户对公司的感情,公司将更好地了解客户需求,优化服务。但是,来电主要是客户不清楚某些交易操作或对活动有不懂的地方,也包括对公司提出建议与意见;而去电主要是对客户主动关怀,也包括解答客户疑惑或确认某些交易。

在户时间(V10)变量。离开客户在户时间指注册账户到客户离开时的天数。而没有离开客户在户时间指注册账号到提取数据时的天数。此变量从时间角度考虑了客户对公司的忠诚度。国外权威机构的调查显示,客户对公司的忠诚度与时间成正比。即客户在某家公司所用时间越长,那么客户对公司的忠诚度越高,即客户越不轻易离开公司。除非在同类公司中有着明显的利益差,即除非同类公司明确地降低其成本或增大其收益,否则他将维持在原公司。

分红方式($V11$)和销售渠道($V13$)变量。这两个变量反映了客户的投资方式与期望收益状况。对于分红方式:"1"表示红利再投资,"0"代表现金红利。对于销售渠道:"1"表示银行,"2"表示证券,"3"表示直销。如前所述,银行渠道购买基金产品的客户风险特征趋于保守,对投资期望不高,一般超过1年期存款储蓄率,保持资产的抗通货膨胀能力即可。而通过证券公司购买基金产品的客户,多数资金用来炒股,他们的风险承受能力较强,投资收益预期较高。直销指通过基金公司网上交易购买基金产品的人群,这类客户对费率敏感,愿意与基金公司直接接触,基金知识比较丰富,对基金交易有较全面的认知,年龄相对较年轻,能够熟练使用网络。综合考虑,这两个变量将对客户是否离开公司产生影响。

平均收益率($V14$)变量。客户投资基金的主要目的是获得收益,所以当客户获得很高的收益率,已经达到心理期望时便会主动选择赎回基金。还有一种情况是客户在收益率很低甚至为负时,超过了其风险承受能力被迫赎回基金。而在基金轻微盈利或亏损时,不同客户根据自己的风险偏好和对市场的分析,选择不同的操作行为。在此,本书选择平均收益率而没有选择收益额,也是基于对每个客户期望收益的考虑,有的客户虽然看起来收益额很高,但其投入的资金或期望收益较高,仍将采取赎回操作。

因变量为客户是否离开公司("1"代表离开,"0"代表不离开)。此数据包括1870个样本,13个变量。数据描述如表5.25—表5.34所示:

表 5.25 客户状态

客户状态($V1$)	离开	未离开	综合
人数	1 371	499	1 870

表 5.26 持有只数

持有只数($V3$)	1	2	3	4	5	6	其他
人数	721	411	271	189	114	114	101

表 5.27 来电次数

来电次数(V5)	0	1	2	3	4	5	其他
人数	658	599	266	120	89	44	94

表 5.28 去电次数

去电次数(V6)	0	1	2	3	4	5	其他
人数	728	630	208	128	67	45	64

表 5.29 学历分布

学历(V7)	初中及以上	高中、中专	大专、本科	硕士及以上
人数	123	267	1 365	115

表 5.30 职业分布

职业(V8)	政府部门	金融	商贸	教科文	制造业	其他
人数	221	208	198	156	148	939

表 5.31 地区分布

地区(V9)	北上广	其他
人数	51	1 819

表 5.32 分红方式

分红方式(V11)	红利再投资	现金红利
人数	1 325	545

表 5.33 性别方式

性别(V12)	男	女
人数	1 101	769

表 5.34 渠道分布

销售渠道(V13)	银行	证券	直销
人数	1 616	57	197

注：连续变量年龄、购买份额、平均收益率、在户时间等统计数据不在这里列出。

(二) 预警模型

选取 313 个数据为训练集，1 557 个数据为测试集。在此选用较少的数据作为训练集而测试集数据较多是为了避免过拟合现象。用一部分训练样本建立模型，而剩下的样本（即测试集）用来验证模型。用

$$误判率 = 误判数 / 待判总数$$

来衡量模型判别的优劣。误判率越小说明模型效果越好。

1. 决策树算法

因为决策树相对于其他判别工具结果的可视性，本书在此选择决策树作为客户流失预警模型算法。算法原理同前，本书在此仍然选择 ID3 算法，其核心思想是在所有可能的决策空间（客户数据，包括定性变量和定量变量，连续变量和非连续变量）中采取自顶向下遍历的典型贪婪搜索算法。通过搜索，选出决策空间（客户数据）中可以对训练集进行判别的最佳结点。然后通过选择出的对判别结果最有利的结点，构造出决策树。ID3 的搜索采用了由简入繁的爬山策略，利用信息增益率作为评价函数，使得该结点将决策集分成子集后，整个数据集的信息熵值实现最小。同时实现了非叶结点到达自己子代的平均路径最短，以尽可能小深度的决策树保证算法的准确率和速率。数学建模如下：

算法：Generate_decision_tree 由给定的训练数据产生一棵决策树；

输入：训练样本 samples，由离散属性表示；候选属性的集合 attribute_list；

输出：一个决策树。

分类模式往往表现为一棵分类树，从树根开始搜索，沿着数据满足的分支走，走到树叶就能确定类别。

ID3 算法采用自顶向下的贪婪搜索遍历所有可能的决策空间，从不回溯考虑以前的选择。处理流程如下：

(a) 创建一个结点；

(b) 若该结点中的所有样本均为同一类别 C，则返回 N 作为一个叶结点并标志为类别 C；

(c) 若 attrtibuet_list 为空，则返回 N 作为一个叶结点并标记为该结点所含样本中类别个数最多的类别；

(d) 从 attribute_list 选择一个信息增益最大的属性 test_attribute；

(e) 并将结点 N 标记为 test_attribute；

(f) 对于 test_attribuet = a_i 中的每一个已知取值 a_i，准备划分结点 N 所包含的样本集；

(g) 根据 test_atrtibuet = a_i 条件，从结点 N 产生相应的一个分支，以表示该

测试条件;

(h) 设 s_i 为 test_attribute＝a_i 条件所获得的样本集合;

(i) 若 s_i 为空,则将相应叶结点标记为该结点所含样本中类别个数最多的类别;

(j) 否则将相应的叶结点标志为 Generate_decisiontree(s_i, attribute_list test_attribute)返回值"。

此算法是一个贪心算法,采用自上而下、分而治之的递归方式来构造一个决策树。递归操作的停止条件是:一个结点的所有样本均为同一类别,若无属性可用于划分当前样本集,则利用投票原则将当前结点强制为叶结点,并标记为当前结点所含样本集中类别个数最多的类别。没有样本满足 test_attribute＝a_i,则创建一个叶结点并将其标记为当前结点所含样本集中类别个数最多的类别。

2. 算法结果

在 1 372 个未离开客户中选取 229 位,499 位离开客户中选择 84 位作为训练集用来建立模型,分析结果如下:

决策树表述为:

IF 在户时间≥561 天(约 18 个月) THEN 不离开;

IF 在户时间＜192 天(约 6 个月) THEN 离开;

IF 在户时间≥192 天(约 6 个月)AND ＜ 561 天(约 18 个月) AND 收益率≥7.6％ THEN 离开;

IF 在户时间≥380(约 12 个月)天 AND＜561 天(约 18 个月) AND 收益率＜7.6％ THEN 离开;

IF 在户时间≥192 天(约 6 个月) AND＜380 天(约 12 个月) AND 有去电记录 THEN 不离开;

IF 在户时间≥192 天(约 6 个月) AND＜380 天(约 12 个月) AND 无去电记录 THEN 离开。

3. 模型结论

从图 5.10 决策树可以看出,客户在户时间≥561 天(约 18 个月)时更趋向于不离开。而客户在户时间＜192 天(约 6 个月)时更有可能离开。这个结论验证了本书前面的假设,即客户成为公司客户的时间越久,越不容易离开,除非有相似的公司降低其成本,且确保其收益,否则不会轻易离开。而客户成为公司客户的时间越短,忠诚度越低,越容易离开。

当客户在户时间在 6—18 个月期间,收益率≥7.6％时,客户更容易离开。因为结合客户的交易和收益数据发现,绝大部分客户的最高收益是 8％左右,说明,当收益率达到 7.6％时,已经满足了客户的期望收益,绝大部分客户会选择

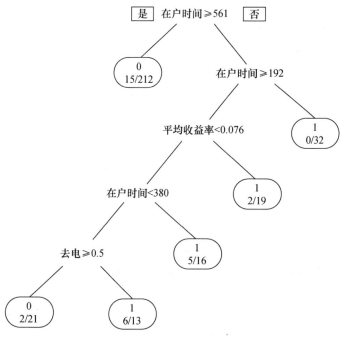

图 5.10 客户流失预警模型决策树

离开。

对于收益率没有达到 7.6%,在户时间≥380 天(约 12 个月)的客户也容易离开。说明在户时间越长的人对收益率的期望越明确,要求越高,如果在很长的时间内仍然没有满足其期望收益,客户将选择离开。

而对于收益率≤7.6%,在户时间<380 天(12 个月)的客户,进行维护(去电)的更多地会选择不离开,而没有维护的更多地会选择离开。说明电话维护在公司过去的经营中发挥了很大的作用。基金公司要在以后的客户维护中,有针对性地对将要离开的客户进行维护,在提高挽留客户成功率的同时,降低维护成本,即提高针对性,这就是本书前述客户细分模型的重要性。在以后的客户维护中,基金公司应该结合不同的模型,互补运用,最大化公司利益。

同时,我们应该注意到,挑选出的关于服务的变量是去电次数,而不是来电次数,这是因为在实际客户维护中,来电更多的是客户对某些交易操作、活动或基金状况不清楚甚至不满时才会主动来电,而去电更多的是公司对于客户的主动关怀和问候,以及营销活动。变量关系显示,来电次数越多客户越倾向于离开,而去电次数越多客户越倾向于不离开。所以这提示基金公司在以后的公司运营中,应尽量将活动细则、网站操作细则说明清楚,多考虑客户需求,减少他们的不满,且对于可能离开的客户及时进行维护,减少其离开的可能性。

综上,本书找到了这样 3 个敏感的指标,在户时间、平均收益率、去电次数,5 个敏感的数字,在户时间 6 个月、12 个月、18 个月,平均收益率 7.6%,去电次数 1(有或无)。在今后的客户管理工作中,要对涉及这 3 个指标 5 个数字的客户进行重点关注,因为维护这些处于边界条件上的客户也就是处于离开和不离开关键结点的客户,具有极大的现实意义。另外,这 3 个指标是公司所具备的,因为其他如学历、职业、年收入等变量是由客户问卷提供的,不仅数据不完整,真实性也值得怀疑。从另一角度来说,模型的主要贡献就在于找到了量化的指标,这些指标是公司准确掌握的,使公司的客户维护成本大幅降低,效率却大幅提升。

诚然,数据挖掘模型往往受到实验数据特点的影响,本书的模型也不例外。这次实验的 1 800 多个客户在一些指标上的差异较小以及一些满足指标组合的客户数量不足是导致模型不能进一步精细化的瓶颈所在。本书认为,如果数据量能更大,客户的多样性能再大些,那么此模型将变得更加完善。

图 5.11 显示了模型中各变量的重要性,纵坐标越高,表示变量越重要。纵坐标为正,表示数值越大,客户越不容易离开;纵坐标为负,表示数值越大,客户越容易离开。

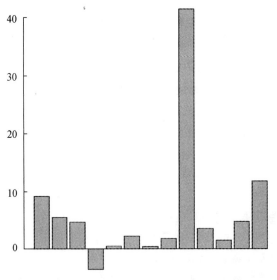

图 5.11 客户流失预警模型变量重要性分布图

从图 5.11 中可以看出,来电次数(V5)越多,客户越容易离开。说明当客户有疑问或不满时,更倾向于离开。而在影响客户是否离开的变量中,在户时间

($V10$)最重要。这再次验证了本书所述的客户在一个公司的时间越长,忠诚度越高。第二重要的变量是平均收益率($V14$),收益率是客户购买产品最关注的量化指标,说明基金公司在以后的客户维护中,应根据客户的特征、风险承受能力和期望收益,为客户推荐最合适的基金产品。

第三和第四重要的变量是持有份额($V2$)和持有只数($V3$),客户在公司购买过的份额越多,越不轻易离开公司。

第五重要的变量是年龄($V4$),如前所述,年龄在决定客户经济能力、风险偏好和风险承受能力方面发挥着重要作用。其余变量的重要性逐渐降低。

表 5.35、表 5.36 展示了训练集和测试集的结果。

表 5.35 客户流失预警模型训练集预测结果

真实类别	预测类别	
	0	1
0	221	19
1	8	62

注:误判率=8.6%。

表 5.36 客户流失预警模型测试集预测结果

真实类别	预测类别	
	0	1
0	1 075	122
1	67	293

注:误判率=12.1%。

从实验结果可以看出,如果一个客户通过客户流失预警模型预测为离开,那么准确率为70%[293/(122+293)],如果一个客户通过此模型预测为不离开,那么准确率为94%[1 075/(1 075+67)],即说明此模型对于鉴别良好客户的能力比鉴别具有离开风险客户的能力要强,这正是本书所期望的,因为本书尽可能地降低了遗漏具有离开风险客户的可能性。在实践中,通过模型的鉴别,基金公司可以"放心"那些"安全"的客户,而将精力主要放在那些具有离开风险的客户身上,这极大地提高了基金公司的效率。

可以看出,客户流失预警模型误判率很低,准确率非常高,模型效果很好。在以后的客户维护中,基金公司可将客户信息带入模型中,判别客户离开与否,并针对将要离开的客户开展各类挽留措施,如为其推荐更合适的基金产品,对一些交易费用予以减免,或给予更大的回馈等。而且,基金公司应更加关注客户的收益状况,对于收益低的客户要给予更多的关注。同时,模型表明,客户持有时间越短,越容易离开,所以,对于新开户的客户,要给予更多的关注,促使新客户更多地了解公司,培养客户对公司的信任感,不断地提高客户的忠诚度。

五、模型评价

(一) 模型贡献

客户流失预警模型是国内首次针对基金客户建立的客户流失预警模型,该模型考虑到了基金客户不同于传统行业和电信行业的特点,首次较全面地筛选出了判别客户是否离开的相关变量;其还运用模型分析了不同变量的重要性和相关关系,为以后的客户维护起到了重要的启示作用。同时,该模型为基金公司客户CRM系统提供了借鉴意义,对CRM系统的优化起到了重要的参考作用。此外,该模型使用决策树技术,可视化地画出了不同基金客户离开或留下的结点,这些结点是基金公司在以后的客户维护中应该重点关注的指标。

(二) 模型不足

在建模中,由于数据指标的来源不同,而指标之间又缺乏统一的标准,导致数据指标的统计口径存在差异。比如关于客户持有多只不同类型的基金,而股票基金、债券基金客户和货币市场基金客户的期望收益率不同,我们在数据汇总时应该给予不同的权重,而在数据筛选时却直接进行了相加。又如,客户亏损时间在客户选择是否离开公司时也是很重要的指标,由于目前数据库现成指标的不可得性,没有纳入模型建模。再如,赎回次数对客户是否要离开公司也是一个重要的参照指标。此外,收益率在这里是将每个客户的收益率直接平均,没有细化到不同时期通货膨胀率和存款利率的比较等诸多细节。显然当平均收益率为正,但是小于通货膨胀率或存款利率时,很多客户将选择赎回。这也是今后数据库优化的一个重要方面。未来数据库将根据不同模型指标的需求,优化指标,使相关指标更加可得,更好地发挥其维护客户的作用。

(三) 相关建议

此模型的主要目的是全面观察各个变量对客户离开的影响,所以决策树显示的结点只是最主要的影响因素。基金公司在工作中,如果希望对所关注的结点做细分,建议对变量再次进行优化。诸如收益率等指标在某个结点如何影响客户状态;如何通过指标的不同组合,观测不同结点等,这些都将为以后的营销服务提供支持。

第六章 基于关系稳定的基金客户营销策略研究

本书第三、四章主要解决的是基金客户细分方法问题,在两个章节中,分别以客户的视角和基金公司的视角为出发点研究了不同的细分方法,得到了基于稳定关系的客户细分应该是好的细分方法。仅完成客户的细分是不够的,要想真正实现客户价值,是客户和基金公司共同作用的结果。在本章中,我们从基金客户购买和持有基金产品的影响因素入手,进行了系统研究,探究了影响客户关系稳定(如关系态度和关系长度)的基金公司的服务营销因素,为构建基金客户的稳定关系提供了营销决策的理论支持。

第一节 基金产品的特性与关系稳定策略的研究

金融投资产品注重投资收益和风险评估,以往的研究显示,金融投资产品投资者的购买决策主要依赖于他们对产品本身的预期和评估,包括他们感知的风险以及产品本身可能带来的收益(Byrne,2005)。Radcliffe(1990)对投资决策过程的研究表明,投资者的购买决策关注在金融决策投资产品的期望收益率、风险和价值方面。以基金产品为例,投资者购买时会首先考虑产品的收益和风险,Nagy and Obenberger(1994)在对影响投资者选择的因素的研究中发现,最主要的因素为投资者对财富最大化的追求。一些对投资者的调查发现(王松龄、操舰,2005),投资者投资基金的初始原因包括:认为新产品的收益可能很大;亲戚朋友劝说;股市风险大,基金风险小;被基金促销吸引;以及其他(主要包括单位统一购买,有一定的强制性)。另外,调查结果还显示,投资者在投资基金时最看重基金的未来盈利能力(35.6%),其次看中盈利能力的持续性(32%),再次看重基金公司的诚信(24.2%)。许多基金公司在进行基金销售时,着重宣传投资者关注的因素,如基金业绩。似乎基金产品的营销中主要是产品因素,那其他的服务营销因素有影响吗?

张炯(2005)以2002—2005年的28家公司为研究对象,从基金公司的表现中发现,业绩较好的基金会受到投资者的青睐,而相对业绩较差的基金也同样具有不俗的销量。这说明投资者在购买基金时,似乎还考虑其他的非产品因素。换句话说,作为投资产品方的基金公司,似乎还需要从其他方面来为投资者提供服务。特别是,作为一种典型的金融投资产品,基金的收益有时难免会产生波动,出现业绩下降的情况,那么此时基金公司能否通过调整其他非产品的营销努力来维持和保留客户呢?如果可以,那么基金公司的营销努力对于帮助公司持续经营和渡过难关有着重要的意义。

为此,本书将基金产品看作是一种信任型服务产品,并引入服务营销中的7P策略理论来系统探索影响基金投资者关系稳定[包括关系态度(Relational Attitude)与关系长度(Relationship Length)两个方面]的因素。之所以选取基金投资者的关系态度与关系长度作为研究对象,主要是从管理意义和理论贡献两方面来考虑的。管理意义方面,基金公司的收益主要来源于两个方面,其一是基金投资者所购买的基金份额,其二是基金投资者对基金份额的持有时间。而依据客户关系管理理论中的关系稳定(Relationship Stability)理论,关系稳定可以分为两个维度:关系长度以及关系态度。基金投资者所持有的时间即可视为关系长度,其所持有的份额即可视为关系态度。理论贡献方面,目前理论研究对金融投资者的关系稳定关注较少,本书从关系态度以及关系长度两个角度切入。

通过对基金公司现有客户调查收取的2 032份问卷进行分析发现,除产品本身的风险和收益因素之外,其他营销因素对投资者的关系态度与关系长度也有重要影响。

第二节 影响关系稳定的服务策略研究框架

一、产品因素

根据众多学者在服务营销领域中的研究发现,服务类产品被划分为三种类型:搜索型、体验型和信任型(Guiltinan, 1987; Ostrom and Iacobucci, 1995; Zeithaml, 1988)。搜索型产品在购买之前,其质量和特性是可以评估及预期的;体验型产品指在购买和使用之后,消费者才能了解的产品;信任型产品指那些即使在使用之后仍无法精确评估的产品,消费者在购买之前和购买、使用之后短期内仍然无法确认其特性(Darbi and Karni,1973)。这是由于消费者对专业技术的缺乏,或者获取足够精确的信息来确认其实际品质的成本要高于其期望价值,而这些信任型产品可以通过专家来认证(Ford et al.,1988)。

金融投资产品是服务产品领域中的一个重要部分,根据金融投资产品本身的特点,我们可以将其认定为服务产品中的信任型产品。以基金投资为例,投资者在购买基金的过程当中,无法评估产品的质量,即使购买行为完结之后的短期内仍将持续这样的状况。投资者只能选择信任基金公司或基金经理人的操作,借以完成自己的购买行为,因此,基金产品是一种信任型服务产品。

在购买金融投资产品的过程当中,影响投资者购买决策的核心因素在于产品层面。金融投资产品的特点在于,其收益是投资者最重视的,许多相关的消费者研究表明,感知价值是消费者在进行消费或投资时的重要参考指标与影响因素,根据 Zeithaml(1988)的定义:价值是消费者根据对所得和所失的感知而对产品效用的总体衡量,可以用感知利益减去感知成本来衡量。消费者之所以决定选择某种产品,是因为相信该产品比其他竞争品能给他带来更大的效用或价值,这种价值更多地取决于消费者对该产品的感知价值。消费者感知价值的核心是感知利益与感知风险之间的权衡。从金融投资产品角度来说,投资者购买行为的重要影响因素就是金融投资产品的效用,其可以通过产品利益和投资风险来衡量。

基金作为一种金融投资产品,常被人们认为是可能的"生财之道"。这说明投资者在理性决策时最看重的产品利益是基金能够提供的收益,即基金的业绩,反映在账面上即基金净值;其风险则表现为投资者可能遭受的损失。投资者会对基金业绩有预期,同时也会考虑以往的业绩。在众多影响投资者选择的因素中,投资者最容易依据的就是基金的历史业绩(Gruber,1996)。有关基金投资者的投资行为与基金自身特性的相关性,国外学者已做了大量的理论研究与实证分析。Gruber(1996)、Sirri and Tufano(1998)基于美国证券市场基金的数据,研究发现投资者在挑选基金时,会重点关注基金在过去一段时间内的表现。基金在过去一段时间内的业绩越好,越能吸引更多的投资资金涌入。

陆蓉等(2007)通过研究发现,根据业绩—资金流入关系来看,影响投资者选择的因素还包括基金分红、基金收益的波动(即投资风险)等因素。基金分红是指基金实现投资净收益后将其分配给基金持有人。国内基金投资者存在一定的非理性投资行为,倾向于基金分红所获得的短期收益,以此避免市场波动风险及满足现金使用需求,并将其作为衡量是否申购该基金的重要指标之一(周啸驰等,2009),国内基金公司普遍重视基金分红行为,以满足基金持续营销的目的。

另外,投资者对风险的态度并不一致,他们追求的目标并不一定是最低风险,这是因为,在金融投资活动中,投资风险越小并不表明收益越高(郝云峰,2004)。低风险的代价可能是低收益,而高收益则常蕴含着高风险。投资者在投资行为中追求的是最大收益,但同时也必须考虑自身对风险的承受能力,选择适合的风险—收益组合。

因此,在投资者的购买决策中,产品利益和投资风险的共同作用存在影响,产品收益和投资风险属于产品因素(Product)。

而众多研究基金产品特性的结果显示,对基金业绩与投资者购买之间关系的研究呈现出了不同的结果。有研究认为,投资者预测基金净值上涨的概率越大,就越有可能申购基金;然而基金业绩较好的时候投资者也有可能赎回基金(刘志远、姚颐,2004)。另外,投资者对风险的预期也存在影响。因此对于产品因素,本研究需进一步验证其影响作用,提出假设1如下:

H1:影响基金投资者关系态度的主要因素是产品因素。这一变量通过产品收益和投资风险两个维度来衡量,得到以下子假设:

H1a:产品收益越高,基金投资者关系态度越高。

H1b:投资风险越低,基金投资者关系态度越高。

在关系稳定领域的研究发现,影响关系稳定的核心在于关系双方是否对核心因素(Key Issues)达成一致并且感到满意(Lai et al.,2005.)。而历史的研究都表明,收益和风险是核心因素,因此我们提出假设2如下:

H2:影响基金投资者关系长度的主要因素是产品因素,这一变量通过产品收益和投资风险两个维度来衡量,得到以下子假设:

H2a:产品收益越高,基金投资者关系长度越长。

H2b:投资风险越低,基金投资者关系长度越长。

在实际业务操作中我们发现,投资者所关注的收益部分主要表现为基金净值、业绩、基金分红、个人历史投资收益情况;风险主要表现为投资风险,如价格的波动。依据上述对于关系态度的理论推演及业内的普遍看法,投资者的关系态度主要通过投资者个体的基金购买量来进行衡量,投资者的关系长度主要通过基金持有时间来衡量。

二、服务因素

基金行业中最大的疑惑之一在于:为什么投资者对收益持续不好的基金仍然持有(Goetzmann and Peles,1997),持续较差的收益似乎没有降低投资者的购买热情,并且许多关于基金产品的收益与投资者购买之间关系的研究也呈现出了不同的结果。有研究认为,投资者预测基金净值上涨的概率越大,就越有可能申购基金,然而基金业绩较好的时候投资者也有可能赎回基金(刘志远、姚颐,2004)。对我国开放式基金的研究发现,基金业绩的提高并没有带来资金的净流入,反而造成了资金的净流出(陆蓉等,2007)。对于这一比较异常的现象,以往的研究主要关注于基金业绩和资金流动之间的关系,但忽略了基金是信任型服务产品的特质。因此本书借用服务营销7P理论来探讨企业服务营销行为对投资者购买行为的影响。产品因素即上文所述的基金收益,其他6P因素将逐一探讨。

服务营销组合包括7个要素,即服务产品(Product)、服务定价(Price)、服务渠道或网点(Place)、服务沟通或促销(Promotion)、服务人员(People)、服务的有形展示(Physical Evidence)、服务过程(Process),即7P。由于信任型服务产品常常导致不确定性,对投资者来说,在购买之前难以评估产品本身的质量和效果(Murray and Schalater,1990),投资者在购买基金产品之前很难确定该产品的收益和风险,甚至购买之后的一段时间内都无法确认,只能依靠专家意见来给予鉴定(Ford et al.,1988)。因为无法确切地判断,所以投资者的购买以及持有决策并不能仅仅依赖于金融投资产品的收益和风险,还存在其他影响因素。国外的研究揭示了许多因素可能影响投资者的选择。如赎回费用及收费的方式、汇率(Bennett and Young,2000)、税收(Bergstresser and Poterba,2000)、品牌(Chakarabarti and Rungta,2000)等因素均会影响投资者的选择。

结合实践经验及系统地查阅相关文献,我们把除产品本身之外其他可能对投资者关系态度和关系长度产生影响的因素进行了整理。

1. 价格因素

以往的研究中,较少提及金融投资产品价格对投资者购买及持有行为的影响,但金融投资产品的价格涉及投资者需要支出的成本,可能会对其购买行为产生影响。有研究发现,基金的申购和赎回费率会影响投资者的投资决策(李存行、陶启文,2005),但基金收取的管理费是否对投资者的买卖决策产生影响,实证结果却是不一致的(朱宏泉等,2009)。本书基于此,提出假设3如下:

H3:投资者的感知费率对关系态度和关系长度都有负向影响,具体而言子假设如下:

H3a:投资者的感知费率越高,其关系态度越低。

H3b:投资者的感知费率越高,其关系长度越短。

2. 投资渠道因素

从基金销售的渠道来看,银行、券商和基金公司直销为目前销售的主体。银行凭借众多的网点和大量的客户资源等优势,在国内基金销售格局中占据霸主地位。就我国投资者现状来看,他们获得基金产品信息和购买基金产品主要是通过银行、网络等渠道,其他还包括较少的券商和基金公司直销。大众投资群体以银行储蓄为主要金融资产,而基金的特点与储蓄存款又具有一定的类似性(何寒熙、谢卫,2002),通过银行购买基金的投资行为相对稳定,投资者更看重长期收益,有较明确的投资意识。而通过证券公司购买基金的投资行为相对看中即期收益,倾向于投机性操作,交易更为频繁。总结而言,银行渠道投资者关系长度较券商渠道投资者更长,但投资渠道对关系态度并无显著影响,基于此,提出假设4如下:

H4:银行渠道的投资者相对券商渠道的投资者关系长度更长。

3. 促销因素

基金公司常常进行产品宣传促销活动,如国内的嘉实基金就将网上营销的触角延伸到了世界杯,在第十九届世界杯南非足球赛如火如荼地进行时,该公司与和讯联手推出了"嘉实基金——激情世界杯"网站,希望借世界杯的"东风",吸引更多的投资者。

诸多研究表明,广告影响企业价值,并且会降低市场风险。国内学者发现,以产品信息为主的理性广告内容促销对基金的购买也存在一定影响(吴艳,2010),客观上,基金产品的宣传可以增加投资者的产品知识和信息,以增强其投资信心。基于此,提出假设5如下:

H5a:产品宣传越好,投资者的关系态度越高。

H5b:产品宣传越好,投资者的关系长度越长。

4. 人员因素

基金经理作为基金产品的主要管理人员其行为和表现也对投资者的购买决策产生影响。谭跃和陈知烁(2010)对基金经理的研究发现,基金经理的特性(如经理人学历、经理人任期等)与基金业绩之间存在显著的相关性。优秀的、专业的基金经理可能更受投资者的欢迎。根据服务的专业性表现及基金经理的实际情况,我们选取基金经理的学历背景,其长期业绩以及资质证书作为衡量指标,得到假设6如下:

H6a:对基金经理专业特征越看重的投资者,其关系态度越高。

H6b:对基金经理专业特征越看重的投资者,其关系长度越长。

5. 有形展示因素

基金公司的展示主要表现为公司的品牌展示、基金收益的排名、专业机构对基金公司的评级等。品牌资产改进对企业价值的评估存在显著的正面影响(Srinivasan and Hanssens, 2009)。我国的基金投资者在购买基金时,更愿意直接参考基金的业绩排名,做直观判断,给那些排名靠前的基金以相当的热情(张婷,2010)。专业机构对基金公司的排名也会直接影响投资者的选择,如我国的投资者常常参考由晨星(Morningstar)和银河证券基金研究中心等机构发布的排行榜。基于此,提出假设7如下:

H7a:基金公司的展示表现越好,基金投资者的关系态度越高。

H7b:基金公司的展示表现越好,基金投资者的关系长度越长。

6. 服务过程因素

投资者希望获得更多的回报,包括基金公司提供其他服务,如公布基金业绩情况、投资研究报告、制定投资策略等。提供这些服务可能会获得投资者的好感或信任,进而可能对其购买行为产生影响。根据基金公司的实际操作,其服务过程主要通过客户服务及风险评估来检测。风险评估可以帮助投资者正确认识风险,更加理性地进行购买决策;优秀的客户服务则能够增强投资行为的便利性。因此得到假设8如下:

H8a:越看重基金公司服务过程的投资者,其关系态度越高。

H8b:越看重基金公司服务过程的投资者,其关系长度越长。

三、控制变量

国内外关于个体投资者特征的研究相对较少。基金个体投资者调查报告(王松龄、操舰,2001)中,关于投资者特征的研究主要以家庭为单位进行。其报告发现,购买基金与否与投资者年龄及文化程度的关系非常密切,差异性显著。除50岁以上的人之外,年龄越大,购买基金的比例就越高,这与风险偏好有关。另外,文化程度越高,购买基金的比例就越高。

投资者的其他个人特征也并未得到明确的检验。但从家庭角度进行调查发现,31%的家庭由男性进行投资决策,22%的家庭由女性进行投资决策,23%的家庭共同决策,24%的家庭各自支配。因此,就投资者个人特征来看,性别在决策权方面构成了一些差异。

另外,投资决策与家庭成员的可支配收入水平及其对风险的偏好有关。投资者对以往投资经验的满意度影响着现有投资行为的风险偏好(王松龄、操舰,2001)。大部分个体工商户、私营业主属于风险偏好型投资者,大部分国家和社会事业管理人员及专业技术人员属于风险弱偏好型投资者,大部分商业服务人员、工人属于风险厌恶型投资者。因此,我们可以认为,职业的差异与风险偏好类型有关,而这直接影响着投资者的购买行为。

因此,结合消费行为理论,有必要检验投资者个体变量与其购买行为之间的关系,这些变量包括:性别、年龄/基龄、教育程度、职业以及可支配收入水平。

基于前文梳理,对投资者购买行为产生影响的因素包括金融投资产品本身存在的收益和风险,即产品因素,以及服务营销因素,即金融投资产品价格因素、投资渠道因素、促销因素、服务人员因素、有形展示因素和服务过程因素。在这些因素产生影响作用的过程中,基于投资者自身存在的个体差异,其购买行为可能会导致不同偏好的产生。因此,本书初步研究框架构建如图6.1所示。

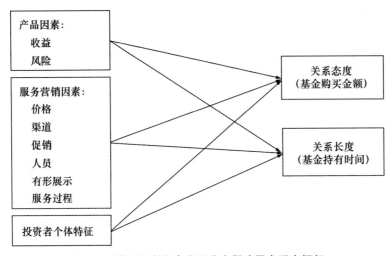

图6.1 基金投资客户关系稳定影响因素研究框架

第三节 研究方法与研究结论

一、样本选取与样本特征

本研究采用问卷调查方法进行数据的收集,被试对象为国内某知名基金管理有限公司的客户。我们的问卷全部通过网络收集,也就是说,当客户登录基金公司的网站时(必须是注册用户),他们会收到一个填写问卷的邀请。作为补偿,我们会提供给填写问卷的客户以适当的网站积分,该积分可以兑换一些礼品或和投资经理交流的机会。我们的问卷调查时间为2010年9月—12月,最终我们收集到有效问卷2 032份。

样本的相关特征如表6.1所示:

表 6.1 调查样本特征

人口特征	项目	占比(%)	人口特征	项目	占比(%)
年龄	30 岁以下	22.9	性别	男	59.9
	30—40 岁	37.9		女	40.1
	40—50 岁	22.0	个人月收入	2 000 元以下	19.5
	50—60 岁	11.6		2 000—5 000 元	53.2
	60 岁及以上	5.6		5 000—10 000 元	20.6
教育程度	中专及以下	15.4		10 000—30 000 元	5.4
	大专	30.5		30 000 元以上	1.3
	本科	44.3	家庭月收入	20 000 元以下	4.7
	研究生及以上	9.8		2 000—5 000 元	33.6
职业	公务员和事业单位人员	25.8		5 000—10 000 元	38.5
	国有/国家控股公司管理人员	8.5		10 000—30 000 元	18.4
	国有/国家控股公司一般人员	17.9		30 000 元以上	4.8
	私人企业/外企管理人员	11.1	基龄	半年以内	2.7
	私人企业/外企一般职员	12.6		半年到 1 年	4.4
	私营业主	2.0		1—2 年	17.3
	自由职业者	7.4		2—5 年	55.8
	下岗/离退休人员	9.1		5 年以上	19.8
	在校学生	1.2			
	其他	4.5			

二、层次回归分析

为了验证假设,我们建立了 3 个研究模型(如表 6.2 所示)。在模型 1 中,我们研究了人口统计变量对投资者关系态度与关系长度的影响。在模型 2 中我们验证了人口统计变量、产品因素对投资者关系态度与关系长度的影响。在模型 3 中我们验证了人口统计变量、产品因素以及服务营销 6P 因素对投资者关系态度以及关系长度的影响。

表 6.2 模型拟合结果

因变量→	模型1 关系长度	模型1 关系态度	模型2 关系长度	模型2 关系态度	模型3 关系长度	模型3 关系态度
人口特征						
年龄		0.321***	0.073***	0.327***		0.324***
性别	0.078***					
教育程度		0.055*		0.058**		0.042*
职业[+]	Z4,0.065**	Z1,−0.091*** Z3,−0.061** Z4,−0.086*** Z5,−0.094*** Z8,−0.103***	Z4,0.061**	Z2,0.049* Z6,0.037* Z7,0.050** Z10,0.054**	Z4,0.068**	Z2,0.041* Z7,0.052** Z10,0.055**
个人月收入		0.215***		0.197***		0.192***
家庭月收入		0.143***		0.122***		0.123***
基龄	0.446***	0.165***	0.423***	0.129***	0.411***	0.133***
产品因素						
投资收益			0.106***	0.180***	0.104***	0.176***
基金业绩			−0.064**	0.039*	−0.057**	0.060**
基金净值			0.041*		0.057*	
基金分红			0.051*	−0.075***	0.061**	−0.065**
价格因素						
感知费率						−0.048*
渠道因素						
银行渠道					0.094***	
券商渠道					−0.061**	0.083***
促销因素						
产品宣传					不显著	不显著
人员因素						
学历背景					−0.084***	
长期业绩					0.066**	
资质证书					−0.06**	
有形展示						
公司品牌					0.051*	0.039*
收益排名					0.041*	
专业评级					0.054**	
服务因素						
优秀客服						0.056**
风险评估					0.056**	
R^2	0.223***	0.304***	0.240***	0.342***	0.271***	0.357***
ΔR^2			0.017*	0.038**	0.031**	0.015*

注：[+] Z1 代表职业1，Z2—Z9 以此类推；* $p<0.05$，** $p<0.01$，*** $p<0.001$。

三、层次回归结果

综合以上数据分析结果,我们可以得出如下结论:

1. 人口特征对投资者关系态度与关系长度的影响

通过模型1的分析我们发现,投资者的人口统计特征会对关系态度与关系长度产生显著影响。

投资者的年龄、教育程度、个人月收入和家庭月收入均与个体的关系态度成正比,且系数显著。同时,在职业的分析中,我们发现公务员和事业单位人员、国有/国家控股公司一般人员、私人企业/外企管理人员、私人企业/外企一般职员和下岗/离退休人员,他们的关系态度相对较低。

此外,投资者的性别和基龄会显著影响投资者关系长度。并且,在职业中,我们发现私人企业/外企管理人员,他们的基金持有时间较长,也就是说关系长度较长。

2. 基金收益对投资者关系态度与关系长度的影响

基金的投资收益越大,投资者的关系长度越长,且关系态度越高,H1和H2均得到验证。其他产品收益组成部分包括基金业绩、基金净值、基金分红,均有部分显著影响。

3. 服务营销6P因素对投资者关系态度与关系长度的影响

H3部分验证,感知费率越高,投资者的持有额度越小,持有时间未受显著影响。H4验证,选择银行渠道的投资者,其关系长度显著较长;选择券商渠道的投资者,其关系长度显著较短。H5未验证,产品宣传没有显著影响。H6部分验证,投资者越看重基金经理的学历背景,其关系长度越短;越看重基金经理的长期业绩,其关系长度越长;越看重基金经理的资质证书,其关系态度越低。H7验证,基金公司品牌力越强,投资者关系长度越长,关系态度越高;基金公司排名越靠前,投资者关系长度越长;对基金公司的专业评级越高,投资者关系长度越长。H8验证,越看重优秀客服的投资者,其关系态度越高;越看重风险评估服务的投资者,其关系长度越长。

四、方差分析

由于前面研究结果显示促销因素对关系态度和关系长度的影响不显著,为进一步验证促销因素是否因消费者类别的不同而在显著性上存在差异,接下来进行了方差分析。

首先,检验投资者基金持有时间的不同是否会造成不同的促销因素反应。将促销因素作为因变量,将基金持有时间作为因子,分析结果显示,基金投资者基金持有时间不同,对促销因素的反应较显著($p=0.040<0.05$),即关系长度较长的基金客户会看中促销的作用。其次,检验投资者关系态度的不同是否会造成不同的促销因素反应。将关系态度作为因子,结果表明,该因子对促销因素的显著性为 $p=0.781$,不显著。

所以,促销因素仅对关系长度较长的基金投资者有显著影响。

第四节 结 论

一、服务营销理论的应用

从数据分析中可以发现,产品因素对投资者关系态度与关系长度有显著影响,投资者关注产品的收益和风险。在金融投资产品购买决策中,投资者会将这两个维度结合起来考虑。基金的业绩,特别是当期基金单位累计净值的增量和基金分红,对投资者的申购行为有显著的影响(朱宏泉等,2009)。

作为信任型产品,基金的特殊性要求投资者必须依赖除产品本身的收益和风险之外的其他因素来辅助完成购买决策。本研究中没有发现价格和促销因素的显著作用,这可能是由于数据测量中的操控不恰当,在深入研究中将进一步探讨这个问题。可喜的发现是,渠道、人员、有形展示以及服务过程等营销因素均对投资者关系态度与关系长度产生了显著的正向影响,这说明投资者在产品因素之外,对这些因素的作用有较强的依赖性。并且投资行为也并非完全理性,投资者选择基金与选择一般产品的过程是类似的,因为理性地选择产品需要花费成本。投资者没有精力或能力去精确地计算产品的价值,而可能更多地依据一些简单的且易于比较的因素,比如品牌等,来选择产品。基金公司可以借由营销力量的作用对投资者进行正向的影响,积极推动金融投资产品的营销,开发和保持优质的客户资源,同时提高企业自身的能力,为推动社会经济的发展贡献力量。

二、差异化营销

研究表明,投资者个体特征的差异会对其购买行为形成明显的偏好。个体总是存在差异的,差异性的偏好使得投资者会对同一营销刺激因素给出不同的反应。根据个体差异进行市场细分,针对不同的目标市场制定不同的营销策略,是营销理论的基础。在金融投资产品领域,金融企业可以根据投资者个体差异形成的不同偏好对市场做进一步细分,以人口统计变量为依据,进行有针对性的差异化营销,对不同的细分群体推出不同业务组合的金融投资产品。例如美国就有专门为女性量身定做的基金,称为"女性基金"(Women's Equity Fund),成立于 1994 年,其以符合女性意识的思想成功营销,取得了良好的效果。

金融投资产品是特殊领域的服务产品,我们可以将视角从"金融"变换到"服务"来重新思考这类产品的营销问题,并结合金融产品投资者的个体特点和行为特征,在金融营销领域进行更深入的研究。

本章的研究是运用服务营销理论来分析金融投资产品的营销管理问题,由于金融投资产品不同于一般性的服务产品,所以经典服务营销的 7P 理论能否完全反映投资产品的特点还是值得商榷的。另外,本章研究的数据都是基于调查数据,并没有将影响因素与投资者的实际行为进行关联分析,因此得出的结论只是一种意向性的分析。未来的研究可以对此问题进行更深入的分析。

第七章 基于客户关系稳定的基金公司营销建议

前面几章关于基金客户细分方法的研究,明确地指出了基于长期稳定的客户动态市场细分是未来基金公司开展服务营销应该遵循的原则。这些研究为今后基金公司的营销服务提供了理论依据。在本章中,将主要依据前几章的理论结论,探讨基金公司开展和构建长期稳定关系市场营销的策略及其具体实施。

第一节 现有营销服务策略

基金公司为了在激烈的竞争中获得比较优势,希望通过产品创新、交易方式创新、客户服务创新、销售渠道创新等形成竞争优势,发展区别于其他公司的核心竞争力。近年来,基金公司在差异化战略和产品创新方面做了一定的努力。

一、产品创新

近年来,基金公司将主要精力放在了基金产品创新方面。如,2007年一些公司推出的具备1年封闭期的开放式基金,2009年一些公司发行的具有救生艇条款可以有条件"封转开"的产品;以及2011年以来发行的具有杠杆性质的分级基金、跨市场指数基金、跨境ETF基金、理财型债券基金等。这些产品一部分以或有超额收益来调动基金客户投资的积极性;另一部分以类似绝对收益的产品来吸引低风险客户的参与。还有一些产品打破了原有的交易方式,提出了跨市场的交易便利性。

二、探索新产品功能

传统的基金产品交易方式是"未知价法"(即投资者在交易当天不知道以何种价格申购或赎回基金),交易需要在 T+1 或更长的时间后确认。这种交易方式不利于投资者及时知晓交易价格,特别是在基金赎回时,不能及时收到赎回资金。对于一般的投资类产品而言,这样的规定或许容易接受,但对于高流动性的货币市场基金来说,这种交易安排不利于货币市场基金发挥其现金管理工具的作用。2012 年年末以来,一些基金公司先后推出了货币市场基金 T+0 赎回功能,使原本在次日或更晚到账的货币市场基金赎回资金当天就可以入账,极大地提高了货币市场基金的流动性,使货币市场基金成为能够与银行活期储蓄抗衡的流动性管理工具(货币市场基金的收益率远远高于银行活期储蓄存款利率,以 2012 年货币市场基金年化平均收益率 4% 左右计算,其收益是银行活期储蓄存款利息的 11 倍)。此外,基金公司还开展了货币市场基金支付信用卡欠款和缴纳水电煤气的业务。这些创新举措,不仅为基金公司获得了长期稳定的资金来源,而且扩展了货币市场基金的支付功能,为货币市场基金的发展开辟了广阔的空间。

三、销售渠道多样化

为了获得更广阔的发展空间,很多大型基金公司纷纷建立了自己的销售渠道。例如,华夏基金自 2007 年开始就设立了理财网点,独立开展基金销售业务。一些基金公司还成立了全资控股的销售公司,开展基金销售业务。这种销售公司不仅销售基金公司自身的产品,还会代销其他基金公司的产品。这样做的目的是向投资者提供全面、丰富的产品线,全面开展基金理财业务。更多的基金公司则建立了网上直销渠道,通过搭建网站平台,提供产品交易运营操作环境,开展多种形式的销售促进活动,来吸引投资者直接到基金公司网站开户、交易。与基金代销渠道相比,基金公司网上直销的功能更加丰富,交易操作更加便捷,提供的服务也更为专业化,投资者还可以享受到比代销渠道更多的销售费率优惠。除网站交易外,一些基金公司还提供了手机交易、电话交易等方式。一些基金公司信奉"决胜终端"的营销理念,纷纷推出了各种版本的终端交易软件,以满足客户随时随地进行基金操作的需求。基金公司网上交易开展以来,受到了客户的普遍欢迎,交易规模逐年上涨。

此外,在监管部门的推动下,第三方基金销售机构(诺亚财富、好买基金网、展恒理财)、第三方基金支付公司(支付宝、天天盈、财付通)、大型电商(淘宝网、京东商城)等都建立了基金销售平台,这都为基金销售提供了广阔的空间。

四、开拓新市场

随着基金监管政策的调整,基金行业开始向资产管理方向转型。2012年10月31日颁布的《证券投资基金管理公司子公司管理暂行规定》,为基金公司的发展打开了通道。自此,基金公司可正式通过子公司,获得投资于"未在证券交易所转让的股权、债权及其他财产权利"等专项资产管理计划的通道。为了适应不同市场情况下的理财需求,基金公司正在积极向资产管理行业转型,将更多的投资领域、金融产品、投资管理方式、跨市场操作纳入基金公司或相关子公司的业务范围。在这种大趋势背景下,基金公司需要不断地丰富自身职能,摆脱单一的证券投资管理机构的身份,向多元化方向发展。由此,基金公司将打破投资范围狭小、产品同质化的瓶颈,摆脱"靠天吃饭"的经营限制。

五、小结

与上述其他方面的创新发展相比,基金公司现有的服务营销策略显得非常单调。在营销推广策略方面,基金公司主要依靠媒体广告树立公司品牌形象,依靠媒体文章推广新产品。在销售策略方面,除发行奖励(现在已被监管部门明令禁止,个别以其他形式出现)、尾随佣金(代销机构按一定比例分享基金管理费收入)外,对代销机构几乎没有其他有效的促进销售的措施。在客户服务方面,个别基金公司推出了差异化服务,但主要对象局限在高净值客户,在服务策略制定和实施上,缺乏基本的客户细分理念。

鉴于基金公司在营销服务策略上的落后现象,将基金客户细分的正确思想引入基金客户服务和营销管理领域就显得非常迫切。本章中,将根据前面对基金客户细分的研究结论,为基金公司设计一套客户市场细分的动态分类体系;同时,以建立长期稳定的客户关系为出发点,为基金公司开展有效的客户服务和营销提供策略和营销支持,这将为基金公司的发展开拓更加广阔的空间。

第二节 差异化营销策略

从基金客户的细分研究中可以看出,客户的需求千差万别。为了满足基金投资客户的不同需求,实施差异化的营销策略是基金公司拓展产品市场、吸引客户的必由之路。为实施差异化的市场营销策略,基金公司首先应找到适合本公司经营发展特点的基金客户细分方法,并在此基础上,开创有特色的差异化营销之路。

一、构建动态细分体系

在构建适合本公司的客户细分体系的过程中,基金公司可以考虑以下几个方面:

1. 以动态的观点构建客户细分体系

基金公司开展客户细分工作首先应该把握的关键点是充分考虑客户需求和客户价值的变化性。由于基金产品的特点决定了基金资产和客户投资行为的波动性,导致客户需求和特征也是不断变化的。在构建基金客户细分体系时,基金公司应该将动态性作为基本特点加以考虑,既要考察客户的历史特征,又要分析和预测客户的未来特点。在选取细分变量时,要做到变量具有可持续性、可观察性和长期有效性。在构建模型时,要考虑预测性和模型的发展性。

2. 以客户动态价值为出发点,构建价值客户的细分组别

由于基金公司的收入主要来源于客户产生的管理费贡献,因此,多数基金公司会选择以客户价值为客户细分的标准。基金公司将依据这一标准建立关于客户价值细分的客户组别。本书第五章中,使用随机森林工具构建了动态的价值客户预测模型。依据这个模型,可以将基金客户按照不同的管理费收入分为1—7个等级。这个模型对不同等级的基金客户进行了从持有份额、客户年龄、平均收益率、开户时间等多个方面的描述,使基金公司可以将各等级特征的客户进行归类。在模型的运用上,不同的基金公司可以确定不同的分类等级,选择哪些结点作为等级分类的关键点取决于该结点价值对基金公司的意义。如将10元作为第一结点,则表明,10元对于该基金公司而言是非常小的贡献值。由于不同基金公司具有不同的经营成本,因此,不同公司对价值结点的确定也会存在差异。

3. 以客户流失为控制点,开展流失客户细分

基金公司将客户维护作为公司的主要工作目标时,对客户流失的预警就显得非常重要。在第五章中,使用决策树工具针对客户流失情况构建了基金客户流失预警模型。根据这一模型,我们可以得到即将流失客户的分类组。基金公司可以针对这些客户开展挽留工作,因此,通过使用客户流失预警模型可以确定流失和保留客户的标准。

4. 以影响客户购买决策和持有时间的要素为分类点,对客户进行细分

反映客户持有基金情况的因素有很多。在第四章中我们构建了一个关于基金客户的分类框架。使用这个框架对基金客户进行细分,就会得到40个甚至更多的客户分组。基金公司可以根据本公司的客户细分目标,从中寻找与细分目标相关的细分标准加以使用。如果完全照搬将不利于基金公司合理配置资源,

容易导致资源的浪费。因此,在进行客户细分时,基金公司首先应该明确分类的目的,然后再按照一定的目标将关键影响要素有机地结合起来,只有这样才能达到客户细分的目标。

二、差异化营销

研究表明,投资者个体特征的差异决定了其购买偏好。个体总是存在差异的,差异性的偏好使得投资者会对同一营销刺激因素给出不同的反应。因此,在基金公司的营销实践中,应在市场细分的基础上针对不同的目标市场制定不同的营销策略。

1. 根据客户价值差异,提供差异化服务

本书构建了一个动态的客户价值预测模型,根据这一模型,可以帮助基金公司提前识别高价值客户(又称"目标客户")。考虑到客户贡献的不同和基金公司服务资源的有限性,基金公司对高价值客户(含目标客户)和普通客户可实施差异化的服务内容。如为普通客户提供基础类服务,而对高价值客户或目标客户则提供增值和特殊服务。基础类服务是指基金合同规定的服务内容,是基金公司必须遵守的服务承诺;而增值服务是基金公司为提升客户体验而为特殊客户提供的优惠服务,其内容包括:回馈计划、"一对一"专人服务、电话优先接入等。增值服务的目的是全面提升高价值客户的投资体验,巩固公司与高价值客户的关系。

2. 加强对客户流失的预警,实施客户挽留措施

本书构建了一个客户流失预警模型。该预警模型可以明示某一收益率是股票基金客户流失的时点;某一持有期内客户相对稳定等信息。依据预警模型的提示,基金公司可以尽早发现客户流失倾向,及时开展客户挽留工作。客户挽留的方案需根据客户的具体需求和持有基金的情况而定。一般首先应解释客户赎回原因,针对赎回原因提供挽留对策。

3. 为不同持有阶段的客户,提供有侧重点的服务

在不同的持有阶段,客户的需求是不同的。由于基金产品属于信任型产品,在客户持有产品初期,基金公司应该把握初始的接触环节,营造良好的第一印象,树立和强化公司专业化的品牌形象。在客户持有基金产品的过程中,基金公司应该根据客户的需求提供专业化的理财投资指导服务,引导客户把握市场机会,及时根据市场变化进行基金投资或产品转换。在实际业务中有一个不可逾越的鸿沟:即使是专业的投资机构,当面对市场的系统性风险时也无法做到完全规避。这时,分散投资的理念将发生决定性的作用。说服投资者将投资种类进行分散,可以有效地规避系统性风险。客户赎回基金产品有各种理由,基金公司

可以根据不同的赎回原因,开展二次营销。相对于投资损失的客户,盈利赎回的客户二次购买的成功率较高。

4. 根据不同客户的特征和需求,提供并设计差异化产品

一直以来,制约基金公司规模发展的问题之一就是产品同质化问题。基金公司要寻找特色化发展之路,开展产品创新是发展的前提。如果基金公司将产品创新仅局限在收益率差异化、投资领域差异化方面,将依然无法走出同质化的窠臼。应该说,产品创新来自各个方面,既包括投资标的创新、交易方式创新;也包括盈利方式创新、销售形式创新等。将基金产品的创新放在整个资本市场上考虑,在整个资产管理行业中寻找创新点和思路才是基金公司真正的发展之路。

5. 根据客户账户盈亏情况,提供理财建议,增强营销的针对性

投资收益是客户投资体验的重要组成部分。基金公司可以通过分析客户账户的收益情况,掌握客户需求,提供理财建议,或开展有针对性的营销。如果客户已经盈利,可建议客户将盈利部分的资金转化为低风险产品,或推荐公司的其他产品;如果客户持有亏损基金,可帮助客户分析亏损原因,根据客户的风险承受能力推荐其进行产品转换,或根据客户所持产品种类和市场形势,建议客户补仓。对于系统性风险导致的账面亏损,服务人员应客观地分析亏损原因,采用横向比较方法,帮助客户了解整体市场状况。对于投资判断导致的亏损,面对客户的抱怨和投诉应提供客观的解释,并将基金经理下一步的策略向客户介绍,使客户充分理解,独立判断,自主决策。

6. 对网络客户开展电子化营销

基金公司网上交易作为一种新兴的销售渠道具有巨大的发展空间。随着电子商务的普及以及大型电子商城与基金公司销售系统的对接,越来越多的网络客户将通过基金公司网站(或网站的外链)进行交易。基金公司应充分认识到网络营销与传统营销方式的不同,依托互联网独特的传播和营销形式,开发适合网络营销的基金产品,提供网络客户熟悉的服务,以迎合网络基金产品销售的特点。此外,基金公司应充分认识到网络营销的优势在于掌握客户的浏览轨迹和交易行为,这有利于基金公司实现精准营销和交叉营销。因此,基金公司应尤其注重数据挖掘技术在电子化营销中的作用,适时加大技术力量和营销资源投入,以跟上电子化营销的浪潮。

上述基于客户细分而开展的差异化营销措施,提出了基金客户差异化营销的思路,这只是在一定程度上解决了大多数基金客户营销过程中碰到的问题。在实际工作中,我们必须认识到无论营销措施多么全面,也无法完全囊括千变万化的基金客户需求。只有通过不断地研究客户需求,根据科学的基金客户细分方法,遵循基金客户特殊性的分类规律,才能不断地发现新的客户分组,并以开

放的态度,不断地适应市场的变化。

第三节 关系营销策略

在基金产品的营销实践中,基金公司应将与高价值客户建立并保持长期稳定的关系作为营销策略的目标。在实施这一营销策略的过程中,基金公司应始终坚持动态地把握客户价值的理念。由于基金客户的特征和需求一直处于不断变化的过程当中,所以,基金公司不能机械地使用客户细分数据,而是要根据市场和客户的变化构建动态的客户细分体系。同时,为了避免资源投入的失误,可使用本书提供的客户价值预测模型,尽早对价值客户加以识别。本书在怎样对待客户价值的短期和长期差异性方面进行了研究,认为在大多数情况下,基金客户的价值在短期的一定偏离不影响其长期价值;从而在理论上进一步支持了对客户价值的预测。基于这些研究,在实际工作中,基金公司应该与价值客户发展长期稳定的关系。实施长期稳定的关系营销策略具体表现在以下方面:

一、全面理财计划

由于基金投资的复杂性,客户的基金产品持有受到多方面因素的影响。这既包括客户对未来市场的判断,也包括客户自身的风险承受能力,还包括周围环境对客户持有或赎回决策的影响。可以说,客户对持有何种基金产品的判断一直处于不断变化的过程当中。由于单一的产品很难满足不同市场变化环境下客户的理财需求,基金公司应该考虑由单一的基金投资管理向全面的资产管理方向转型,由提供基金产品转向为客户提供一揽子理财计划。

全面理财计划是为客户量身定制的个人财产计划。它基于对客户资金来源、用途、属性、期望收益水平、流动性需求、风险承受能力等多方面因素的了解,是将基金公司的服务与客户终身理财需求紧密结合的最好载体。

基金公司进入客户理财生活的途径有多种,如:向客户提供养老理财规划、子女教育规划,或其他以任何用途为目标的理财计划。以美国为例,401k 计划就带动了美国基金三十多年的繁荣,为基金公司提供了向客户长期提供养老理财服务的机会。虽然,我国目前还没有类似的法律配套,但随着老龄化社会的来临,养老规划已逐渐提上人们的议程。基金公司应该抓住这个机会,以养老投资为切入点,按年龄段、对退休生活品质的需要、目前的收入状况等向客户推荐养老理财规划,构建基金公司与客户之间长期稳定的服务关系。

我国目前虽然还没有实施由政府主导的大学教育金计划,但大学经费的增加已经为人们敲响了警钟。基金公司可以把大学教育金积攒作为理财目标,向客户提供教育规划。此外,任何长期投资目标都是基金公司提供理财服务方案的契机,换房计划、买车计划、装修计划等,只要客户提出具体的资产目标值,基金公司都可以根据客户的需求,为客户达成目标提供资产投资解决方案。

二、客户忠诚度计划

客户忠诚度计划是基金公司通过一系列优质服务措施和优惠营销条件,吸引客户长期保留在公司的营销策略。实施客户忠诚度计划的主要措施包括:

1. 建立和使用客户积分系统,科学地衡量客户价值

一般情况下,客户积分分为两类:管理费积分和额外奖励积分。管理费积分是客户通过持有基金产品获得的积分,持有产品越多,持有时间越长,客户的管理费积分也就越高;而额外奖励积分是客户参与公司活动获得的积分。观察管理费积分可以衡量客户的贡献;观察额外奖励积分可以得知客户对基金公司的态度。根据积分系统显示的客户等级,基金公司可以方便地得知客户的价值贡献及其与基金公司的关系。基金客户通过使用积分可以兑换各类奖励(监管部门规定的范围),从而增强了客户与基金公司的粘性。依靠积分计划培养客户忠诚度的手法在其他行业已被广泛使用,相信在不久的将来能够在基金行业发挥更大的作用。

2. 实施客户推荐计划

口碑营销已成为现代营销的重要方式之一。基金公司可以在认同客户(认同公司经营管理理念,喜爱参与公司活动的客户)中开展客户推荐计划,使推荐人享有增值服务,以丰富基金公司传播推广的形式,吸引更多的客户加入。推荐计划是基于客户亲身体验的活动形式,将大大增加信息的可信度,具有示范效应。

3. 开展客户回馈计划

除向高贡献客户进行回馈外,高忠诚度客户也应该得到奖励和回馈。回馈计划增加了基金公司与客户之间的紧密联系,促进了客户与基金公司的相互理解,对于基金公司发展与高价值客户之间的长期稳定关系起到了积极的促进作用。

三、避免营销近视和过度服务

一些公司对于"动态了解客户价值,及时做出营销策略调整"的策略在理解上存在偏差,认为当客户的价值出现下降时,理应将客户的服务等级向下调整。这种做法是营销近视的表现,对客户的伤害极大,将导致客户彻底离开。基金公司应该认识到,动态的客户服务策略不是机械地应对,而是在充分认识客户动态性特点的基础上,保持策略的持续稳定性。这种稳定性不是措施,而是决策的态

度。基金公司应以客户生命周期理论的视角观察客户的长期价值和潜在价值，要避免不当策略导致的客户流失。因此，在客户降级问题上，基金公司应特别慎重。在降级前要有充分的提示，要了解客户流失的真正原因，评估客户价值重建的可能性，努力地换回客户。

从基金公司服务的另一个角度来看，过度服务不仅不会给客户带来好处，还会给基金公司造成较大的负担。所以，基金公司提供的增值服务一定要以客户需求为出发点，在实施各项服务计划之前，要开展充分的调研。在提供增值服务之前应该征求客户的意见。如果客户对增值服务没有特别的兴趣，应该不再提供类似的服务。过度服务的形式有很多，既包括过于频繁的电话沟通、信息骚扰，还包括没有需求的服务。因此，基金公司应该辩证地看待客户的长期价值，避免营销近视和服务过度。

四、挖掘稳定因素

长期稳定的客户关系需要使基金公司与客户之间达成共识。基金公司要善于挖掘促进基金公司与客户之间共存的因素，为发展与客户的长期关系提供基础。

1. 资金的安全性和收益率是大多数客户永恒的追求

获得稳定的投资回报是几乎所有投资者的需求，也是基金公司与客户之间稳定关系的基础。稳定的收益是基金公司投资管理能力的表现，也是客户获得良好投资体验的保障。面对市场的不确定性，基金公司无法保证客户持有的每只产品都能够产生收益。因此，基金公司应在向资产管理行业转型的过程中，不断挖掘市场需求，提供能够满足客户投资回报的产品。如果做到这一点，则基金公司的发展将会获得广阔的空间。

2. 引导客户走向成熟，创造平等的交流环境

基金公司要想发展与价值客户之间长期稳定的关系，就要促进基金客户了解市场情况、了解基金产品及了解自身情况。只有当客户真正地了解市场后，才能使基金公司与价值客户的沟通更加通畅。基金公司必须加强在投资者教育方面的投入，使我国投资者尽快具备良好的成熟理念，只有这样才能让更多的价值客户与基金公司的投资运作管理模式达成共识，促进长期稳定关系的发展和巩固。

总之，基金公司在实施营销策略时，应将发展长期稳定的客户关系作为基金营销策略的目标，不断摸索和总结新的客户细分方法，坚持动态的市场细分理念，制定与市场环境和客户需求相匹配的营销和服务措施。只有这样才能时刻把握市场脉搏，不断提升客户满意度，才能紧跟行业向资产管理转型的步伐，不断地发展壮大。

第八章 结记

在基金公司的经营管理过程当中,经常遭遇基金资产规模的大幅波动和高价值客户的流失。为了持续保持和扩大公司资产管理规模,基金公司期望开展对基金客户的深入分析,并与价值客户建立长期稳定的关系。本书以基金客户的细分和如何建立长期稳定的基金客户关系营销策略为研究方向。

第一节 主要内容

基金产品既是产品又是服务的双重特性,决定了基金产品的提供方——基金公司的利润(管理费收入)来源于客户对基金产品的长期持有。为了实现这一目标,基金公司必须与基金客户建立长期稳定的关系。然而,在基金资产规模的波动性和客户流失的现状面前,基金公司显得非常被动。如何开展有效的基金客户细分,如何促进高价值客户的长期持有,如何实施基于长期稳定关系的基金客户关系营销策略,是基金公司面临的重要问题,也是本书主要的研究方向。

第一,从客户研究的角度出发,本书给出了一个关于基金客户整体性特征的传统分类框架,将基金客户根据11个变量分为40类,并分析了每类客户的需求和特征。进而,本书以基金公司视角,得到了基金公司最为关注的两个指标:高价值客户和高价值客户的长期持有。本书的主要研究从这两个角度展开。

第二,本书的研究从静态逐渐推向动态。根据传统的客户细分方法得到的基金客户细分框架是基于对静态数据的统计和分析,无法解决客户未来价值的问题。由于基金投资市场和客户行为的波动性特征,基金投资客户的需求和营销策略研究必须是动态的,并应以客户价值的长期性作为导向。在此,本书提出了动态客户细分研究的思想。通过曲线拟合方法,本书证明了动态研究的必要性。

第三,在动态性客户细分研究方面,本书充分关注了基金客户价值的发展变化,构建了客户价值预测模型;同时,由于客户的长期持有是基金公司价值的最直接表现,所以本书关注了基金客户的流失问题,并构建了基金客户流失预警模型。

第四,基于对基金客户的动态细分,本书针对关系稳定的基金客户关系营销策略进行了进一步研究。对基金客户的购买决策影响因素进行了深入分析,使用回归算法推导出了除产品风险和收益之外的其他重要因素,并以方差进行了验证。这项研究证明了基金客户的购买和持有不仅取决于产品本身的风险和收益特征,而且与产品因素之外的服务人员、销售渠道等其他因素相关,为基金公司开展服务营销提供了理论基础。

第五,在研究方法方面,本书将定性与定量研究相结合。关于基金客户细分的定性研究是根据实际工作经验的总结,通过访谈、问卷等形式,收集了大量的数据,从感性的、论证的角度对基金客户进行了细分;而定量研究是从理性的角度,遵循标准定量研究的方式,采用数据挖掘工具对基金客户进行了细分。在基金客户价值预测模型构建过程中,本书使用了7种具有不同特点的数据挖掘工具,对基金客户数据进行了清洗、分析、训练、验证,通过对各类工具得到的分类结果进行比较,取得了最贴近实际的结果。

第六,由于稳定的客户关系表现为关系态度和关系长度,基金是信任型产品,以往基金公司专注于产品的营销策略存在问题,基于此,本书提出了应避免客户细分研究过程中的分类过细、营销降级、机械地随时调整服务和营销策略等行为,提出了建立稳定的客户关系的营销策略。

第二节 主要结论

本书主要得出了以下结论:

第一,基金公司的收入来源于客户的长期持有,只有建立与价值客户长期稳定的关系才是基金公司得以长期发展的基础。

第二,基金公司关于客户细分的研究应从静态向动态细分发展。传统的细分方法不能满足客户价值动态发展的实际情况,基金公司必须以动态和发展的态度来看待客户价值。

第三,通过曲线拟合方法,验证了客户价值的变化性和动态性,也验证了基金客户动态分类的思想；同时指出，暂时的价值偏离并不代表长期的趋势。判断客户的价值不能局限在现实阶段客户价值的短暂表现，应当将客户长期价值作为观察客户价值的方式和方法。

第四，基金客户的购买决策除受到产品本身的风险和收益因素的影响外，还受到价格、投资渠道、促销、人员、有形展示和服务过程等因素的影响。基于投资者自身存在的个体差异，这些因素使投资者的关系态度和关系长度会产生差异。由此推导出，基金公司可以通过作用于产品以外的营销策略促进投资者与其保有长期的稳定关系。

第五，根据上述研究，建议基金公司应以与价值客户建立长期稳定的关系为营销策略的出发点，针对客户个性化特征，提供差异化服务。

第六，以往研究中基于客户现在表现而采取的营销策略存在问题，营销降级、营销近视等会导致客户伤害，损害客户的利益和基金公司的长期价值实现，应该在今后的营销工作中予以杜绝。

第三节　主要价值

在理论上，本书发展了关系管理理论中的动态观点，提出了基金产品是信任型产品，除产品的风险和收益特征之外，销售渠道、人员、有形展示、营销策略等都有可能影响客户的持有行为。基金公司与基金客户的关系长度决定着基金公司的价值。因此，基金公司关于营销策略的研究应从建立长期稳定的客户关系着眼，用动态的、辩证的、发展的态度看待客户现在或短期的表现。在理论上，应将长期策略与短期价值结合起来研究，避免细分过度和营销近视。

本书的管理意义主要体现在以下四个方面。

第一，本书首次对基金客户特征进行了分类，对众多的基金变量进行了筛选，为全面掌握基金客户特征提供了一个系统的框架。今后基金公司可根据这一框架开展更为深入的客户细分工作。

第二，从基金客户动态价值角度，提出了对价值客户的预测模型。使用大量的实际数据，为基金公司的实际工作提供了操作性较强的可靠工具。

第三，从基金公司客户维护工作角度，提供了基金客户流失预警模型。这个模型虽然还有待完善，但为客户流失预警和客户挽留工作提供了具体的可操作方法。

第四，本书研究的对象是基金公司的服务营销策略，由于基金产品与银行、信托、保险行业提供的一些金融服务和产品具有很多相似之处，如为促进客户留存采取的服务分级策略，为吸引客户购买或消费提供的奖励策略等，因此，本书提出的基金公司的基于长期稳定关系的营销策略对于理财服务类产品同样具有借鉴意义。

第四节 未来展望

本书在客户流失预警模型和客户价值预测模型的构建中只使用了一家基金公司成立以来的客户数据(大约 8 年),受样本数据有限的限制和市场周期性的影响,结论对于不同时间成立的基金公司可能存在一定的差异。在实际工作中,如果使用这些模型,需要以本公司实际数据导出的结果为准。但这并不代表两个模型的失效,因为不同公司在不同发展阶段,形成了不同的管理风格。虽然这种管理风格在模型中没有被量化,但均已体现在对基金客户持有的影响当中。今后如果能够找到合适的变量体现这种差异性,增加到模型中,将有助于更加准确地开展预测工作。

本书对基金公司基于客户营销和服务策略的研究进行了初步探索。目前关于基金公司客户服务营销策略的研究并不多见,以往基金行业中的研究更多地偏向于产品风险特征和客户投资心理,未来的研究需要从基金客户需求的视角,在考虑客户心理、客户预期和客户行为等综合因素的基础上进行更为系统的研究,以更好地细分客户、差异化服务客户,建立长期稳定的客户关系,实现更高水平的基金客户服务。

参考文献

论文

[1] Alpert M, Raiffa H. A progress report on the training of probability assessors[J]. Judgment under uncertainty: heuristics and biases, 1982, 58(18): 294—305.

[2] Anderson J C, Narus J A. Business marketing: understand what customers value[J]. Harvard business review, 1998, 76: 53—67.

[3] Balmer J M T, Greyser S A. Corporate marketing: integrating corporate identity, corporate branding, corporate communications, corporate image and corporate reputation[J]. European journal of marketing, 2006, 40(7/8): 730—741.

[4] Beane T P, Ennis D M. Market segmentation: a review[J]. European journal of marketing, 1987, 21(5): 20—42.

[5] Bennett A, Young M. Determinants of mutual fund flows: Evidence from new zealand [C]//PACAP/FMA meeting. 2000.

[6] Berger P D, Nasr N I. Customer lifetime value: marketing models and applications[J]. Journal of interactive marketing, 1998, 12(1): 17—30.

[7] Bergstresser D, Poterba J M. Do After-Tax Returns Affect Mutual Fund Inflows? [J]. Journal of financial economics, 2002, 63(3): 381—414.

[8] Bernard V L, Thomas J K. Evidence that stock prices do not fully reflect the implications of current earnings for future earnings[J]. Journal of accounting and economics, 1990, 13(4): 305—340.

[9] Blattberg R C, Deighton J. Manage marketing by the customer equity test[J]. Harvard business review, 1996, 74(4): 136.

[10] Bolton R N, Drew J H. A longitudinal analysis of the impact of service changes on customer attitudes[J]. The journal of marketing, 1991, 55(1): 1—9.

[11] Bondt W F M, Thaler R. Does the stock market overreact? [J]. The journal of finance, 1985, 40(3): 793—805.

[12] Bondt W F M, Thaler R. Does the stock market overreact? [J]. The journal of finance, 1985, 40(3): 793—805.

[13] Boote A S. Market segmentation by personal values and salient product attributes[J]. Journal of advertising research, 1981, 21(1): 29—35.

[14] Brady M K, Bourdeau B L, Heskel J. The importance of brand cues in intangible service industries: an application to investment services[J]. Journal of services marketing, 2005, 19(6): 401—410.

[15] Buehler R, Griffin D, Ross M. Exploring the "planning fallacy": why people underestimate their task completion times[J]. Journal of personality and social psychology, 1994, 67: 366—366.

[16] Bushman F A. Systematic life styles for new product segmentation[J]. Journal of the academy of marketing science, 1982, 10(4): 377—394.

[17] Byrne K. How do consumers evaluate risk in financial products? [J]. Journal of financial services marketing, 2005, 10(1): 21—36.

[18] Chakrabarti A, Rungta H. Mutual funds industry in india: an indepth look into the problems of credibility, risk and brand[J]. The ICFAI journal of applied finance, 2000, 6(2): 27—45.

[19] Chang T Z, Wildt A R. Price, product information, and purchase intention: an empirical study[J]. Journal of the academy of marketing science, 1994, 22(1): 16—27.

[20] Coskun Samli A, Jacobs L. Counteracting global industrial espionage: a damage control strategy[J]. Business and society review, 2003, 108(1): 95—113.

[21] Cravens D W, Piercy N F, Shipp S H. New organizational forms for competing in highly dynamic environments: the network paradigm[J]. British journal of management, 1996, 7(3): 203—218.

[22] Currim I S. Using segmentation approaches for better prediction and understanding from consumer mode choice models[J]. Journal of marketing research, 1981: 301—309.

[23] Cutler D M, Poterba J M, Summers L H. Speculative dynamics[J]. The review of economic studies, 1991, 58(3): 529—546.

[24] Cutler D M, Poterba J M, Summers L H. What moves stock prices? [J]. Bernstein, Peter L. and Frank L. Fabozzi, 1998: 56—63.

[25] Danna A, Gandy Jr O H. All that glitters is not gold: digging beneath the surface of data mining[J]. Journal of business ethics, 2002, 40(4): 373—386.

[26] Darby B W, Schlenker B R. Children's reactions to transgressions: effects of the actor's

apology, reputation and remorse[J]. British journal of social psychology, 1989, 28(4): 353—364.

[27] Darby M R, Karni E. Free competition and the optimal amount of fraud[J]. The journal of law and economics, 1973, 16(1): 67—88.

[28] De Bondt W F M, Thaler R H. Financial decision-making in markets and firms: A behavioral perspective[J]. Handbooks in operations research and management science, 1995, 9: 385—410.

[29] Edwards W. Conservatism in human information processing[J]. Formal representation of human judgment, 1968: 17—52.

[30] Eisingerich A B, Bell S J. Maintaining customer relationships in high credence services [J]. Journal of services marketing, 2007, 21(4): 253—262.

[31] Fine S H. Toward a theory of segmentation by objectives in social marketing[J]. Journal of Consumer Research, 1980, 7(1): 1—13.

[32] Folkes V S. Consumer reactions to product failure: an attributional approach[J]. Journal of sonsumer research, 1984, 10(4): 398—409.

[33] Folkes V S, Koletsky S, Graham J L. A field study of causal inferences and consumer reaction: the view from the airport[J]. Journal of consumer research, 1987: 534—539.

[34] Ford G T, Smith D B, Swasy J L. An empirical test of the search, experience and credence attributes framework [J]. Advances in consumer research, 1988, 15 (1): 239—243.

[35] Fournier S, Dobscha S, Mick D G. The premature death of relationship marketing[J]. Harvard business review, 1998, 76(1): 42—51.

[36] Gilbert D T, Pelham B W, Krull D S. On cognitive busyness when person perceivers meet persons perceived[J]. Journal of personally and social psychology, 1988, 54(54): 733—740.

[37] Gilovich T, Vallone R, Tversky A. The hot hand in basketball: on the misperception of random sequences[J]. Cognitive psychology, 1985, 17(3): 295—314.

[38] Goetzmann W N, Peles N. Cognitive dissonance and mutual fund investors[J]. Journal of financial research, 1997, 20: 145—158.

[39] Grinblatt M, Titman S. Mutual fund performance: an analysis of quarterly portfolio holdings[J]. Journal of business, 1989, 62(3): 393—416.

[40] Gruber M J. Another puzzle: The growth in actively managed mutual funds[J]. The journal of finance, 1996, 51(3): 783—810.

[41] Guiltinan J P. The price bundling of services: A normative framework[J]. The journal of Marketing, 1987: 74—85.

[42] Haley R I. Benefit segmentation: a decision-oriented research tool[J]. The journal of marketing, 1968, 32(3): 30—35.

[43] Hansen R D, Donoghue J M. The power of consensus: information derived from one's own and others' behavior[J]. Journal of personality and social psychology, 1977, 35(5): 294.

[44] Holbrook M B. The nature of customer value: an axiology of services in the consumption experience[J]. Service quality: new directions in theory and practice, 1994, 21.

[45] Ho T H, Lim N, Camerer C F. Modeling the psychology of consumer and firm behavior with behavioral economics[J]. Journal of marketing research, 2006, XLIII(3): 307—331.

[46] Hughes A, Mang P. Media selection for database marketers[J]. Journal of direct marketing, 1995, 9(1): 79—88.

[47] Hui M K, Toffoli R. Perceived control and consumer attribution for the service encounter[J]. Journal of applied social psychology, 2002, 32(9): 1825—1844.

[48] Hunt J M, Kernan J B, Mizerski R W. Causal inference in consumer response to inequitable exchange: a case of deceptive advertising[J]. Advances in consumer research, 1983, 10: 136—141.

[49] Jaworski B J, Kohli A K. Market orientation: antecedents and consequences[J]. The journal of marketing, 1993: 53—70.

[50] Kahneman D, Tversky A. Prospect theory: an analysis of decision under risk[J]. Econometrica: journal of the econometric society, 1979, 47(2): 263—291.

[51] Keane T J, Wang P. Applications for the lifetime value model in modern newspaper publishing[J]. Journal of direct marketing, 1995, 9(2): 59—66.

[52] Kelley H H, Michela J L. Attribution theory and research[J]. Annual review of psychology, 1980, 31(1): 457—501.

[53] Knetsch J L. The endowment effect and evidence of nonreversible indifference curves [J]. The american economic review, 1989, 79(5): 1277—1284.

[54] Kotler P, Armstrong G. Marketing: principle of marketing[J]. 1996.

[55] Lacey R, Suh J, Morgan R M. Differential effects of preferential treatment levels on relational outcomes[J]. Journal of service research, 2007, 9(3): 241—256.

[56] Laitamäki J, Kordupleski R. Building and deploying profitable growth strategies based on the waterfall of customer value added[J]. European management journal, 1997, 15(2): 158—166.

[57] Lazarus R S. Acculturation isn't everything[J]. Applied psychology, 1997, 46(1): 39—43.

[58] Lazer W. Life style concepts and marketing[J]. Toward scientific marketing, 1963: 140—151.

[59] Levine J M, Higgins E T, Choi H S. Development of strategic norms in groups[J]. Organizational behavior and human decision processes, 2000, 82(1): 88—101.

[60] Levitt T. Marketing myopia[J]. Harvard business review, 1960, 38(4): 24—47.

[61] Lichtenstein S, Fischoff B. L. Phillips. Calibration of probabilities: the state of the art to 1980[J]. Decision making and change in human affairs, 1982.

[62] Lichtenstein S. Judged frequency of lethal events[J]. Journal of experimental psychology: human learning and memory, 1978, 4(6): 551—78.

[63] Litle P, Zuckerman M. Sensation seeking and music preferences[J]. Personality and individual differences, 1986, 7(4): 575—578.

[64] Lord C G, Ross L, Lepper M R. Biased assimilation and attitude polarization: the effects of prior theories on subsequently considered evidence[J]. Journal of personality and social psychology, 1979, 37(11): 2098—2109.

[65] Mertz G, Myers R A. An extended cohort analysis: incorporating the effect of seasonal catches[J]. Canadian journal of fisheries and aquatic sciences, 1996, 53(1): 159—163.

[66] Milgrom P, Roberts J. Complementarities and fit strategy, structure, and organizational change in manufacturing[J]. Journal of accounting and economics, 1995, 19(2): 179—208.

[67] Mitra K, Reiss M C, Capella L M. An examination of perceived risk, information search and behavioral intentions in search, experience and credence services[J]. Journal of services marketing, 1999, 13(3): 208—228.

[68] Morgan N A, Piercy N F. Interactions between marketing and quality at the SBU level: influences and outcomes[J]. Journal of the academy of marketing Science, 1998, 26(3): 190—208.

[69] Murray K B, Schlacter J L. The impact of services versus goods on consumers' assessment of perceived risk and variability[J]. Journal of the academy of marketing science, 1990, 18(1): 51—65.

[70] Nagy R A, Obenberger R W. Factors influencing individual investor behavior[J]. Financial analysts journal, 1994, 50(4): 63—68.

[71] Nelson P. Advertising as information[J]. The journal of political economy, 1974, 82(4): 729—754.

[72] Odean T. Do investors trade too much? [J]. Available at SSRN 94143, 1998.

[73] Oliver R L, DeSarbo W S. Response determinants in satisfaction judgments[J]. Journal of consumer research, 1988, 14(4): 495—507.

[74] Ostrom A, Iacobucci D. Consumer trade-offs and the evaluation of services[J]. The journal of marketing, 1995: 17—28.

[75] Plummer J T. The concept and application of life style segmentation[J]. The journal of marketing, 1974, 38(1): 33—37.

[76] Poon P S, Hui M K, Au K. Attributions on dissatisfying service encounters: a cross—cultural comparison between Canadian and PRC consumers[J]. European journal of mar-

keting, 2004, 38(11/12): 1527—1540.

[77] Porta R, Lopez-de-Silanes F, Shleifer A, et al. Legal determinants of external finance [J]. The journal of finance, 1997, 52(3): 1131—1150.

[78] Porter M E. What is strategy? [J]. Harvard business review, 1996, 7(6): 61—78.

[79] Qualls W J, Puto C P. Organizational climate and decision framing: an integrated approach to analyzing industrial buying decisions[J]. Journal of marketing research, 1989, 26(2): 179—192.

[80] Quinlan J R. Induction of decision trees[J]. Machine learning, 1986, 1(1): 81—106.

[81] Reicbheld F P, Sasser W E. Zero defeciions: quolify comes to services[J]. Harvard business review, 1990, 68(5): 105.

[82] Reichheld F F. Loyalty and the renaissance of marketing[J]. Marketing management, 1994, 2(4): 10—21.

[83] Reichheld F F, Schefter P. E-loyalty[J]. Harvard business review, 2000, 78(4): 105—113.

[84] Robert Dwyer F. Customer lifetime valuation to support marketing decision making[J]. Journal of interactive marketing, 1997, 11(4): 6—13.

[85] Samli A C, Pohlen T L, Bozovic N. A review of data mining techniques as they apply to marketing: generating strategic information to develop market segments[J]. The marketing review, 2002, 3(2): 211—227.

[86] Shiller R J. Measuring bubble expectations and investor confidence[J]. The journal of psychology and financial markets, 2000, 1(1): 49—60.

[87] Shim G, Lee S, Kim Y. How investor behavioral factors influence investment satisfaction, trust in investment company, and reinvestment intention[J]. Journal of business research, 2008, 61(1): 47—55.

[88] Shugan S M. Brand loyalty programs: are they shams? [J]. Marketing science, 2005, 24(2): 185—193.

[89] Sirdeshmukh D, Singh J, Sabol B. Consumer trust, value, and loyalty in relational exchanges[J]. The journal of marketing, 1964, 66(1): 15—37.

[90] Sirri E R, Tufano P. Costly search and mutual fund flows[J]. The journal of finance, 1998, 53(5): 1589—1622.

[91] Sirri E R, Tufano P. Costly search and mutual fund flows[J]. The journal of finance, 1998, 53(5): 1589—1622.

[92] Slovic P, Lichtenstein S. Comparison of bayesian and regression approaches to the study of information processing in judgment[J]. Organizational behavior and human performance, 1971, 6(6): 649—744.

[93] Smith D. The humiliating organisation[J]. The civilized organization: norbert elias and the future of organization studies, 2002 (10): 41.

[94] Smith W R. Product differentiation and market segmentation as alternative marketing strategies[J]. The journal of marketing, 1956, 21(1): 3—8.

[95] Srinivasan S, Hanssens D M. Marketing and firm value: Metrics, methods, findings, and future directions[J]. Journal of Marketing research, 2009, 46(3): 293—312.

[96] Suero J A, Marso S P, Jones P G, *et al*. Procedural outcomes and long-term survival among patients undergoing percutaneous coronary intervention of a chronic total occlusion in native coronary arteries: a 20-year experience[J]. Journal of the american college of cardiology, 2001, 38(2): 409—414.

[97] Thaler R H, Shefrin H M. An economic theory of self-control[J]. The journal of political economy, 1981, 89(2): 392—406.

[98] Trice H M, Beyer J M. Studying organizational cultures through rites and ceremonials [J]. Academy of management review, 1984, 9(4): 653—669.

[99] Tversky A, Kahneman D. Availability: A heuristic for judging frequency and probability [J]. Cognitive psychology, 1973, 5(2): 207—232.

[100] Tversky A, Slovic P, Kahneman D. The causes of preference reversal[J]. The american economic review, 1990, 80(1): 204—217.

[101] Wagner T, Hennig-Thurau T, Rudolph T. Does customer demotion jeopardize loyalty? [J]. Journal of marketing, 2009, 73(3): 69—85.

[102] Wang P, Splegel T. Database marketing and its measurements of success. Designing a managerial instrument to calculate the value of a repeat customer base[J]. Journal of direct marketing, 1994, 8(2): 73—81.

[103] Weiner B. An attributional theory of achievement motivation and emotion[J]. Psychological review, 1985, 92(4): 548—573.

[104] Weinstein N D. Unrealistic optimism about susceptibility to health problems[J]. Journal of behavioral medicine, 1982, 5(4): 441—460.

[105] Woodruff R B. Customer value: the next source for competitive advantage[J]. Journal of the academy of marketing science, 1997, 25(2): 139—153.

[106] Wyner G A. Customer valuation: linking behavior and economics[J]. Marketing research, 1996, 8(2): 36—38.

[107] Zeithaml V A. Consumer perceptions of price, quality, and value: a means-end model and synthesis of evidence[J]. The journal of marketing, 1988, 52(3): 2—22.

[108] Zheng L. Is money smart? a study of mutual fund investors' fund selection ability[J]. The journal of finance, 1999, 54(3): 901—933.

[109] 陈汉昌, 沈明辉, 吴磊. 互联网金融时代基金行业的机遇与挑战[J]. 价值工程, 2014(11): 150—151.

[110] 程照星. 数据挖掘在电信企业客户细分中的应用[D]. 重庆大学, 2004.

[111] 邓晓梅. 基于数据挖掘的电信客户细分模型研究 [D]. 大连理工大学, 2006.

[112] 高琛. S基金管理公司营销战略研究[D]. 华东理工大学, 2013.
[113] 高翔. 互联网金融发展对证券投资基金业的影响[D]. 对外经济与贸易大学, 2014.
[114] 郭义民. 商业银行客户经理制探析[J]. 学术交流, 2004, 5: 27.
[115] 郝云峰. 个人金融投资品种及风险的成因和控制[J]. 海南师范学院学报, 2004, 6.
[116] 何寒熙, 谢卫. 对基金管理公司营销策略的认识与思考[J]. 财贸经济, 2002(9): 23—27.
[117] 黄丹霞. 中国开放式基金营销中的影响因素及存在问题分析[D]. 暨南大学, 2009.
[118] 江宇超. 开放式基金申赎行为对股市波动性的研究[D]. 浙江财经大学, 2015.
[119] 康志军. 论我国开放式基金市场营销策略[D], 厦门大学, 2007.
[120] 李存行, 陶启文. 开放式基金投资者的投资行为研究[J]. 工业技术经济, 2005, 9: 146—153.
[121] 李立. 基于产品创新和客户细分理论的基金营销策略研究[D]. 中山大学, 2010.
[122] 梁敏君. 分形聚类分析在证券客户细分中的应用研究[D]. 合肥工业大学, 2009.
[123] 刘新燕, 杨智, 刘雁妮. 大型超市的顾客满意度指数模型实证研究[J]. 管理工程学报, 2004, 3.
[124] 刘英姿, 吴昊. 客户细分方法研究综述[J]. 管理工程学报, 2006, 20(1): 53—57.
[125] 陆娜. 我国证券投资基金业发展中的主要问题及对策研究[D]. 西南财经大学, 2008.
[126] 陆蓉, 陈百助, 徐龙炳. 基金业绩与投资者的选择——中国开放式基金赎回异常现象的研究[J]. 经济研究, 2007, 42(6): 39—50.
[127] 麦嘉辉. JY基金管理公司市场营销策略研究[D]. 西南交通大学, 2012.
[128] 申向阳. 我国中小型基金公司营销策略研究[D]. 华中科技大学, 2012.
[129] 施亚明. 数据挖掘在信用卡客户细分与目标营销方面的应用研究[D]. 东南大学, 2006.
[130] 谭军. 基于CRM数据挖掘的电信客户细分模型分析与设计[D]. 重庆大学, 2005.
[131] 谭跃, 陈知烁. 锚定效应在金融市场中的应用综述[J]. 会计之友, 2010(28): 13—14.
[132] 田宏钟. 基于数据挖掘的证券业客户关系管理中的客户细分研究[D]. 东华大学, 2005.
[133] 王茜. 我国证券投资基金发展的问题与对策研究[D]. 对外经济与贸易大学, 2015.
[134] 王松岭, 操舰. 基金个人投资者调查报告[J]. 世界经济情况, 2005, 4: 6.
[135] 王勇. 开放式基金个人客户细分研究[D]. 东北大学, 2012.
[136] 魏冬, 田小辉. 我国证券投资基金发展现状与政策研究[J]. 时代金融, 2016, 7: 134—135.
[137] 吴艳. T基金管理有限公司市场营销策略研究[D]. 西南交通大学, 2010.
[138] 许宁, 刘志新, 蔺元. 基金现金流, 明星基金与溢出效应[J]. 证券市场导报, 2010, 1: 14.
[139] 阎长顺, 李一军. 基于云模型的动态客户细分分类模型研究[J]. 哈尔滨工业大学学报, 2007, 39(2): 299—302.

[140] 杨波. 证券投资基金服务营销策略分析与实例研究[D]. 吉林大学,2007.

[141] 杨鹏. 中国证券投资基金业研究[D]. 华东师范大学,2010.

[142] 姚颐,刘志远. 我国开放式基金赎回行为的实证研究[J]. 经济科学,2004(5):48—57.

[143] 叶蕾. 数据挖掘在电信客户细分领域的应用[D]. 昆明理工大学,2004.

[144] 叶强,卢涛,闫相斌. 客户关系管理中的动态客户细分方法研究[J]. 管理科学学报,2006,9(2).

[145] 虞红霞,王启亮. 提升我国基金业核心竞争力的对策研究[J]. 财会月刊,2009,29:12.

[146] 袁静. 我国证券投资基金产品设计的创新与发展[D]. 上海交通大学,2010.

[147] 张炯. 证券投资基金溢出与排挤效应研究[D]. 湖南大学,2005.

[148] 张婷. 投资者的选择与基金溢出效应研究[J]. 证券市场导报,2010,1:15.

[149] 张文. 我国证券投资基金发展存在的问题与对策研究[J]. 中国商论,2016(31):26—27.

[150] 张鑫. HX基金公司开放式基金的营销组合策略[D]. 兰州大学,2012.

[151] 郑季林. 我国开放式基金市场营销策略研究[D]. 上海海事大学,2005.

[152] 钟燕. 基于生命周期理论的开放式基金营销策略分析[J]. 金融市场,2009.8.

[153] 周啸驰,赵鸿,杨恩. 经营业绩、赎回压力与基金分红——基于中国开放式偏股型基金首次分红的经验证据[J]. 经济视角,2009(18):34—36.

[154] 朱宏泉,马晓维,李亚静. 基金投资者投资行为影响因素研究[J]. 管理评论,2009,21(10):86—94.

专著

[155] Belasco J A, Stayer R C. Flight of the buffalo: soaring to excellence, learning to let employees lead[M]. Grand Central Publishing, 2008.

[156] Heskett J L, Sasser W E, Schlesinger L A. Service profit chain[M]. Free Press, 1997.

[157] Jackson B B. Winning and keeping industrial customers: the dynamics of customer relationships[M]. Lexington, MA: Lexington Books, 1985.

[158] Lichtenstein S, Fischhoff B, Phillips L D. Calibration of probabilities: The state of the art[M]//Decision making and change in human affairs. Springer Netherlands, 1977: 275—324.

[159] Naumann E. Creating customer value[M]. Thomson Executive Press, 1995.

[160] Radcliffe R C. Investment: concepts, analysis, strategy[M]. Scott Foresman, 1990.

[161] Shefrin H. Beyond greed and fear: understanding behavioral finance and the psychology of investing[M]. Oxford University Press, 2000.

[162] Slywotzky A J. Value migration: How to think several moves ahead of the competition

[M]. Harvard Business Press，1996.

[163] Tversky A, Kahneman D. Judgment under uncertainty: heuristics and biases[M]//Utility, probability, and human decision making. Springer Netherlands, 1975: 141—162.

[164] Woodruff R B, Gardial S. Know your customer: new approaches to customer value and satisfaction[M]. Blackwell Business，1996.

[165] 科特勒. 营销管理[M]. 清华大学出版社有限公司，2003.

网站资料参考

[166] 中国投资咨询网. http://www.ocn.com.cn/chanjing/201612/ihntd22135410.shtml

[167] 中国证券报·中证网. http://www.cs.com.cn/tzjj/jjdt/201701/t20170106_5146343.html http://www.chinanews.com/stock/2017-01-09/8118130.shtml

[168] 中国证券报. http://www.qzr.cn/newsfile/bxsx/bxbxsx/20161212084838.shtml

[169] 中商情报网. http://www.askci.com/news/201212/24/154628_43.shtml

[170] 中国基金报. http://www.cs.com.cn/tzjj/jjdt/201701/t20170103_5142374.html

[171] 中国基金网 http://www.cnfund.cn/news/detail_73611.html

[172] 中国投资咨询网. http://www.ocn.com.cn/chanjing/201612/ihntd22135410.shtml

[173] 中国报告大厅. http://www.chinabgao.com/k/jijin/23289.html

[174] 基金买卖网. http://www.jjmmw.com/news/detail/1235260/

[175] 搜狐. http://mt.sohu.com/20160312/n440186085.shtml

[176] 艾瑞咨询. http://www.iresearch.com.cn/report/2431.html

[177] 证券时报. http://m.stcn.com/

[178] 每日经济新闻. http://www.nbd.com.cn/articles/2016-12-29/1066048.html

[179] 中国产业信息网. http://www.chyxx.com/research/201607/433088.html http://www.chyxx.com/industry/201610/461822.html